Die Nurculuk Bewegung

Entstehung, Organisation und Vernetzung

Dr. Cemil Şahinöz

4. Auflage

Herstellung und Verlag:
Books on Demand , Norderstedt
ISBN 9783748189756

©2019 www.misawa.de
Cover: Grafist.de

Inhalt

Abkürzungsverzeichnis

A.d.A. = Anmerkung des Autors
H.d.A. = Hervorhebung durch Autor
h.z.n. = hier zitiert nach
k.A. = keine Angabe
Ü.d.A. = Übersetzung des Autors

Vorwort

Das vorliegende Buch erschien erstmals 2009. Seitdem hat sich viel getan. Die Nurculuk Bewegung ist in der Türkei, aber auch weltweit und in Deutschland, gewachsen. Es entstanden neue Themen. So wurde es an der Zeit, eine aktualisierte Neuauflage dieses Buches herauszubringen.

Dabei ist diese Arbeit weder eine Streitschrift noch ein Werbeblatt, von denen es sonst so viele gibt. Vielmehr ist es das Ziel der Arbeit, eine objektive, kritische, empirische und wissenschaftliche Analyse hervorzubringen.

Cemil Şahinöz, April 2019

1.0 Einleitung

In Deutschland leben ca. 5 Millionen Muslime, ein großer Teil der praktizierenden Muslime organisieren sich in Vereinen und Institutionen. Aufgrund dieser Größenordnung, sucht der deutsche Staat nach einem Gesprächspartner und die unterschiedlichen islamischen Gruppierungen streben nach Repräsentation der Muslime in Deutschland. Aber nicht nur für die Politik sind die Muslime interessant. Spätestens nach den Integrations- und Migrationsdiskussionen, richtete sich auch das Augenmerk der Soziologen verstärkt auf spezielle islamische Bewegungen. Die Integrationsfrage ist eine der wichtigsten Gründe, warum nun vermehrt islamische Gruppierungen in das Visier von Politikern und Forschern geraten. Die Muslime befinden sich im Mittelpunkt der öffentlichen Aufmerksamkeit. Dabei sind das Verständnis des Islams und der Muslime, die sich als Teil dieser Gesellschaft fühlen, ausschlaggebende Faktoren für die Lösung der Integrationsproblematik.

Obwohl in den letzten Jahren viele soziologische Studien zu den verschiedenen islamischen Gruppen[1] durchgeführt wurden, blieb eine Gemeinschaft, die relativ unpopulistisch ist, unbemerkt. Die Rede ist von Said Nursis Nurculuk Bewegung, auch Nurcu, Nur oder Risale-i Nur Bewegung genannt, die mit Millionen von Anhängern *die* islamische Strömung in der Türkei ist, die

---

[1] Wenn ich von Gruppe schreibe, meine ich die alltagssprachliche Bedeutung und nicht einen soziologischen Begriff.

am meisten Einfluss auf die Bevölkerung der Türkei zu haben scheint. Sie ist die erste organisierte religiöse Bewegung der heutigen Türkischen Republik. Auch in Deutschland ist die Bewegung vertreten. Jedoch wird die Strömung nicht wahrgenommen. Sie existiert und agiert völlig unbemerkt, ja quasi unsichtbar. Unter den Anhänger dieser Bewegung, die man als Risale-i Nur Schüler, Nurcu[2] oder Nur Schüler bezeichnet, ist ein großer Anteil an Akademikern, Wissenschaftlern, Studenten oder Lehrern (so auch in der Türkei) und dementsprechend gehören Intellektuelle[3] zu ihrer Zielgruppe.

Wissenschaftlich ist die Bewegung jedoch kaum ausgeleuchtet. Die wenigen Arbeiten, die man über sie findet, sind sehr dürftig. Daher bietet sich hier eine ausführliche Betrachtung an. Aus zwei weiteren Gründen ist die Bewegung interessant für diese Arbeit. Zum einen, da es eine Bewegung ist, die türkisch limitiert begonnen hat und später zu einer internationalen Bewegung wurde, die den weltreligiösen Dialog anstrebt und damit global agiert. Und zum anderen, da sie eine Bewegung eigener Art ist. Weder im islamischen noch in anderen religiösen Kreisen findet sich eine ähnlich strukturierte und organisierte Bewegung.

---

[2] Das „cu" am Ende des Wortes gibt im türkischen die Zugehörigkeit zu Etwas wieder. Wenn ich im Text die Begriffe Anhänger, Nurcu, Nur Schüler oder Risale-i Nur Schüler benutze, meine ich die Personen, die sich selbst als solche bezeichnen.
[3] Als „Intellektuell" bezeichne ich Personen, die wissenschaftlich gebildet, Akademiker oder Wissenschaftler sind.

Da es nicht möglich ist, die Bewegung in politischen oder populistischen Debatten zu finden, ist sie quasi „unsichtbar". Auch nehmen die Anhänger der Bewegung fast nie an religiösen „Streit"-Diskussionen teil und meiden öffentliche Debatten. Vielmehr organisieren sie eigene Foren, in denen sie verschiedene muslimische und nicht-muslimische Akademiker einladen. Auf diese Weise sind sie für die breite Öffentlichkeit unsichtbar und Said Nursi relativ unbekannt.

Die Werke von Said Nursi werden als Gesamtkollektion "Risale-i Nur" (deutsch: Sendschreiben des Lichtes[4]; kurz als Risale) bezeichnet. Abu Rabi bezeichnet das Werk als „transnational historical and religious text" (2000) und als „one of the most important documents in modern Muslim intellectual history, a document that had a major impact on several generations in post-Kemalistic Turkey, and that is slowly being discovered by the rest of the Muslim world" (2003, S.77).

Doch der Gründer der Bewegung Said Nursi war nicht jemand, der sich von der Öffentlichkeit zurück hielt. Er wandte sich von den Formen der traditionellen islamischen Strömungen, wie der Sufi-Orden, ab und entwickelte seinen eigenen Weg. Er lehnte es ab, dass religiöse Institutionen für sich den Anspruch nahmen, im Besitz der einzigen Wahrheit zu sein (1995b, S.121; 2001d, S.645; 2004b, S.368; 2004e, S.17). Das Verständnis des Islams hänge von Zeit, Ort und

---

[4] Mit „Licht" ist der Koran gemeint. Die Analogie hierzu ist, dass die Werke Nursis ihre Kraft dem Licht des Korans zu verdanken hätten.

10

Umständen ab und daher dürfe man abweichende Paradigmen der Interpretation nicht zum Schweigen bringen. Auch war er der Meinung, dass die Politik die freie Interpretation des Islams beeinträchtigen würde und man deshalb die Religion für politische Ziele nicht missbrauchen dürfe (Yavuz, 2004, S.126ff). Diesen neuen Weg im Islam kann man vom heutigen Standpunkt aus als einen Weg von der Tradition in die Moderne bezeichnen. Für die Probleme der muslimischen Gesellschaft zog Nursi die „modernen Wissenschaften"[5] heran. Eins der Ziele Nursis war es, zu zeigen, dass die islamischen Glaubenswahrheiten nicht in Konflikt mit den modernen Wissenschaften stehen. Er war der Meinung, dass sich Religion, bzw. Theologie, und Wissenschaft (bzw. empirische Wissenschaft) nicht ausschließen, sondern sich ergänzen. So entwickelte sich im 20. Jahrhundert in der Türkei eine soziale Bewegung, die als „Nurculuk Bewegung" bezeichnet wird.

So wie bei allen islamischen Strömungen, kamen auch Anhänger der Nurculuk Bewegung als Gastarbeiter nach Deutschland. Sie versuchten der Entfremdung zu entfliehen, in dem sie sich in Vereinen zusammenschlossen und Strukturen für die Weiterführung ihrer Bewegung bildeten. Im Vergleich zu den großen türkisch islamischen Gruppen in Deutschland, waren die Nurcus jahrzehntelang sehr

---

[5] Wenn ich von „modernen Wissenschaften" spreche, meine ich Said Nursis Verständnis. Vermutlich konnotierte er Naturwissenschaften, Ingenieurwissenschaften und nicht die Geisteswissenschaften. Wenn ich von Nursis Verständnis schreibe, wird der Begriff daher im Sinne des Said Nursi eingesetzt. Siehe hierzu seine große Begegnung in der Bibliothek in Van (siehe Kapitel 5.2.1).

zurückhaltend. Allerdings versucht sie gegenwärtig auch neben anderen islamischen Gruppen einen Platz in Deutschland zu bekommen. Sie konkurriert mit ihnen um den Platz des „richtigen Repräsentanten des Islams" und des Ansprechpartners für den Staat (vgl. Schiffauer, 2003).

Zunächst wird im nächsten Kapitel der Forschungsstand wiedergegeben und im Hinblick auf diese Forschungsfragen bearbeitet. Im Anschluss daran folgt der theoretische Rahmen, auf dem diese Arbeit basiert. Begriffe wie Gesellschaft, Gemeinschaft, Sinnbildung, Charisma und Netzwerk spielen dabei eine entscheidende Rolle. Im vierten Kapitel geht es um den methodischen Rahmen der Arbeit. Hier werden die Erhebungs- und Auswertungsmethoden vorgestellt. Das fünfte Kapitel handelt von der historischen Entwicklung in der Türkei. Dabei geht es um die Situation der Türkei zu Beginn des 20. Jahrhunderts im Kontext der Biographie des Gründers Said Nursi. Die Entwicklungen nach dem Tode des Gründers und die verschiedenen Nurcu Gruppen, die nach vielen Spaltungen entstanden, sind ebenso Bestandteil dieses Kapitels. Im sechsten Kapitel wird es eine historische Darstellung der Bewegung in Deutschland geben. Hierzu gehören die Netzwerkarbeit und das Engagement der Nurcus für die muslimische Gemeinschaft. Hierauf folgt die Darstellung der Organisationsstruktur. In diesem Zusammenhang wird der Frage nachgegangen, mit welchen organisatorischen Begriffen die Bewegung bezeichnet werden kann. Hierarchie, Mitglieder oder Zentrum sind einige der Unterkapitel, die zum besseren Verständnis durchleuchtet werden. Kapitel 8 widmet sich Begriffen und Merkmalen der Bewegung, die den Basis der Bewegung bilden und zur Sinnbildung führen. Sowohl Begriffe wie Aufrichtigkeit, Dienst, Brüderlichkeit, Positives Handeln als auch Heiligenkult, Charisma, Politik, Dialog und Wissenschaft werden hier behandelt. Im neunten Kapitel gibt es eine Schlussbetrachtung, in der versucht wird, die Fragestellungen der Arbeit anhand der Auswertungen zu beantworten. Die Arbeit endet mit einem kurzen Fazit und Ausblick auf die Zukunft. Mit Gewissheit kann gesagt werden, dass diese bescheidende Arbeit, die erste ausführliche Forschungsarbeit über die Nurcus ist. Jedoch ist sie nicht erschöpfend. Daher ist einer der Ziele dieser Arbeit ein Basismaterial für weiterführende Forschungen anzubieten.

2.0 Forschungsstand und -fragen

In der Literatur tauchen die Nurcus kaum auf. Gelegentlich wird von ihnen zwischen den Zeilen berichtet. Paul Geiersbach (1990, S.24) z.B. sieht sie als „die Jesuiten unter den türkischen Moslems, oft hochgebildet, elitär im Anspruch und ein feines Gespür für Macht ist ihnen eigen." Utermann bezeichnet die Bewegung als eine „intellektuell geprägte Bewegung" (1995, S.18). Für Hermann ist Nursi einer „der schillerndsten Figuren der jüngeren türkischen Geschichte" (1996, S.38; h.z.n. Agai, 2004, S.65). Metin Karabaşoğlu, ein Intellektueller aus der Nurculuk Bewegung, schreibt: „People affiliated with the Nur movement are certainly not Kemalist nor are they Islamist in the usual sense; ´religiously minded´ (religiös gesinnt; Ü.d.A.) is the most suitable way to describe them" (2003, S.286). Yavuz (2004, S.135) beschreibt Nursi als den „Begründer des modernen religiösen Diskurses in der Türkei" und Cüneyt Ülsever, ein türkischer Journalist, ist der Meinung, dass die Türkei Said Nursi verstehen und anderen erklären muss (2004). Für Posch (2005, S.174) ist die Bewegung eine „konservative islamische Reformbewegung" und Heimbach schreibt den Nurcus uneingeschränkte Offenheit zu (2001, S.103; h.z.n. Wunn, 2007, S.86). Der Pfarrer Herbert Weinbrenner (1997) beschreibt die Arbeit der Nurcus in Deutschland folgend: „Sie eröffnen in Deutschland Medresen. Sie machen eine recht gute Jugendarbeit, an der es im islamischen Bereich in Deutschland seit langem fehlt."

Auch das Auswertige Amt schrieb über Said Nursi und die Nurcus: „Neben fundamentalistischen Strömungen gab und gibt es in der islamischen Welt eine Reihe von Denkern, die ein liberales Konzept vertreten und einer Versöhnung mit dem Westen das Wort reden. Werden sich ihre Ideen durchsetzen und die Grundlage für eine eventuelle Reform des Islam bilden? [...] International zunehmende Bedeutung besitzt die in der Türkei entstandene Bewegung »Nurcu Cemaati« (auch als »Nurculuk« oder » Jama´at-un Nur« bekannt). Der 1960 verstorbene geistige Führer Said Nursi lobt in seinen Schriften die wissenschaftlichen und zivilisatorischen Leistungen der Moderne. Er entwirft eine nüchterne Form der Religionsausübung, in der er Elemente aus Schriftislam und Mystik zusammenkommen. Die Entscheidung, Muslim zu sein, sei, so Nursi, ein individueller Entschluss, der auf rationaler Grundlage getroffen werde. Politischen Aktivismus lehnt Said Nursi strikt ab. Sein umfangreiches Schrifttum entfaltet neben zahlreichen Diskussionen zum Propheten Mohammad und dem Jenseits eine ausgesprochene Arbeitsethik. Tätigkeit sei eine Tugend und gottgewollt. Was Fragen der Wirtschaft, Gesellschaft und Erziehung angeht, so vertritt er einen pluralistischen Ansatz, der den ganzheitlichen Tendenzen fundamentalistischen Bewegungen entgegensteht. Said Nursi lehnt den Fanatismus ab und mit ihm auch den Dschihad als ein Mittel der Gewalt, um die Gesellschaft zu verändern und den Unglauben zu bekämpfen“ (Szyska, 2002, S.25).

Aufgrund der Tatsache, dass zum untersuchten Forschungsgegenstand bisher keine ausführlichen

Forschungsarbeiten existieren, müssen grundsätzliche Fragen, wie z.B. die Entstehung der Bewegung bearbeitet werden. Dies ist wichtig, um überhaupt ein Grundverständnis für diese Bewegung zu bekommen. Deshalb ist die historische Entwicklung in Deutschland und der Türkei ein wichtiger Bestandteil dieser Arbeit. Dadurch kann nachvollzogen werden, welche Faktoren die Entstehung der Bewegung ermöglichten. Weiterhin müssen bestimmte Merkmale und Muster, auf die sich die Anhänger im Alltag beziehen, analysiert werden, um die Interviewpartner zu verstehen.

Diese Gedanken führen zu den folgenden, relevanten Fragestellungen der vorliegenden Arbeit:

- **Was ist die Nurculuk Bewegung? Mit welchen Organisationsarten oder -strukturen kann man sie beschreiben? Was für eine Bewegung ist es?**

  Um diese Fragen zu beantworten wird mit der Netzwerktheorie gearbeitet. Hierfür werden die Struktur und Organisation der Bewegung analysiert. Weiterhin werden die Begriffe Gemeinschaft, Gesellschaft und Jama´at herangezogen, um die Bewegung beschreiben zu können (Kapitel 6.2. und 7).

- **Wie konnte sich die Nurculuk Bewegung trotzt Widerstände (Verbote, Verfolgungen und massiver Anti-Propaganda) verbreiten?**

Hierfür werden konkrete Punkte analysiert, die maßgeblich für das Wachsen der Bewegung waren. Das Umfeld und die soziale Situation der Türkei spielten hierfür eine wichtige Rolle. Daher werden relevante historische Ereignisse wiedergegeben. Sowohl die Entstehungsgeschichte in der Türkei als auch die Ausbreitung in Deutschland liegen der Analyse der vorliegenden Arbeit zu Grunde (Kapitel 5 und 6).

- **Welche Merkmale zeichnet die Bewegung aus? Wie bildet sie einen Sinn für ihre Anhänger? Was sind konkrete Begriffe im Diskurs des Nurcu Netzwerkes?**

Diese Fragen werden besonders durch Interviews und Quellenforschungen beantwortet. Denn besonders hier ist das Selbstverständnis der Anhänger wichtig. Daher werden gerade für diese Themen die Interviewpartner als wichtigste Quellen herangezogen (Kapitel 8).

Die Fragestellungen werden mit Blick auf die Theorien, die Interviews und die Werke Said Nursis bearbeitet. Der theoretische Rahmen wird im nächsten Kapitel vorgestellt.

3.0 Theoretischer Rahmen

Bevor wir nun zu den einzelnen Punkten übergehen, muss vorab etwas Anderes durchleuchtet werden. In dieser Arbeit wird bewusst auf eine umfassende theoretische Sicht verzichtet. Dabei geht es um das Problem, dass viele nichtmuslimische Forscher bei der Betrachtung von muslimischen Forschungsgegenständen haben. Leider werden zu oft, christliche Muster direkt auf den Islam übertragen, so dass keine authentische Betrachtung des Forschungsobjektes zu Stande kommen kann (vgl. Tezcan, 2003). Der Islam wird aus den Erfahrungen christlicher Diskurse beurteilt. Da aber islamische Phänomene kaum mit christlichen Termini hinreichend erklärt werden können, besteht die Gefahr, dass das „islamische Geschehen" gedanklich vorbelastet wird. Die Ergebnisse derartiger Forschungsarbeiten fallen indes sehr bedürftig aus. Um diesem Problem zu entgehen, werde ich deshalb keine standardisierten Schablonen für meine Arbeit verwenden, sondern einzelne Teile von Theorien aufgreifen, die für islamische Betrachtungen in Frage kommen.

Zunächst werden die Begriffe Gesellschaft, Gemeinschaft und Jama´at analysiert. Hauptsächlich geht es hier um die Betrachtungen von Tönnies. Hierauf aufbauend geht es im Anschluss um Sinnstiftung. Sinn wird in Gemeinschaften öfters durch einen charismatischen Führer aufgebaut. Diesem Aspekt wird im selbigen Kapitel nachgegangen. Im letzten Teil des theoretischen Rahmens geht es um das Verständnis eines

Netzwerkes. Das Augenmerk liegt hier besonders auf sozialen Netzwerken, da diese dem Forschungsobjekt besonders zu Grunde liegen.

3.1 Gesellschaft, Gemeinschaft, Jama´at

Schon Aristoteles beschrieb im 4. Jahrhundert vor Chr., dass der Mensch auf das Zusammenleben mit seinesgleichen angewiesen ist. Und Durkheim (1992) verwies auf die „Solidarität", welches die Quelle der sozialen Ordnung und der Erhaltung der Gesellschaft sei. Somit entstehe eine Gesellschaft von sich aus als Bedürfnis des Menschen. In „Gemeinschaft und Gesellschaft" (1979) analysiert Ferdinand Tönnies die Entwicklungen „von der ständisch-feudalen, agrarischen „Gesellschaft" zur modernen Industrie-Gesellschaft mit ihren Trends der Anonymisierung und der Sonderstellung des einzelnen Individuum" (Schäfers, 2003b, S.111). Auch Ibn Khaldun (1969) schrieb im 14. Jahrhundert über die Unterschiede zwischen dem Dorfleben und dem Leben in der Stadt. Sein Begriff Asabiyya spielt heute noch eine wichtige Bedeutung in der Beschreibung von Gruppenzugehörigkeit. Bell (1989) bezeichnet die fortgeschrittenen westlichen Industrien als post-industrielle Gesellschaften, Spinner (1998) als Informations- und Wissens-Gesellschaften, Castells (2001) als Netzwerk-Gesellschaften und Beck (1986; 1991; 2007) als Risiko-Gesellschaften (Schäfers, 2003b, S.113). Inzwischen erweiterte sich der Diskurs des Begriffes zu dem einer Theorie der Weltgesellschaft (Beck, 1998; Luhmann, 1995b). Durch die Massenmedien ist die Kommunikation nicht mehr regional begrenzt. Die kommunikative Erreichbarkeit ist nicht mehr eingeschränkt. Jeder Ort der Welt ist erreichbar. Es gibt keine ausgeschlossenen sozialen Inseln, daher **Welt**gesellschaft.

Der Gesellschaftsbegriff ist also in der Soziologie ein sehr komplexer Begriff. Man kann mit dem Begriff die Verbundenheit von Lebewesen (also Menschen, Tiere, Pflanzen), eine Vereinigung zur Befriedung und Sicherstellung gemeinsamer Bedürfnisse oder auch eine organisierte Zweckvereinigung meinen. Allerdings ist die Gesellschaft immer ein Konstrukt. Der Mensch lebt also nicht in „der" Gesellschaft, sondern in ihren Gruppen, Vereinen, Organisationen und Institutionen (Schäfers, 2003b, S.109ff). Das, was die Menschen als Glieder eines Ganzen zusammenhält, ist laut Tönnies (1973, S.17) Verständnis (consensus). Verständnis sei eine besondere soziale Kraft und Sympathie, dass auf intimer Kenntnis voneinander beruhe. Hinzu kommt das Solidaritätsgefühl, welches die Menschen zu einer Einheit zusammenschließt (vgl. Durkheim, 1992; Anderson, 1991; Mettele, 2006, S.48).

Durch ein positives Verhältnis unter den Menschen entsteht laut Tönnies (1979, S.3ff) entweder Gesellschaft oder Gemeinschaft. Alle sozialen Gebilde könnten durch diese erklärt werden. Gemeinschaft und Gesellschaft stehen daher in einem dauernden Spannungsverhältnis. Kleinere, intime Zusammenkünfte, die als reales und organisches Leben begriffen werden, nennt er Gemeinschaft, während größere Gruppen von Menschen, die ideell und mechanisch miteinander verbunden sind, als Gesellschaft bezeichnet werden.

Zudem ist Gemeinschaft eine althergebrachte aber dauerhafte Verbindung und die Gesellschaft ist das „neue", welches vergänglich ist und mit Öffentlichkeit in Verbindung gebracht wird. So ist die Gemeinschaft ein „echtes" Zusammenleben und die Gesellschaft nur ein scheinbares. Daher bezeichnet Tönnies die Gemeinschaft als lebendigen Organismus und die Gesellschaft als mechanisches Aggregat und Artefakt.

Mit Beginn der Soziabilität des Menschen (die Mutter-Kind-Beziehung als Urverhältnis) beginnt auch eine Form des gemeinschaftlichen Zusammenlebens, das nicht erst organisiert oder veranstaltet werden muss. Gemeinschaft im engeren Sinne ist die Form menschlichen Zusammenlebens, „die als besonders eng, vertraut, aber auch als ursprünglich und dem Menschen, ´wesensgemäß´ angesehen wird" (Schäfers, 2003a, S.98). Die Gemeinschaft erleichtert das Leben und Überleben ihrer Mitglieder. Wo immer Menschen in organischer Weise und mit freiem Willen zusammenkommen, und die durch gemeinsames Tun, gemeinsame Tradition oder gemeinsamen Besitz verbunden sind, gibt es eine Gemeinschaft, deren Ursprungsformen die Verwandtschaft, Nachbarschaft oder Freundschaft (Tönnies, 1979, S.12ff) sind. Zudem stuft Tönnies die Gemeinschaft als wichtig und erstrebenswert ein. Es sei von großer Bedeutung für das Zusammenleben der Menschen und sei der Idealvorstellung nach gekennzeichnet durch Nähe, Gefühlstiefe, Solidarität, Geborgenheit, Schutz und Hilfsbereitschaft. Als Gegenleistung gibt es die moralische Verpflichtung, eine Leistung für die Gemeinschaft zu erbringen (Schäfers, 2003a, S.99ff).

Bei der Gemeinschaft ist die Verbundenheit zueinander das ausschlaggebende. Alles, was vertraut und heimlich ist, gehört zur Gemeinschaft. Man gehört ihr von Geburt an. Tönnies (1979, S.169) unterscheidet drei Arten und Zusammenhänge: Die Gemeinschaft des Blutes (Verwandtschaft), des Ortes (Nachbarschaft) und des Geistes (Freundschaft). Familienbanden oder Verwandtschaften bilden von Natur aus eine Gruppe, die nicht erst extern künstlich geschaffen werden muss. Die Familie, das Dorf oder die Kleinstadt symbolisieren nach Tönnies (1979, S.12) eine Gemeinschaft, wobei das erstere die engste Form und den Typus aller gemeinschaftlichen Verbindungen darstellt. Diese Art sozialer Beziehung beruht auf subjektiv gefühlter Zusammengehörigkeit (Weber, 1984, S.69). Die Mitglieder einer Gemeinschaft orientieren ihr Verhalten aneinander. Der Zusammenhalt wird geregelt durch den Wesenwillen (Tönnies, 1979, S.73ff), worunter Normen, Sitten, Bräuche und die Religion fallen. Der Wesenwille ist nicht künstlich erstellt, sondern besteht von Natur aus.

In der Gesellschaft aber, herrscht das Nebeneinander. Die Menschen sind nur in einer organischen Weise durch ihren Willen miteinander verbunden. Man ist in ihr wie in der Fremde. Die Individuen leben getrennt und nicht füreinander. Sie kommen zusammen, wenn sie einen persönlichen Nutzen davon haben und trennen sich wenn sich der Nutzen eingestellt hat. Die Herren und Gebieter der Gesellschaft sind Kaufleute und Kapitalisten. Die Gesellschaft ist ihr Werkzeug und existiert ihretwegen (Tönnies, 1979, S.52). Weiterhin bezeichnet Tönnies die Gesellschaft als die Menge natürlicher und künstlicher Individuen (Tönnies, 1979, S.44). Deshalb setzt Tönnies Individualismus als Voraussetzung der Gesellschaft (1979, S.139). Die Gesellschaft sei die höchste Steigerung eines sich entwickelnden gemeinschaftlichen- und völkischen Lebens, der Übergang von allgemeiner Hauswirtschaft zu allgemeiner Handelswirtschaft, von vorherrschendem Ackerbau zu vorherrschender Industrie (1979, S.46). Laut Weber (1984, S.69) beruht die Einstellung des sozialen Handelns auf rational motiviertem Interessenausgleich. Tönnies hierzu: „Gesellschaftliche Verbindungen können sich auf Zwecke aller Art beziehen, die als mögliche Erfolge gedacht werden und als erreichbar durch vereinigte Kräfte oder Mittel [sind]" (1979, S.171). Auch die Gesellschaft teilt Tönnies (1979, S.216) in drei Formen auf: großstädtisches Leben, nationales Leben und kosmopolitisches Leben. Die Gesellschaft wird durch den Kürwillen (1979, S.91ff) zusammengehalten. Der Kürwillen findet seinen Ausdruck in den Gesetzen und den Institutionen des Staates. Im Gegensatz zum Wesenwillen, muss der Kürwille abgesprochen und beschlossen werden.

Durch die Entwicklung der Industrie, Säkularisierung und der Moderne hat sich das Zeitalter der Gemeinschaft in das Zeitalter der Gesellschaft verwandelt. Den Untergang des schaffenden und genießenden gemeinschaftlichen Haushalts sieht Tönnies in der Emanzipation der Individuen von allen Banden der Familie und des Glaubens (1979, S.182). Anstelle der teilenden, hilfsbereiten Verbindungen treten nun rationale Verbindungen. Das Rationale ist das, was früher in der Gemeinschaft Sitte, Brauch und gemeinsame Werte waren. Durch diese waren die Menschen in der Gemeinschaft trotz aller Trennungen miteinander verbunden. Doch in der Gesellschaft sind die Menschen trotz aller Verbundenheit getrennt (Tönnies, 1979, S.34).

Auch in der islamischen Welt haben „Gemeinschaften" eine lange Tradition. Die islamischen Gruppen, die Jama´at genannt werden, waren allerdings weder Gemeinschaften des Blutes noch des Ortes. Vom arabischen Wortstamm her, bedeutet der Begriff „zusammen sammeln" und meint einen Zustand, in dem verschiedene Personen sich zusammenfinden und Einigkeit zeigen (Akgündüz, 1995, S.157ff). Daher ist der islamische Begriff Jama´at, der für jegliche islamische Gruppen benutzt wird, nicht gleich zu setzen mit Tönnies´ Begriff von Gemeinschaft. Jama´at ist vielmehr ein zeitgenössisches, vom türkischen Standpunkt her republikanisches Phänomen.

Die Entstehung der Jama´ats ist zurückzuführen auf Reaktionen der Verstädterung und der Industrialisierung. Sie sind eine moderne Anpassung traditioneller Beziehungsformen. Daraus schlussfolgert Agai, dass die Jama´ats für die Erfüllung von sozialen und religiösen Bedürfnissen entstanden (Agai, 2004, S.51, 77). Die Jama´at verschaffe ihren Anhängern neue Möglichkeiten, den Alltag nach den Bedürfnissen entsprechend, mit einem religiösen Bezugsrahmen, zu gestalten. Die Anhänger schaffen sich im sozialen Handeln einen sozialen Raum. Dabei verfolgen sie gleiche Idela und Ziele und richten ihr Leben nach diesen. „Im netzwerktheoretischen Sinne ist die cemaat

(*Cemaat* ist die türkische Schreibweise für Jama'at; A.d.A.) damit ein Netzwerk mit Beziehungen, die auf der Anerkennung eines Diskurses und zweckrationaler Motive beruhen" (Agai, 2004, S.51ff).

Die Jama'at ist also keine vormoderne Erfindung. Sie ist kein Produkt von schlechten wirtschaftlichen oder politischen Krisen. Auch ist sie keine vorübergehende Reaktion auf die Moderne (vgl. Göle, 1997, S.69; Çayır, 2000, S.44). Im Gegenteil, die Jama'ats erleben ihre Blütezeit in der Moderne und werden von islamischen Autoren auch als Produkt dessen bezeichnet (Akdoğan, 2000, S.121ff; Göle, 1986, S.515; Roy, 1995 S.77). Muslimische Autoren gehen nämlich davon aus, dass sich Parallel zur Urbanisierung auch der Zweifel am Glauben entwickelte (Yavuz, 1995, S.646). Dies bot den Jama'ats einen großen Handlungsspielraum. Die „Bekämpfung der Zweifel" führte dazu, dass die Jama'ats wuchsen. Sie wurden für die Muslime in der Moderne zum Stützpfeiler, um ihre Religion bewahren zu können. Auch Said Nursi betont den Zweifel am Glauben, der laut ihm seinen Höhepunkt in der Moderne fand: „Wo früher im gesamten Land nur ein einziger absolut Ungläubiger gefunden werden konnte, können nun dagegen hundert in einem Städtchen gefunden werden" (1994, S.149; 2003, S.179; vgl. 1995b, S.22ff). Dieser Gedankengang führte dazu, dass sich Nursi nur in den Glaubenswahrheiten spezialisierte und nicht in Themen, wie z.B. islamisches Recht.

Erwähnenswert ist auch, dass die Führungseliten der islamischen Gruppen in der Moderne keine Mollas sind, die in Bergen leben oder sich von dieser Welt abgeschottet haben, sondern bildungsnahe Sprösslinge des Säkularismus[6]. So ist auch der politische Islam ein Produkt der Moderne (Akdoğan, 2000, S.314).

In der islamischen Moderne sind Jama'ats also unerlässlich. Sie bieten dem Individuum eine Möglichkeit des religiösen Zusammenlebens. Die Jama'at gilt als Ort, in der ein Individuum auf die Gesellschaft vorbereitet wird. Dies erfolgt, in dem ihm eine Identität[7] und ein Sinn gegeben werden. Durch diesen Sinn findet eine Kontingenzbewältigung statt. Die islamischen Gruppen haben eine weitere Besonderheit. Sie gießen die Modernität in eine islamische Identität. Fragen wie Wirtschaft, Menschenrechte oder Demokratie werden muslimisch aufgegriffen und modern, im Sinne von Modernität, beantwortet. Demnach verbleiben die Jama'ats nicht in ihren Kulturvereinen und Moscheen, sondern treten in die Öffentlichkeit und sind aktiv in der Gesellschaft. Hierzu gehört u.a. die Gründung von Banken, die ohne Zinsen arbeiten. In nichtmuslimischen Ländern entwickeln sie Methoden wie z.B. Helal-

---

[6] Hier einige Beispiele (Akdoğan, 2000, S.313ff): Prof. Dr. Necmettin Erbakan (Milli Görüş), Gulbettin Hikmetyar (Hizb-i İslami), der Soziologe Prof. Seyyid Kutub (İhvan-i Müslimin), der Psychologe Muhammed Kutup, Burhaneddin Rabbani (Cemiyet-i İslami), Raşid el-Gannuşi (Tunesische Islamische Bewegung), Abbas Medeni (Algerische Bewegung), Malik Binnebi (Algerische Bewegung), Abdulkadir Udeh (İhvan), Mustafa Sıbai (Syrischer İhvan).

[7] Zur Rolle der Identität in der Moderne: „Identität herzustellen wird als eine lebensnotwendige Aufgabe der Individuen in modernen Gesellschaften, in denen sie mit unterschiedlichen Rollenerwartungen konfrontiert sind und Rollendistanz entwickeln müssen, betrachtet" (Mıhçıyazgan, 1994, S.33).

Stiftungen[8], die Gütesiegel für Produkte vergeben, die laut islamischem Recht verzerrt werden dürfen. Dadurch werden die Bewegungen verweltlicht. „In jedem Bereich gestalten die als moderne Institutionen verkleideten islamischen Gemeinschaften den öffentlichen Raum nach den ihnen eigenen Strukturprinzipien und reproduzieren ihr sozialmoralisches Milieu" (Seufert, 1997, S.149). Immer neue Handlungsfelder werden als islamisch relevant definiert (Agai, 2004, S.185). Dazu gehören z.B. auch Gründungen von Wirtschaftsunternehmen, um die Jama′ats aufrechtzuerhalten. Im Normalfall werden die Jama′ats durch die Spenden ihrer Anhänger unterstützt. In der globalisierten Wirtschaft reichen aber Spenden alleine nicht aus, um Ideen genügend zu verbreiten. Auf diese Weise werden islamische Wirtschaftsunternehmen, die durch die Jama′ats errichtet werden, legitimiert. So lösen sich die Jama′ats von der wirtschaftlichen Abhängigkeit ihrer Anhänger. Für die Verbreitung werden zudem moderne Technologien benutzt. Das Internet ist für die Jama′ats eine wichtige Plattform, ihre Ideen zu verbreiten. Auch die Digitalisierung in Form von DVDs erlebt in der islamischen Welt ein Boom und dient der Ideenverbreitung. Während die Nurcu Bewegung noch in den 90ern die einzige Bewegung war, die diese Optionen nutzte, gibt es heutzutage kaum eine islamische Strömung, die nicht auf diese Mittel zurückgreift. Mit dieser Methode wird ein breites Publikum erreicht und die Zielgruppe erweitert.

---

[8] *Helal* bedeutet „erlaubt" oder „rein" und meint alles, was laut islamischem Recht erlaubt ist; Stiftungen sind Teil des islamischen Rechts.

Die großen islamischen Bewegungen, die in Deutschland aktiv sind, sind fast alle türkisch-sunnitischer Herkunft. Sie haben ihren Ursprung in der Türkischen Republik. Deshalb ist es an dieser Stelle nützlich, einige soziale Fakten aus der Türkei mit in die Analyse einzubeziehen. Ab Mitte des 20. Jahrhunderts kam es in der Türkei zu großen Wanderungen von Dörfern in die Städte:

Jahr	Anteil der Bevölkerung, das in der Stadt lebt.
1950	18,1%
1960	22,5%
1970	35,8%
1980	45%
1985	51%
1990	56%
1997	65%

Tabelle 1: Anteil der türkischen Bevölkerung, das zu einem bestimmten Zeitpunkt in der Stadt lebt (Albayrak, 2002, S.130-133).

1950 lebten nur 18,1% der türkischen Bevölkerung in der Stadt. 1960 stieg diese Zahl auf 22,5 % und 1970 auf 35,8%. Dieser rasante Anstieg erlebte in den kommenden Jahren ihren Höhepunkt. 1980 lebten 45%, 1985 51%, 1990 56% und schließlich 1997 65% der Bevölkerung in der Stadt. Laut Mardin (1997, S.371) ziehen jeden Tag 3000 Menschen nach Istanbul. Diese Verstädterung war mit sozialen Veränderungen in der türkischen Gesellschaft verbunden. In der Moderne gab es andere Bedürfnisse und Fragen, die im Dorf nicht existierten[9]. Für die Menschen aus dem Dorf boten die Jama´ats in der Stadt einen Stützpunkt. Die Auswanderer und Landflüchtigen konnten so der Entfremdung fliehen. Die Jama´ats füllten die Lücke der Sozialisation für viele, die in der Stadt keine Anpassungspunkte finden konnten. Für die Lösung von sozialen Problemen wurden diese Jama´ats zu Alternativen (Albayrak, 2002, S.49). Für die Jama´ats jedoch war dies mit Problemen verbunden. Der „Volksislam" des Landes zog nun in die Städte. Primär vom „Volksislam" bevorzugte Gruppen waren die Sufi-Orden (Tarikat), die dadurch große Veränderungen erlebten. Nach inneren Konflikten entwickelten sie neue Interpretationsmuster. Diese Orden verwandelten sich so zu Zentren, an denen sich sowohl die früheren Dorfbewohner als auch die neuen Stadtbewohner zurückziehen konnten. Es war also gleichzeitig ein Fliehen vor der Stadtgesellschaft. Die Öffnung zur und Gestaltung der Gesellschaft, die ein charakteristisches Element moderner islamischer Bewegungen sind, konnte in diesem Fall nicht genutzt werden.

Der Solidaritätsgedanke spielt in den Jama´ats eine wichtige Rolle und ist für ihr Zustandekommen maßgebend. Der Islam ist eine Religion, die auf Zusammenarbeit und Unterstützung der Muslime aufbaut[10]. Daher haben sich recht früh Jama´ats in der

---

[9] Diese Verstädterung wurde im Wesentlichen vorangetrieben durch die Einwanderung der dörflichen Modernisierungsverlierer: Die Viehwirtschaft verlor an Bedeutung. Die landwirtschaftliche Produktion vermochte die Produzenten nicht mehr zu ernähren. Handwerker gerieten unter den Druck industrieller Produktion.

[10] Man schaue auf die Bruderschaft der Muslime im ersten Jahr der Hidschra, wo eine einheitliche Gruppe entstand.

islamischen Welt herausgebildet[11], die sich auf Zusammenarbeit und Unterstützung gründeten. Hilfswerke und Stiftungen sind oft Einrichtungen, die von solchen Gruppen errichtet werden. Die vielen Stiftungen, die diese Jama'ats gründen, sind ein Hinweis auf die Unterstützungs- und Motivationskraft, die aus dem Islam für die Muslime hervorgehen.

Allgemein, ob es sich um einen Hoch- oder Volksislam handelt, haben die Jama'ats, wie schon oben beschrieben, eine sinnstiftende Funktion für ihre Mitglieder. Sie geben ihnen einen kontingenzbewältigenden Code, um die Welt zu verstehen. Darum geht es im nächsten Kapitel.

3.2 Sinnbildung und Charisma

Für Peter L. Berger ist die Gesellschaft ein dialektisches Phänomen (1973, S.3). Es ist ein Produkt des Menschen, aber gleichzeitig ist auch der Mensch ein Produkt dessen. So geht er davon aus, dass sich jede menschliche Gesellschaft eine Welt baut. Die Menschen bringen also eine Gesellschaft hervor. Und in dieser selbigen Gesellschaft erst, wird der Mensch zur Person. Hier erhält er seine Identität. Berger beschreibt drei

---

[11] Aber nicht nur in der islamischen Welt. Man denke an die Gastarbeiter der 60er in Deutschland, die mit allen Mitteln sich drum bemühten, Gebetsstätten und schließlich Kulturvereine zu eröffnen. Die Motivation hierfür entnahmen sie gewiss ihrer Religion.

Schritte dieses dialektischen Prozesses: Externalisierung, Objektivierung und Internalisierung[12] (1973, S.4).

1. Externalisierung: Mit Externalisierung ist das ständige Strömen menschlichen Wesens in die Welt gemeint. Der Mensch externalisiert also einen Sinn.
2. Objektivierung: Objektivierung meint den Prozess, in der eine Wirklichkeit gewonnen wird.
3. Internalisierung: Der letzte Schritt ist die Wiederaneignung dieser Wirklichkeit.

Durch die Externalisierung wird die Gesellschaft erzeugt. Sie ist also ein Produkt des Menschen. Durch die Objektivierung wird sie zur Realität. Internalisierung lässt den Menschen wiederum zum Produkt der Gesellschaft werden. Das Individuum selbst ist also Koproduzent der sozialen Welt und damit auch seiner selbst (Berger, 1973, S.19). Die soziale Welt wiederum verleiht den Beziehungen zwischen den Menschen eine bestimmte Struktur und Ordnung. Sie, die Gesellschaft, „strukturiert, distribuiert und koordiniert das welterrichtende Handeln des Menschen" (Berger, 1973, S.8) und das individuelle Bewusstsein. Die Gesellschaft gibt dem Menschen also einen Sinn. Der Mensch strebt nach diesem Sinn und sucht eine Sinnhaftigkeit.

Da aber der Mensch im Gegensatz zu den Tieren unfertig ist, muss er seine Welt selber errichten. Die Strukturen, die der Mensch produziert, sind aber nicht so

---

[12] Für die theoretische Fundierung des Begriffes „Internalisierung" bedient sich Berger bei Mead (1968) und Strauss (1956).

stabil wie die Welt der Tiere (Berger, 1973, S.7). Die Ordnung, die der Mensch errichten muss, bezeichnet Berger als Nomos[13] (1973, S.20ff). „Gesellschaftlich gesehen, ist Nomos ein den ungeheuren Weiten der Sinnlosigkeit abgerungener Bezirk der Sinnhaftigkeit, die kleine Lichtung im finsteren, unheilschwangeren Dschungel" (1973, S.24). Die gesellschaftliche Welt konstituiert demnach sowohl subjektiv als auch objektiv einen Nomos. Der objektive Nomos wird im Verlauf der Sozialisation internalisiert. Durch die Erfahrungen der Gesellschaft gewinnt diese Ordnung an Stabilität. Neue Erfahrungen werden integriert, so dass die Ordnung gelegentlich kleine Modifikationen erfährt. Dieser Nomos bietet die Möglichkeit geordnet und sinnvoll zu leben. Die Gesellschaft hütet sozusagen Ordnung und Sinn. Eine radikale Absonderung von der sozialen Welt wäre für das Individuum gefährlich. Sie würde zu Orientierungs-, Sinn- und Identitätsverlust führen. So bietet der Nomos durch einen verbindlichen Sinn Schutz vor Unsicherheit. Dieser Schutz steht im Sinne des Menschen, der nach Sinnhaftigkeit verlangt. Somit sei, laut Berger, die wichtigste Funktion der Gesellschaft die Nomisierung, „das Setzen verbindlichen Sinns" (1973, S.22).

Um eben diesen Sinn geht es bei Luhmann. „Wenn man von der Unterscheidung sinnvoll/sinnlos ausgeht, braucht man ein Kriterium, das festlegt, was sinnvoll ist und was nicht" (1995, S.11). Für subjektive Lebensfragen ist dies noch recht einfach. Schwierig wird

---

[13] Berger leitet den Begriff des „Nomos" von Durkheims „Anomie" (1973) ab.

es in Entscheidungen, die die gesamte Gesellschaft betreffen. Hier kommt der Religion eine wichtige Rolle zu. „Die Funktion der Religion scheint dann darin zu bestehen, [...] Irritation durch Unbestimmbarkeit in bestimmte oder doch bestimmbare Information zu verwandeln" (Luhmann, 1995b, S.12). Religion soll also das Unübersichtliche (unbestimmbare) in eine Übersichtlichkeit (bestimmbares) umwandeln und somit die Komplexität der Welt reduzieren. Um bei Berger zu bleiben, die Funktion der Religion ist die der Welterrichtung (1973, S.28). Es soll einen Nomos, also eine Ordnung bilden, das dem Individuum einen Sinn verleiht. Demnach sei die Religion ein Sinnsystem mit psychischen und sozialen Funktionen und hat eine herausragende Bedeutung bei der Konstruktion und Legitimation der gesellschaftlichen Wirklichkeit. Es bindet das Individuum in eine ganzheitliche und objektive Wirklichkeit und verleiht ihm einen Sinn (vgl. Berger 1965; Berger, Luckmann, 1970). Das Medium Sinn wird dabei erzeugt durch die Kommunikation (Luhmann, 1998, S.138) und wird gerade in Gemeinschaften und Gesellschaften durch einen charismatischen Führer vermittelt.

Laut Max Weber (1995, S.271ff; 1980, S.245ff) sagt Charisma etwas über die Qualität eines Menschen aus. Individuen, die „übernatürlich", „übermenschlich" (im Sinne von: nicht jedermann zugänglich), also „außeralltäglich" erscheinen und von Anhängern als „gottgesandt oder als vorbildlich und deshalb als 'Führer' gewertet werden" sind charismatisch. Solche charismatischen Führer können in allen möglichen sozialen Lebensfeldern vorkommen. Charakteristisch für sie ist, dass sie nicht nur zentrale soziale Wertbezüge auf sich ziehen, sondern auch Werte darstellen und diese auf die Gesellschaft zurückwirken. Sie schaffen es einen „Sinn" für ihre Anhänger zu geben. Der charismatische Führer einer Gemeinschaft schafft es, Umdenken in bestehende soziokulturelle Maßstäbe zu bringen. Er ist die „revolutionäre Macht in der Geschichte". Revolutionen, soziale Umbrüche und Wandel bedingen einen charismatischen Führer, der außeralltäglich erscheint und als „Held" dargestellt wird (Lipp, 2003, S.45ff). Dieser Held versucht eine neue soziale Identität der Masse aufzubauen (Lipp, 1985 und 1994) und durch die kollektive Zustimmung erhält er den nötigen Charisma. Der zeitgebundene Charakter von charismatischen Gemeinden ist jedoch zur Veralltäglichung verdammt (Weber, 1995, S.271ff). Der Begriff des Charismas und wie Nursi das Veralltäglichungsproblem löst, werden in der Arbeit noch eine wichtige Rolle spielen.

3.3 Netzwerk

Schon Anfang des 20. Jahrhunderts schrieb Simmel (1908) über die Formen der Vergesellschaftung. Diese Untersuchungen kann man als die ersten Ansätze für die heutige Netzwerkanalyse betrachten. Auch die Sozialanthropologie, besonders die britische, leistete Mitte des 20. Jahrhunderts einen wichtigen Beitrag für die Netzwerkanalyse (z.B. Fortes, 1949). So geht z.B. der Begriff „network" auf den britischen Sozialanthropologen Alfred R. Radcliffe-Brown zurück. Eine vollständig ausgearbeitete Netzwerktheorie gibt es aber bis dato noch nicht. Instrumentalismus (Braun, 2004; Gould, 1993), Determinismus (Watts, 2004; Urry, 2004), relationaler Konstruktivismus (White, 1992 und 1993) und die Systemtheorie (Tacke, 2000; Teubner, 1993; Fuchs, 2001) haben versucht, die Theorielücke zu schließen (Holzer, 2006, S.73ff).

Ohne nun darauf einzugehen, dass der Netzwerkbegriff vielfältige Interpretationsmöglichkeiten bietet (vgl. Dehnbostel, 2001), kann man allgemein betrachtet sagen, dass Netzwerke aus Akteuren bestehen, die miteinander verbunden sind und ein bestimmtes Ziel verfolgen. Sie sind das Ergebnis von arbeitsteiliger Vergabe ökonomischer Aktivitäten innerhalb eines Systemverbundes (Staber, 1999, S.58; vgl. Johanson, Mattson, 1987). Der Begriff „Netzwerk" bezeichnet auch Verbände, „die nicht auf formalisierter, verwalteter Mitgliedschaft beruhen, sondern auf persönlicher Bekanntschaft und bestimmten partiellen Gemeinsamkeiten, etwa geteilter Migrationserfahrung" (Becker, 2004, S.316). Als Basis dienen Faktoren, wie z.B. Kooperation, interdependente Beziehungen, Vertrauen und gemeinsame Werte, Ziele und Interessen (Jütte, 2002, S.23). Der Netzwerkbegriff kann also „zur Erklärung sozialer Differenzierung von zwischenmenschlichen Beziehungen in einem System" (Hartfiel, Hillmann, 1982, S.537) verwendet werden. Die Beziehungen können laut Granovetter (1973) unterschieden werden in weak ties und strong ties, dazu aber unten mehr.

Die moderne Welt ist charakterisiert durch Komplexität und Multiperspektivität. Umwelt und

System sind nicht vollständig beobachtbar und Ereignisverläufe sowie Aktivitäten nicht vollständig plan- und gestaltbar (Sydow, Windeler, 1999, S.1). Akteure der modernen Welt versuchen deshalb durch verschiedene Methoden die Komplexität, Unsicherheit und Kontingenz der sozialen Umwelt zu reduzieren. So ist die soziale Welt „unordentlich": „In einem Moment scheint (fast) alles determiniert und erwartbar zu sein, im nächsten aber höchst kontingent und unübersichtlich" (Holzer, 2006, S.81; vgl. White, 1992). In diesem Sinne müssen Erwartungen kontrolliert werden können, um „sicher" zu sein. Luhmann führt in Bezug auf Erwartungen den Begriff der doppelten Kontingenz ein: „Jeder kann so handeln, wie es der andere erwartet – oder auch anders; und beide unterstellen, dass der andere dies weiß – und seinerseits erwartet" (Luhmann, 1984, S.148ff). Es geht also darum, Erwartungen kontrollieren zu können und gleichzeitig unerwartete Handlungen auszuschließen. Hier ist die Rolle der Netzwerke wichtig.

Castells (2001) bezeichnet die Gegenwartsgesellschaft als „Network Society". Er geht davon aus, dass Netzwerke die Funktion und Ergebnisse von Prozessen verändern und sich mühelos in verschiedene gesellschaftliche Diskurse einbinden (2001, S.527ff). Vor allem durch die globale Vernetzung durch das Internet findet man überall sowohl lokale als auch transnationale Netzwerke. Holzer (2006, S.5) schreibt, dass die Entstehung von Netzwerken keinesfalls Zufall ist; sondern sie sind beabsichtigt und in den meisten Fällen notwendig. Individuen und Organisationen suchen und pflegen bewusst Netzwerke.

Soziale Beziehungen sind ausschlaggebend für Netzwerke. Dabei können Anlass und Dauer von sozialen Beziehungen höchst unterschiedlich sein. Trotz aller Unterschiede gehören sie zum Begriff der „sozialen Beziehung", der von Weber folgendermaßen definiert wird: „Aufeinander gegenseitig eingestelltes und dadurch orientiertes Sichtverhalten mehrerer" (Weber, 1980, S.13; h.z.n. Holzer, 2006, S.9). Das Handeln der Akteure wird also mit in die soziale Beziehung eingebunden (Granovetter, 1992). Wenn soziale Beziehungen ein stabiles und erwartbares Beziehungsmuster annehmen, wird es relevant für die Netzwerkanalyse (Holzer, 2006, S.9).

Reziprozität spielt in sozialen Beziehungen eine entscheidende Rolle. Sie führt dazu, dass Beziehungen aufrecht erhalten und weitergeführt werden. Denn Reziprozität bedeutet für die Teilnehmer, dass eine wechselseitige Verpflichtung eingegangen wird. Man kann auf die Vorleistung eine Gegenleistung erwarten. Doch diese Erwartung bedingt eine andere Variable: Vertrauen.

Max Weber bezeichnete die moderne Gesellschaft als eine notwendige Vertrauensgemeinschaft (1988, S.470ff). Je komplexer und turbulenter die Lebenswelt ist, desto wichtiger sind verlässliche Vertrauensbeziehungen (Grunwald, 1995, S.73). Laut Simmel (1992, S.393) ist Vertrauen „ein mittlerer Zustand zwischen Wissen und Nichtwissen. Der völlig Wissende braucht nicht zu vertrauen, der völlig Nichtwissende kann vernünftigerweise nicht einmal vertrauen". Vertrauen ist der Schlüssel für eine reibungslose Funktion einer sozialen Beziehung. Es ist „ein Mechanismus zur Reduktion von Komplexität" (Luhmann, 1973, S.1) und reduziert komplexe Realitäten sehr viel schneller und ökonomischer[14] als Voraussage, Autorität oder Verhandlung (Powell, 1996, S.226). Denn es ist ein vereinfachter Code zur schnellen und sicheren Kommunikation zwischen sozialen Akteuren (Bachmann, 2000, S.110). Natürlich vermindert Vertrauen nicht das Risiko komplett, aber es macht soziale Interaktion erst möglich. In einer unendlich komplexen Welt dient Vertrauen bei spezifischen Risikoproblemen als Lösung, da es Ungewissheit effizient reduziert. Die Zukunft bietet mehr Möglichkeiten, als man in der Gegenwart erwartet. Man entscheidet also unter Unsicherheiten. Durch Vertrauen wird die Zukunft erwartbar, da es Annahmen möglich macht. Ziel dabei ist es, unerwartetes Handeln zu minimalisieren. Es ist also stets in die Zukunft gerichtet. Die Informationen für Vertrauen stammen aus der Vergangenheit, deshalb setzt Vertrauen ein Mindestmaß an Vertrautheit voraus. Vertrautheit muss jedoch durch wiederholte Kontakte und Interaktionen aufgebaut werden (Ripperger, 1999, S.267ff). Ein Mangel an Vertrauen wiederum verringert aktives Handeln (Luhmann, 2001, S.158). Je homogener (ethnisch, geographisch, ideologisch, professionell) eine Gruppe ist, desto größer ist das Vertrauen und leichter die Kooperation. Oft ist es auch so, dass gegenseitiger Informationsaustausch zur Entstehung gemeinsamer Werte führt und somit Vertrauen aufgebaut wird (Powell, 1996, S.254-256; Buckley, Casson, 1988). Nach

---

[14] Kosten des Vertrauens sind zum überwiegenden Teil Setup-Kosten, also Informations- und Anreizkosten. Sie fallen nur einmal für den Aufbau von Vertrauen an (Ripperger, 1999, S.275).

Coleman (1990; vgl. Preisendörfer, 1995, S.270) ist Vertrauen eine Kreditvorgabe. Es ist das Resultat einer Entscheidung und die Entscheidung ist das Resultat einer rationalen Kalkulation. Die Entscheidung wiederum wird beeinflusst durch drei Größen: Gewinnchance, möglicher Gewinn und möglicher Verlust[15] (Coleman, 1991, S.127). So ist Vertrauen an eine Vorleistung geknüpft und erzeugt Erwartungen und Hoffnungen. Man kann es auch als Wette über das künftige Handeln anderer bezeichnen, womit es eine Annahme zur Bewältigung der Zukunft ist (Sztompka, 1995, S.255ff). Da eine Annahme niemals Gewiss ist und Missbrauch nicht verhindert werden kann, bezeichnet Luhmann Vertrauen als „risky investment" (1979, S.24).

Vertrauen kann aber nicht jedem Interaktionspartner gewährt werden. Trotzdessen muss Misstrauen verhindert werden. Deshalb kommt ein anderer Faktor in die Analyse: Selektion. „Die Kapazitäten, persönliches Vertrauen zu entwickeln, sind ebenso begrenzt wie die Notwendigkeit, dies zu tun. Persönliche Netzwerke sind dann die Form, in der sich die Selektivität der Kontakte ausdrückt, also ein Mechanismus, soziale Komplexität zu reduzieren und als Relevant und Zugänglichkeit spezifischer Personen verfügbar zu halten" (Holzer, 2006, S. 13ff). Diese Selektion ist also wichtig, da es nicht möglich ist, mit jedem in Kontakt zu stehen und da man der Information eines guten Bekannten eher vertraut als der eines Fremden (Powell, 1996, S.225).

---

[15] Fragwürdig in der Formel von Coleman ist die Bestimmung der Variablen: $P * G > (1-p) L$

Wenn Reziprozität und Vertrauen in einer sozialen Beziehung vorhanden sind, können sie zur Erreichung bestimmter Ziele eingesetzt werden. Akteure können so soziale Unterstützungen aus ihren Netzwerken ziehen (Jansen, 2003, S.11). Somit werden diese Beziehungen zu einem sozialen Kapital für die Teilnehmer. „Sie ermöglichen oder erleichtern den Zugriff auf Unterstützungs- und Hilfeleistungen sowie materielle und immaterielle Ressourcen im Kontaktnetz, erschließen also ansonsten unwahrscheinliche Handlungschancen" (Holzer, 2006, S.14). Bourdieu definiert soziales Kapital als die „Gesamtheit der aktuellen und potentiellen Ressourcen, die mit dem Besitz eines dauerhaften Netzes von mehr oder weniger institutionalisierten Beziehungen gegenseitigen Kennens und Anerkennens verbunden sind" (Bourdieu, 1983, S.190ff; h.z.n. Holzer, 2006, S.15). Soziales Kapitel erleichtert also die Handlungen der Akteure (Coleman, 1988, S.97; Pappi, 1987). Das Kapitel selbst wird an den Zugangspunkten realisiert (Vergleichbar mit den „access points" von Giddens 1990, 1994).

Entgegen der Erwartung, je stärker die Beziehungen, desto effektiver, hat Granovetter (1973) herausgestellt, dass sich gerade schwache, also lose und ungebundene Beziehungen (weak ties) besser auszahlen als stärkere Beziehungen (strong ties). Schwächere Beziehungen erweitern die Handlungsmöglichkeiten, da sie Zugang zu Informationen haben, die man selber nicht hat oder an die man nicht rankommt. Starke Beziehungen, zu denen u.a. Freunde und Verwandte gehören, sind Personen, zu denen man intensiven Kontakt hat. So kennt man zumeist die gleichen Personen und Informationsquellen, so dass das Handlungsspektrum eingeschränkt wird. Im Hinblick auf diese Beziehungen gibt es vier Merkmale (Holzer, 2006, S.17): Dauer und Frequenz der Beziehung, emotionale Intensität, die Intimität und der Austausch von Leistungen. Je schwächer diese Merkmale sind, desto effektiver sind die Beziehungen, wenn es um die Erlangung von neuen Informationen geht. Diesen schwachen Beziehungen kommt eine „Vermittlerfunktion zwischen verschiedenen Netzwerken zu („Brücken"), weil sie einander unähnliche Personengruppen miteinander verknüpfen können" (Wegmann, Zimmermann, 2003, S.253). Sie haben Kontakte zu Dritten, die man selbst nicht hat. Deshalb werden diese Beziehungen für bestimmte Ziele aktiviert[16]. Die Kontakte sind also die Ressourcen selbst und dienen als „Türöffner" (Holzer, 2006, S. 20). Sie müssen gepflegt und erwartbar gehalten werden (Holzer, 2006, S.84). Es ist stets von Vorteil, wenn man „jemanden kennt, der jemanden kennt" (Luhmann, 1995a, S.251), den man selber nicht kennt.

Somit dienen Kontakte als Adressen. Aber nicht nur Menschen, sondern auch formale Organisationen dienen in der Moderne als Adressen: „Die moderne Gesellschaft zeichnet sich also aus durch die größere Zahl und Diversität potentieller Adressen – kurz: durch höhere soziale Komplexität" (Holzer, 2006, S. 99). Tacke (2000) spricht hier vom „Primat von Adressen", z.B. die Biertheke als sozialer Ort, an dem sich Personen als

---

[16] Frei den Mottos „To have friends is power" (Hobbes, 1651, S.54), „Friends of Friends" (Boissevain, 1974) oder "Der Freund meines Freundes ist mein Freund".

potentielle Partner adressieren. Organisierte Biertheken sind demnach Workshops, Foren oder Meetings. Ein Kontakt wird aber erst dann zu einer Adresse, wenn ihre Ansprechbarkeit in sozialen Beziehungen konstituiert wird, also die Adresse kommunikativ erzeugt wird. Erst dann wird sie zu einem Zugangspunkt. Durch das „Sprechen" eröffnen sich neue unbekannte Möglichkeiten (Wagner, 2006, S.237). Dadurch zeichnen sich Kontakte durch eine „Diffusität des Möglichen" (Tacke, 2000, S.304) aus. Zu den Kontakten kommen neue Kontakte hinzu und somit auch neue Informationen.

Durch Kontakte baut man sich ein soziales Netzwerk auf, welches aus Beziehungen zwischen individuellen oder kollektiven Akteuren besteht (Holzer, 2006, S.73). Kollektive Akteure können Personen, Organisationen oder auch Staaten sein. Dabei sind Akteure und ihre Handlungen interdependent. Die Beziehungen zwischen den Akteuren werden beeinflusst durch Beziehungen, die die jeweiligen Akteure zu anderen Akteuren haben: „Die Dyade zwischen A und B wird beeinflusst durch die Beziehungen zwischen B und C sowie zwischen A und D, und alle zusammen operieren nicht unabhängig von globalen Parametern wie Dichte und Konnektivität" (Holzer, 2006, S.75). In diesen Beziehungen werden Informationen transferiert, Ressourcen getauscht und Handlungsmöglichkeiten mobilisiert oder blockiert (Braun, 2004; Gould, 1993; Holzer, 2006, S.77). Der Tausch findet auf der Grundlage von Vertrauen statt. Der Austausch von Ressourcen und Informationen ist also eins der wichtigsten Gründe für den Aufbau eines Netzwerks. Gerade in Situationen, in denen man effiziente und verlässliche Informationen braucht, sind Netzwerke besonders geeignet (Powell, 1996, S.225). Es findet also ein „social exhance" (sozialer Tausch) statt (Fox, 1974, S.70ff). Der soziale Tausch vollzieht sich als ein Spiel von Gabe und Gegengabe und hat die Struktur eines Spiels. Mit der Gabe ist eine Erwartung an den anderen verbunden, die eigene Gabe zu erwidern. Es ist ein System der Vor- und Gegenleistung, bei dem beide Seiten an das Angebot des jeweils anderen interessiert sind. Folgerichtet findet ein sozialer Tausch nur dann statt, wenn eine Person etwas anzubieten hat, was eine andere benötigt oder sich wünscht. Hierzu muss man aber erst am sozialen Tausch wahrgenommen werden (Gondek, Heisig, Littek, 1992, S.39ff).

Zudem können Informationen in Netzwerken erzeugt, diskutiert, bewertet und vor allem interpretiert werden. Neue Bedeutungen und Interpretationen können entstehen (Powell, 1996, S.255). Weitere Vorteile, die man sich in Netzwerken erhofft, sind strategische Vorteile, Reduktion der Unsicherheit, schneller Zugang zu Informationen, Vertrauenswürdigkeit, Responsivität, Wissen, Bedarf nach Geschwindigkeit und Vertrauen (Powell, 1996, S.250-252).

Soziale Netzwerke werden also zum eigenen Nutzen strukturiert. Individuen investieren bewusst in das soziale Kapital und versuchen sich im Netz durch bestimmte Positionen einen Vorteil zu verschaffen. Je mehr Zentralität man in einem Netzwerk genießt, desto höher ist der Nutzen. Andere Personen im Netz müssen dann notwendigerweise mit der zentralen Person Kontakt aufnehmen, um andere im Netz zu erreichen. Durch diese wichtige strategische Position sichert sich die zentrale Person einen Vorteil gegenüber den anderen Teilnehmern des Netzes. Solche Personen nennt man Broker.

Ein wichtiger Maßstab in der Netzwerkanalyse ist die Dichte eines Netzwerkes. In dem man die tatsächlichen Verbindungen im Netzwerk mit den potentiellen Verbindungen in Bezug setzt, errechnet man die Dichte. Die Dichte gibt Informationen über die Häufigkeit der Kommunikation und des Austausches zwischen den Akteuren. Man geht davon aus, dass je höher die Beziehungsdichte ist, desto besser die Stabilität und die Kooperation im Netz sind. Die Gelegenheit zur Kooperation steigt, je mehr Akteure in einer Region miteinander in Kontakt stehen. Zudem gilt die Dichte eines Netzwerkes auch als ein Maßstab für die Verbreitung von Innovation (vgl. Jansen, 2003, S.88; Jütte, 2002).

Im Netzwerk gibt es nicht nur Vorteile sondern auch Schwierigkeiten, die beseitigt werden müssen: Festlegung klarer Zuständigkeiten, die Aufrechterhaltung des für eine langfristige Kooperation notwendigen Vertrauens zwischen den Teilnehmern und die faire Regelung des Transfers von Know How (Staber, 1999, S.58) sind einige der Probleme von Netzwerken. Bestehen zwischen den Akteuren strukturelle Löcher, so kann man den einen gegen den anderen ausspielen und das Netz missbrauchen. Das Fehlen von strukturellen Zwängen und die Ausbeutbarkeit struktureller Löcher ist ein Indikator für Macht (Jansen, 2003, S.163, 192). Denn wenn die Akteure voneinander entkoppelt sind, hat der Akteur mit den meisten Sozialkontakten in relevanten institutionellen Bereichen einen enormen Vorteil (Granovetter, 2000, S.214). Da reicht Vertrauen alleine nicht aus. Je umfassender das Vertrauen, desto größer der potentielle Gewinn aus betrügerischem Verhalten (Granovetter, 1992, S.62). Vor allem soziale Netzwerke sind hoch anfällig für Korruption (Wagner, 2006, S.239). Daher sind hierarchische Kontrollmechanismen in vielen Fällen nötig. Zudem sind Entscheidungsstrukturen notwendig, um Opportunismus einzudämmen und Vertrauen auszubilden (Williamson, 1979, S.242).

Insgesamt ist der Vernetzungsgedanke „Leitbild des Kommunizierens und Handelns sozialer Bewegungen" (Wegmann, Zimmermann, 2003, S.253). Diese Art der informellen Unterstützung ist effizienter und kostengünstiger als institutionelle Hilfen. So wird die Netzwerkarbeit von der Nurculuk Gruppe, die sich als „sozialer Islam" beschreibt (Güleçyüz, 2006), bewusst und intensiv betrieben.

4.0 Methodischer Rahmen

Die Methode der vorliegenden Arbeit ist eine qualitative Studie. Eine quantitative Studie war auf Grund der mangelnden Datenlage nicht möglich. Vor allem für Untersuchungsobjekte, die bisher nicht ausgiebig analysiert wurden, eignet sich die qualitative Methode. Als Erhebungsmethode wurden drei verschiedene Forschungsmethoden ausgesucht: Experteninterviews, nicht-teilnehmende Beobachtung und Dokumentenanalyse.

Nicht-teilnehmende, deskriptive Beobachtungen wurden sowohl in Deutschland als auch in der Türkei gemacht. Gegenstand dieser Methode ist das „soziale Handeln" der zu Untersuchenden. Es muss aber berücksichtigt werden, dass eine nicht-teilnehmende Beobachtung nur begrenzt möglich war. Dies hatte mehrere Gründe, z.B. stand nicht genügend Zeit zur Verfügung. Weiterhin nimmt man die Rolle eines Forschers an, was sicherlich die Ergebnisse subjektiv verfärbt. Der Grund, warum eine nicht-teilnehmende einer teilnehmenden Beobachtung bevorzugt wurde ist, dass eine teilnehmende Beobachtung durch die Anwesenheit und das Handeln des Beobachters die Ereignisse beeinflussen kann. Man muss sich dadurch nicht auf mehrere Sachen konzentrieren, sondern kann sich gleich Notizen machen. Somit wurden zwei Konstruktionen verfolgt: 1.) Beobachten und Protokolle schreiben. 2.) Protokolle auswerten. Das Feld, das ich teilnehmend beobachtete, bestand aus Orten, an denen sich die Untersuchten gelegentlich aufhalten. Zum größtenteils waren dies die informellen Lesezirkeln, die Medresen[17], in denen sich die Anhänger der Bewegung treffen und die Werke Said Nursis lesen. Auch an Versammlungen und Veranstaltungen wurde teilgenommen. Die Erhebung des Gesamtnetzwerkes, also eine umfassende Netzwerkarbeit, ist forschungsbedingt nicht möglich. Daher werden Teile des Netzes als Fallbeispiele entnommen. Die Medresen selbst sind Teilnetzwerke der Bewegung.

Den Sinn von Handlungen kann man aus teilnehmenden Beobachtungen allein nicht erfahren. Hierfür sind Interviews nötig. Bei der vorliegenden Studie wurden 41 qualitative Interviews durchgeführt. Es wurde bilingual (deutsch und türkisch) operiert, da einige meiner Interviewpartner nur türkisch sprechen. Die Interviews wurden fast alle auf Tonband aufgezeichnet und später transkribiert und kodiert. Um eine „Verstellung" auszuschließen, wurde bei manchen Interviews ein Tonband nicht benutzt. Es wurden Personen als Interviewpartner ausgewählt, die repräsentativ für ihre Gruppe waren und von denen man annehmen konnte, dass sie ein hinreichendes Bild liefern konnten. So wurden sowohl unmittelbare Schüler Said Nursis als auch Intellektuelle, Lehrer, Studenten, zentrale Personen und gewöhnliche Teilnehmer der Risale-i Nur Lesungen interviewt. Unter ihnen waren sowohl geborene Muslime als auch Konvertierte. Die Interviewpartner waren ausschließlich männlich.

---

[17] Das Wort „*Medrese*" ist in der Türkei negativ besetzt, so dass dort das Synonym „*Dershane*" benutzt wird. *Medrese* hat einen arabischen Touch. So hießen die alten Bildungseinrichtungen in der Türkei. *Dershane* ist ein moderner türkischer Begriff.

Interviews mit weiblichen Anhängern wäre zwar möglich gewesen, hätte aber nicht in dieser Form nützlich für die Arbeit sein können, da eine bestimmte Intimität wegen der islamischen Geschlechtertrennung nicht erreicht werden könnte. Die Interviewzitate sind kursiv gestaltet. Als Interviewform wurden qualitative Leitfadeninterviews ausgewählt, die zwischen 45 Minuten und 2 Stunden dauerten. In dieser Form wurde eine Reihe von bestimmten Themen im Interview abgehandelt. Die Themenbereiche wurden bei allen Interviewten gleichermaßen angesprochen, um eine Vergleichbarkeit herzustellen. Bei einigen Personen wurden auch halbstandardisierte Interviews durchgeführt. Aus forschungs-ethischen Gründen werden die Namen der Interviewpartner nicht genannt. Den Befragten wurde diese Anonymität zugesichert. Die Initialen in dieser Arbeit sind frei erfunden. Bestimmte Personen, die in der Bewegung historisch eine wichtige Rolle spielen, wurden nicht anonymisiert. Dies geschah im Einverständnis der Interviewten. Zudem kam es zu zahlreichen kurzen ungeplanten Gesprächen im Feld. Diese Gespräche bezeichne ich als beiläufige Kommunikationen oder kurze Frage- und Antwortsequenzen, die nicht im Voraus arrangiert wurden (vgl. Knoblauch, 2003, S.111). Da die Interview auch intensiv über ihre Vergangenheit befragt wurden, muss hier bedacht werden, dass die Gegenwart als Ausgangspunkt der Interpretation der Vergangenheit gilt (vgl. Schiffauer, 2000, S.236).

Dokumentenanalyse und Quellenstudium wurden ebenfalls eingesetzt. Verschiedene Texte, wie z.B. Selbstdarstellungen wurden auf die Fragestellungen hin untersucht. Ein wichtiger Bestandteil der vorliegenden

Arbeit ist das Gesamtwerk Risale-i Nur, das aus ca. 6000 Seiten besteht und vollständig gelesen und bearbeitet wurde. Hierzu benutzte ich drei verschiedene Sprachausgaben: türkisch (original), deutsch und englisch[18]. Wenn ich in dieser Arbeit aus der Risale zitiere, dann in dieser Reihenfolge: Falls vorhanden in deutscher Sprache, wenn nicht auf Englisch. Wenn beide Übersetzungen nicht vorliegen, übersetze ich selber aus dem Türkischen ins Deutsche. Bei der Quellenangabe gebe ich jedes Mal die Originalquelle aus dem Türkischen an, egal in welcher Sprache ich zitiere[19].

Im Rahmen der Beobachtung befand ich mich in einem mir vertrauten Terrain. Positiv war dies, da mir dadurch alle Türen geöffnet wurden und ich nicht als „fremder Forscher" angesehen wurde, vor dem man etwas verstecken oder verheimlichen muss. Mein Status als Forscher war nicht allen bekannt und wurde auch nicht offen zur Schau gestellt. So konnte ich den negativen Beigeschmack des Spionierens loswerden. Negativ war dies, da es manchmal Schwierigkeiten gab, dass mir Vertraute zu erforschen. Hier musste ich teilweise eine Selbstbeobachtung durchführen. Das eigene Vorwissen kann als ein typischer Ausdruck alltäglicher oder intellektueller Außenperspektive betrachtet werden (Knoblauch, 2003, S.56). Daher musste während der Feldforschung, und auch davor, mein Vorwissen über das Feld expliziert werden. Dies ist eine Vorbindung der teilnehmenden Beobachtung und dient dazu, Vorurteile und blinde Flecken zu vermeiden.

---

[18] Siehe Anhang 15 für seine Werke.
[19] Denn jede Übersetzung ist in Wirklichkeit eine Interpretation. Daher ist die Angabe der Originalquelle sehr wichtig.

Die Lehrlingsmethode (vgl. Knoblauch, 1999, S. 84ff) half mir dabei, wertvolle Informationen zu bekommen, an die man sonst nur schwer herankommen würde. Dies „künstliche Dummstellen" führt dazu, dass auch das Selbstverständliche von den Untersuchten detailliert und ausführlich beschrieben und erklärt wird.

Zudem geht der Verfasser dieser Arbeit davon aus, dass die soziale Wirklichkeit von den Menschen in ihren Handlungen gemeinsam konstruiert wird (Knoblauch, 2003, S.57; vgl. Berger, Luckmann, 1970). Daher war es wichtig für mich, die Menschen unter „den für sie üblichen Lebensumständen zu untersuchen, ohne künstlich wissenschaftliche Situationen zu erzeugen" (Knoblauch, 2003, S.57). **Die Daten bilden nicht *die* Wirklichkeit, sondern konstruieren sie erst.**

Wie schon oben erwähnt, wurde bilingual operiert. Dies war nötig, da auch Feldforschung in der Türkei gemacht wurde. Einige Interviewpartner sprachen kein Deutsch. Es gab zudem ein wichtiges hermeneutisches Problem. Einige Begriffe, die ins Deutsche übersetzt werden, verlieren so ihre Konnotation. Das Lexem wird übersetzt bei gleichzeitigem Austausch der Konnotationen und damit des Assoziationsfeldes. Der Kontext und das Verständnis der Personen, die diese Begriffe verwenden, fallen weg. So ist es ein Fehler, wenn z.B. *„Din"* als „Religion" oder *„İman"* als „Glauben" übersetzt werden. Wegen des Austausches der Konnotationen, werden diese Begriffe in ihrer Originalform auf Türkisch oder Arabisch geschrieben und zur Kenntnisnahme in Kursivschrift belassen. Grammatisch werden die Begriffe eingedeutscht, also dem Deutschen angepasst. In Klammern wird der gängige deutsche Begriff wiedergegeben[20]. Dies muss trotz falscher oder fehlender Übersetzungen getan werden, um dem Leser überhaupt eine Vorstellung von der ungefähren Bedeutung des Wortes zu geben.

---

[20] Ausnahmen bilden Begriffe, die in Zitaten von anderen Autoren vorkommen. Diese werden in der originalform des Zitates belassen und auch nicht kursiv gestaltet.

5.0 Historische Entwicklung

In diesem Abschnitt der Arbeit wird kurz die historische Entwicklung der Bewegung analysiert. Dabei fällt das Augenmerk auf Entwicklungen, die Einfluss auf das religiöse Leben in der Gesellschaft hatten. Zunächst wird im nächsten Kapitel die Situation in der Türkei zu Beginn des 20. Jahrhunderts durchleuchtet. Dies ist wichtig, um das soziale Umfeld, in dem Said Nursis Bewegung entstand, zu verstehen. Gleich im Anschluss erfolgt die Biographie Said Nursis, die in drei Abschnitte aufgeteilt wird. Die Entwicklung nach dem Tode Said Nursis gehört ebenfalls zu diesem Kapitel. Die Nurculuk Bewegung spaltete sich nach Nursis Tod in viele Gruppen. Die Vorfälle, die zu Spaltungen führten, werden näher durchleuchtet.

5.1 Die Situation in der Türkei zu Beginn des 20. Jahrhunderts

Im Laufe des 18. und 19. Jahrhunderts entwickelte sich Europa technologisch und wissenschaftlich auf eine neue Ebene, die parallel zur Stärkung in Militär, Wirtschaft und Politik führte. Aus sozialpolitischen und –kulturellen Gründen konnte das Osmanische Reich dieser Entwicklung nicht standhalten. Zudem stand sie wirtschaftlich unter dem Einfluss europäischer Länder. Im Zuge dieser Entwicklung kam es zu vielen kleinen und großen Kriegen rund um das Osmanische Reich. Hinzu kommt, dass sich das

Osmanische Reich 1918 unter den Verlierern des ersten Weltkrieges befand. Die Siegermächte versuchten das Reich unter sich aufzuteilen. So wurde eine Verteidigungsarmee aufgebaut, die die Besatzer aus dem Land trieb. 23. April 1920 wurde die Türkische Republik gegründet und Mustafa Kemal Atatürk wurde erster Staatspräsident des neugegründeten Staates.

Die neue Republik sah das Festhalten an der Tradition als Grund für den Untergang des Osmanischen Reiches. Neue westliche Werte sollten importiert werden und die Türkei, welches ein Nationalstaat sein sollte, sollte wirtschaftlich, kulturell und sozial aufsteigen. Hierzu brauchte man grundlegende Reformen. Da es vom 29. Oktober 1923 bis 1945 nur eine Partei, die CHP (Republikanische Volkspartei) in der Türkei gab, war es leicht, die nötigen Reformen durchzusetzen. In dieser Zeit erlebte das Volk eine Reihe von politischen, juristischen, kulturellen und religiösen Reformen die einen großen Einfluss auf das Volk hatten:

- 1922: Das Sultanat wurde abgeschafft.
- 1923: Die Türkische Republik wurde am 29.10.1923 gegründet. Anstelle der Umma des Reiches (weltumfassende Gemeinschaft der Muslime), wurde nun ein Nationalstaat errichtet. Der Gedanke eines Nationalstaates, der auf dem Türkentum beruht, wurde schon seit dem 19. Jahrhundert im Osmanischem Reich diskutiert. Nun wurde es umgesetzt.
- 1924: Das Kalifat wurde am 3.3.1924 abgeschafft und der Kalif des Landes verwiesen.

- 1925: Die religiösen Zentren, wie z.B. Tekkes und Medresen, wurden aufgelöst.
- 1925: Das Tragen eines Hutes wurde zur Pflicht. Auf Grund dieses Gesetzes wurden viele Menschen verhaftet, gefoltert und erhängt, da sie entweder keine Hüte trugen oder weiterhin die klassische osmanische Kopfbedeckung *Fes* trugen.
- 1925: Der arabische Kalender wurde durch den gregorianischen ersetzt, wodurch das Wochenende von Donnerstag-Freitag auf Samstag-Sonntag verlegt wurde.
- 1926: Das Parlament verabschiedete ein neues Privatrecht auf der Grundlage des Schweizer Zivilrechtes.
- 1928: Einführung der lateinischen Buchstaben und somit Abschaffung der arabischen Schrift. Die Konsequenz war ein kultureller Umbruch.
- 1928: Der Artikel „Islam ist die Religion der türkischen Republik" wurde aus dem Grundgesetzbuch entfernt. Damit war der Islam nicht mehr die Staatsreligion. Zudem wurde beim Abgeordneteneid das Wort „vallahi", welches sinngemäß „Ich schwöre auf Gott" bedeutet, mit „Auf meine Ehre verspreche ich" ersetzt.
- 1929: Schließung der religiösen Schulen.
- 1931: Die arabischen Einheiten für Gewicht und Strecke wurden durch das europäische ersetzt.
- 1932: Das Gebetsruf der Muslime, welches auf Arabisch verlautet wird, wurde ins

türkische umgeändert. Wer sich nicht daran hielt, wurde zu einem politischen Gefangenen.

- 1932: Gründung des Instituts für türkische Sprache durch Mustafa Kemal. Diese Institution führte im Laufe der Jahre viele verschiedene Sprachreformen durch und „reinigte" die türkische Sprache von arabischen und persischen Wörtern.
- 1932: Ayasofya (Hagia Sophia), die wichtigste Moschee des Landes, wurde geschlossen und 1934 in ein Museum verwandelt.
- 1933: Die theologischen Fakultäten wurden geschlossen.
- 1934: Kleiderverbot: Das Tragen religiöser Kleidung in der Öffentlichkeit wurde verboten.
- 1934: Die Pilgerfahrt nach Mekka, welches zu den Pflichten eines jeden Muslims gehört, wurde bis 1947 verboten.
- 1937: Die Türkei wurde in einen laizistischen Staat transformiert.

Dies sind die wichtigsten Veränderungen, die die junge Republik in kurzer Zeit vollzog. Es gab Umwälzungen auf allen Ebenen des sozialen Lebens. Deshalb bezeichnet Schiffauer diese Revolution als „zweifellos eine der radikalsten – wenn nicht die radikalste - Kulturrevolution dieses Jahrhunderts" (2000, S.41), die „in ihrem antireligiösen Impetus und Pathos die Französische Revolution weit in den Schatten stellte" (2003, S.148). Das Volk, das sich gerade vom Krieg erholte, erlitt einen Kulturschock. Besonders das religiöse Volk fühlte sich unterdrückt. Plötzlich standen „westliche" Werte im Mittelpunkt ihrer Gesellschaft. Um das Ausmaß des extremen Charakters dieser Reformen zu verdeutlichen, gibt Schiffauer ein Beispiel: „Man stelle sich vor, dass hierzulande (gemeint ist Deutschland; A.d.A.) die arabische Schrift und der arabische Kalender eingeführt würden. Der Sonntag würde durch den Freitag als Ruhetag ersetzt; das Tragen des Huts würde strafrechtlich verfolgt und das Tragen des Turbans angeordnet. Das arabische Zivilrecht (mit allen Implikationen für das Ehe- und Erbrecht) würde übernommen. Darüber hinaus würde die Kirche der Aufsicht des Staates unterstellt und der Religionsunterricht abgeschafft. All dies geschähe in der expliziten Absicht, die Bundesrepublik aus dem europäisch-christlichen Kontext zu lösen und sie auf den Standard der islamischen Kultur und Zivilisation zu heben" (2000, S.46).

Kinross kennzeichnet Mustafa Kemal Atatürk, den Initiator dieser „westlichen" Revolution, folgendermaßen: „In mind and body, (Atatürk; Anmerkung des Verfassers) was a Westener, neither born nor made but by deep-seated instinct" (Kinross, 1995, S.45; h.z.n. Abu-Rabi, 2003, S.63). Die westliche Einstellung führte dazu, dass westliche Ideen des Rationalismus und Positivismus, die gegen Ende des 19. Jahrhunderts Eingang im Osmanischen Reich, besonders in Istanbul, gefunden hatten (vgl. Ülken, 1966, S.200), zum Fundament des neuen Staates wurden. Dadurch entwickelte sich zwischen den Republikanern und den Konservativen ein Konflikt, der immer größer wurde. Die

Abschaffung des Kalifats am 3. März 1924 war ein großer Schritt gewesen. Es erforderte eine gesellschaftliche Veränderung von Grund aus. In den folgenden Jahren bis 1934 wurden alle Anzeichen und Symbole des Islams, welche als Bindeglied zwischen den verschiedenen Völkern in der Türkei dienten, aus dem gesellschaftlichen Leben entfernt. Der neue Nationalstaat blockierte die Verbindung der Muslime zur Vergangenheit (Mardin, 2003b, S.48). Auf dies Weise versuchte man das kollektive Gedächtnis auszulöschen, in dem man islamische Symbole verdrängte. Der Islam sollte nicht am öffentlichen Leben teilhaben und der islamischen Kultur wurde nicht gestattet, sich zu entwickeln (Mardin, 1997, S.362ff). Das islamische Reich wurde in einen laizistischen, türkischen Nationalstaat verwandelt. Diese Reformen hatten einen so großen Einfluss, so dass heute noch eine große Spannung zwischen dem Staat und der Gesellschaft besteht. Dieser Konflikt artikuliert sich zwischen islamischen sozialen Bewegungen und der Staatsideologie, dem Kemalismus (Yavuz, 2004, S.121).

Said Nursis Schriften sind auf diesem Hintergrund entstanden. In einer Zeit, in der das türkische Volk, besonders das religiöse, eine Erschütterung nach der anderen erlebte. Unruhe und Ungewissheit charakterisieren diese Zeit. Im nächsten Kapital werden die Entwicklung Nursis, sowie der kontextuelle Ursprung seiner Bewegung, diskutiert.

5.2 Der Gründer Said Nursi

Es ist selbstverständlich nicht möglich, dass Leben Said Nursis auf wenigen Seiten wiederzugeben. Dies ist auch nicht Ziel dieser Arbeit. Es soll keine Biographieanalyse werden. Daher werde ich mich nur auf die Stationen seines Lebens beschränken, die ihn, die Risale-i Nur und vor allem seine Bewegung nachhaltig beeinflussten. Da in der Literatur Said Nursis Leben in drei Abschnitte (Alter Said, Neuer Said, Dritter Said) aufteilt wird, werde ich es gleichermaßen einteilen. Mir ist bewusst, dass diese Einteilung zu sehr der Hagiographie verhaftet ist. Trotzdessen sehe ich es als eine notwendige Einteilung, um die Anhänger der Bewegung besser analysieren zu können. In den kommenden Kapiteln wird hervorgehen, dass die unterschiedlichen Nurcu-Gruppen auf die verschiedenen Abschnitte ihres charismatischen Begründers Bezug nehmen. Somit kann ermittelt werden, auf welchen „Said" die Nurcu-Gruppierungen in ihren Diskursen zurückgreifen. Zudem zeigt diese Aufteilung die persönlichen Veränderungen, die in Nursi stattfanden.

5.2.1 Alter Said

Said Nursi[21] wurde 1876[22] als Sohn einer kinderreichen Familie[23] im ostanatolischen Dorf Nurs[24],

---

[21] Der Name Nursis auf seinem Pass lautet „Muhammed Said Okur".

[22] Es gibt einige Unklarheiten, was das Geburtsjahr Nursis angeht. In der Biographie „Tarihçe-i Hayat" (2001a, S.29) wird das Jahr 1873 angegeben. Die renommierte Said-Nursi-Biografin Şükran Vahide (2005, S.3) schreibt 1877. Laut dem Gesetzgeber ist sein Geburtsjahr

in Bitlis geboren. Zu dieser Zeit lebten ca. 397.044 Einwohner in Bitlis. 63,97% der Bevölkerung waren Muslime. 32,74% waren Armenier. 1,51% waren syrische Jakobiner. 0,655% waren Katholiken. Der Anteil der Yeziten betrug 0,97%. Der römisch katholischen Kirche gehörten 0,05% der Bevölkerung an. Verschwindend gering war der Anteil der Bewohner, die zum Stamm der Kıpti (0,09%) gehörten (Cuinet, 1891, S.526; h.z.n. 2003a, S.75). Henry Binder, der im Jahre

---

allerdings 1876 (vgl. Ergin, 2001, S.35). Allgemein wird das letztere akzeptiert. Als Nursi 1919 für den Daru´l-Hikmeti´l-İslamiye, den höchsten osmanischen Rat für Fragen der Bildung, auf Einladung eine kurze Biographie von sich schreibt, nennt er als sein Geburtsjahr nach der islamischen Zeitrechnung 1293, welches umgerechnet 1876/1877 ist (siehe Anhang 12).

[23] Geschwisterreihenfolge (vom Ältesten zum Jüngsten): Dürriyye (w), Hanım (w), Abdullah (m), Said (m), Muhammed (m), Abdulmecid (m), Mercan (w)

[24] Der Name „Nur" (deutsch: Licht) spielt eine wichtige Rolle im Leben Saids: 1.) Sein Geburtsort heißt Nurs. 2.) Sein Name lautet Said Nursi. 3.) Seine Werke nennt er Risale-i Nur. Hierzu schreibt er: „In meinem ganzen Leben trat mir das Wort Licht überall entgegen. Beispielsweise, mein Geburtsort war Nurs, der Name meiner verstorbenen Mutter war Nuriye, mein Nakschibendi-Meister war Sayyid Nur Muhammed, einer meiner Kadiri-Meister war Nureddin, einer meiner Koran-Meister war Nuri, und von meinen Schülern trugen jene, die am engsten an mich gebunden waren, ein Nur in ihrem Namen. [...] Und was meine Bücher am meisten erhellt und beleuchtet, sind die Vergleiche vom Licht. Und der leuchtende Name Nur unter den Schönsten Namen Gottes löste am besten meine Schwierigkeiten im Zusammenhang mit den Göttlichen Wahrheiten. Und mein besonderer Führer bei meiner leidenschaftlichen Begeisterung für den Koran und bei meinem alleinigen Dienst am Koran ist Osman Dhu l-Nurayn (Gottes Wohlgefallen sei mit ihm)" (2004a, S.479ff; 2000g, S.104, 156; 2000d, S.378). Mit „Nur" ist nicht das elektrische oder das natürliche Licht gemeint, sondern das göttliche Licht.

1887 vom französischen Bildungsministerium beauftragt wurde, das gesellschaftliche Leben in Bitlis zu untersuchen, schrieb, dass die verschiedenen Völker, trotz ihrer Unterschiede keine diskriminierenden Probleme miteinander hatten (Binder, 1887, S.152; h.z.n. Mardin, 2003a, S.76). Jedoch war das soziale Umfeld durch andere Probleme gekennzeichnet. Unruhe und Konflikte beherrschten den Alltag. Wie er später schreibt, spielte hier Nursi in seiner Jugend öfters die Rolle des Streitschlichters und war selbst beteiligt an Debatten mit Klanführern (Nursi, 1999a). Unter diesen Umständen wuchs Said Nursi auf.

Mit acht Jahren begann Nursi seine Ausbildung nach Empfehlungen des örtlichen Imams. Die Ausbildung fand damals in den Medresen statt. Hier erlernte er u.a. Koran- und Hadithwissenschaften, Logik und Arabisch. Da er noch zu jung war und wie er später schreibt, „zu kindlich" (2001a, S.35; vgl. Ergin, 2001, S.41; Yaşar, 1993b, S.120ff) behandelt wurde, wechselte er öfters die Medresen und zog somit mit jungem Alter von Ort zu Ort. Zudem war Nursi als Kind schon jemand, der nur ungern Anweisungen von anderen annahm. Er hasste Hierarchien. Diese Eigenschaften und der Neid seiner Altersgenossen gegenüber der Intelligenz von Nursi brachten ihn öfters in Streitigkeiten.

Die meisten seiner Lehrer gehörten zum Nakschibendi-Orden, wie z.B. Seyyid Sibgatullah. So erkennt man in Nursis Schriften, dass er von bedeutenden Nakschibendiführern, wie z.B. Ahmed Sirhindi (auch als

Imam Rabbani bekannt; 1691 – 1754)[25] oder Ahmed Ziyaeddin Gümüşhaneli (Yavuz, 2004, S.137) beeinflusst wurde. Auch zitiert er oft Abdulkadir Geylani, den Gründer des Kadiri-Ordens. Obwohl der größte Teil seiner Verwandtschaft und der Bewohner in der Umgebung dem Nakschibendi-Orden angehören, fühlte sich Nursi, wie er später schreibt, vom Kadiri-Orden sehr angezogen. Doch das ständige Streben nach noch mehr Wissen, hätte ihn zeitlich davon abgehalten, sich einem Orden anzuschließen (2000e, S.128). Seine Wanderung hatte nach 5 Jahren ein vorläufiges Ende, als er auf Scheich[26] Mehmet Celali traf. Bei ihm erhielt er eine strenge und harte Ausbildung und bestand das Examen in einer recht schnellen Zeit von drei Monaten. Anschließend nahm er an wissenschaftlichen Disputen mit Gelehrten seiner Heimatprovinz teil und erwies sich als überlegender Diskutant. Solche Diskussionen gehörten zum Alltag in Anatolien. Auch Nursi hatte gefallen an diesen „Begegnungen" und nahm öfters an diesen teil. Später schreibt er, dass Angeberei und Protz in seinem Dorf sehr verbreitet waren und in diesen Disputen Hierarchien bestimmt wurden (2001c, S.49). Man kann davon ausgehen, dass diese Diskussionen eine Plattform waren, an dem man Status und Berühmtheit erlangen konnte.

Mit 14 Jahren hatte Said Nursi einen Traum, der ein wichtiger Wendepunkt in seinem Leben ist. Im Traum sah er, wie die Welt untergegangen war. In dieser

---

[25] Sowohl Sirhindi als auch Nursi haben ein Werk mit dem Titel "Mektubat" (Die Briefe).

[26] Der Scheich ist eine religiöse Autorität eines islamischen Ordens, Stammes oder einer Gemeinschaft.

Situation wollte er unbedingt den Propheten besuchen. Er dachte sich, dass der Prophet bestimmt die Sıratbrücke (eine Brücke im Jenseits) durchqueren würde. So entschied er, vor dieser Brücke auf ihn zu warten. Said bemerkte, dass alle Propheten nach und nach begannen, die Brücke zu überqueren. Er küsste jedem einzeln die Hand. Zum Schluss kam der Prophet Mohammed. Said warf sich dem Propheten vor die Knie und bat ihn: „Oh du Gottes Gesandter, ich will Wissen von Ihnen." Der Prophet antwortete: „Wenn du meiner Religionsgemeinschaft (Umma) keine Fragen stellst, so bekommst du das Wissen des Korans." Voller Freude stand Said auf (2001a, S.30). Dieser Traum ist Ausschlaggebend für den Wissensdurst Said Nursis.

Seine nächste Ausbildungsstätte war Bitlis, wo er wieder von Medrese zu Medrese wechselte und auf diese Weise viele Gelehrte kennenlernte. Einer der Gelehrten, die mit ihm diskutierten, war Molla Fethullah aus Siirt, der ihn in besonderer Weise prüfte. Als Nursi die Prüfung außerordentlich gut bestand, verlieh Molla Fethullah ihm 1892 den Titel „Bediüzzaman"[27], was so viel bedeutet wie „Mann der Epoche". Unter diesem Namen wurde er später berühmt.

1894 reiste er nach Mardin und beteiligte sich nun in dieser größeren Stadt an Diskussionen mit Gelehrten. Nachdem er auch hier seine Überlegenheit bewiesen hatte, und die älteren Gelehrten mit seinen „neuen" Ideen nicht einverstanden waren, kam es zu kleineren Streitigkeiten. Daraufhin verbannte ihn der Gouverneur

---

[27] Die Information, Said Nursi hätte sich den Namen selbst gegeben, ist nicht richtig (Bruinessen, 1989, S.354).

Nadir Bey nach Bitlis. Sein Aufenthalt in Bitlis dauerte zwei Jahre. 1896 reiste er nach Einladung des Gouverneurs nach Van, wo er in der Stadtbibliothek Werke der damals modernen Natur- und Ingenieurwissenschaften kennenlernte. Diese Kenntnisse sollten ihn noch ein Leben lang beschäftigen. Bis zu diesem Zeitpunkt hatte er vor allem arabisch und seine kurdische Muttersprache verwandt. Im Haushalt des Gouverneurs musste er türkisch sprechen, so dass Nursi sich in der türkischen Sprache verbessern konnte. In Van verblieb er die nächsten 10 Jahre.

Als er im Jahre 1906 in der Zeitung las, dass der britische Premierminister William Ewart Gladstone 1882 im britischen Parlament über den Koran folgendes gesagt hatte: „Wir können die Muslime, solange sie diesen Koran haben, nicht beherrschen. Entweder müssen wir diesen vernichten oder sie von ihm abbringen", verlautete Nursi wiederum in den Zeitungen, „Ich werde der Welt verkünden und beweisen, dass der Koran eine unauslöschliche Sonne ist" (Nursi, 2001a, S.44). Dies ist einer der Wendepunkt im Leben von Said Nursi. Aus diesen Worten und dieser Aufgabe wird später die Nurculuk Bewegung entstehen.

Während seiner Zeit in Van entwarf Nursi die Idee einer Universität, die ihn sein Leben lang beschäftigen sollte. Er ging davon aus, dass der Rückzug aus den Wissenschaften zum Untergang des Bildungssystems im Osmanischen Reich geführt hatte. So hatte er die Idee einer Universität (namentlich: Medresetüz Zehra; eine Analogie zur „Al Azhar"-Universität in Kairo) in Van, in der religiöses und naturwissenschaftliches parallel gelehrt werden sollten. Hiermit wollte er zeigen, dass Wissenschaft und Religion, Freiheit und Glauben und Moderne und Tradition miteinander vereinbar sind (Yavuz, 2004, S.122). Später schreibt er hierzu (Nursi, 1999a, S.80): „Die Wissenschaft von der Religion ist das Licht (*Ziya*) des Gewissens. Die Naturwissenschaft spiegelt das Licht (*Nur*) der Vernunft wider. Die Wahrheit wird offenbar durch die Vereinigung der Beiden. Wenn sie getrennt sind, kommt es zu Fanatismus in der Religion. Und es entstehen Argwohn und Zweifel in der Wissenschaft."[28] Somit wollte er die weltliche Bildung vor dem Unglauben und die religiöse Bildung vor dem Fanatismus bewahren (Yavuz, 2004, S.124). Wichtig ist an dieser Stelle, dass Nursi die Ausbildung in den Medresen unzureichend fand. Er sah die Befreiung aus der Unwissenheit und die Lösung für den gesellschaftlichen Abstieg darin, Religion mit der modernen Wissenschaft, die er in der Bibliothek in Van kennengelernt hatte, zu verknüpfen: „Meine muslimischen Zeitgenossen sind Andenken aus dem Mittelalter. Sie haben versäumt, mit dem Fortschritt im modernen Denken der Menschen Schritt zu halten" (Nursi, 1998, S.24). Dies ist auch der Grund für seine ständigen Auseinandersetzungen mit verschiedenen Gelehrten, deren Erziehungsmethoden er anzweifelte.

---

[28] Zum Unterschied zwischen *Ziya* und *Nur*: „Dhiya (*Ziya*) is the light of the source of light itself, for example, the light of the Sun. Nur is a light emanating from an indirect source, for example, the light of the Moon. The Qur´anic verse (10:5) ascribing *Dhiya* (*Ziya*) to the Sun, and *Nur* to the Moon well exemplifies this point. The light of the Sun that comes directly to us is *Dhiy*a (*Ziya*), and the light reflected on the world through the Moon is *Nur*" (Karabaşoğlu, 2003, S.291).

Nursi war der Meinung, dass diese Methoden von Grund aus erneuert werden müssten. Das dreiteilige Bildungssystem (Medrese, Tekke, Volksschule) wäre die Quelle der Unwissenschaftlichkeit im Osmanischen Reich (Şahiner, 1979a, S.93). Die einzige Möglichkeit, für den Aufstieg des Osmanischen Reiches wäre es, wenn wieder in den Volksschulen Religion, in den Medresen moderne Wissenschaft gelehrt wird und Lehrer und Akademiker in den Tekkes lehren (Mardin, 2003a, S.133). Damit verknüpfte er die Bildungsproblematik mit dem Islam. Nursi war also gegen die Trennung dieser drei von Grund aus verschiedenen Bildungseinrichtungen und strebte eine Universität an, die diese drei vereinigen sollte. In dieser Universität sollte zeitgenössisches Wissen vermittelt werden.

Mit dieser Idee reiste er 1907 nach Istanbul, der Hauptstadt des Osmanischen Reiches. Das soziale Leben und die Psychologie der Menschen in Istanbul beschrieb der ungarische Orientalist und Turkologe Arminius Vámbéry, der sich auch mit Sultan Abdulhamid II. traf, als Faul, Unsensibel und Unentschieden (1898, S.10-11; h.z.n. Mardin, 2003a, S.211). Auch Nursi empfand so. Unwissenheit, Armut und Uneinigkeit sah er als die größten Feinde des Osmanischen Reiches und schlug gegen sie Wissenschaft und Technologie, Arbeit und Solidarität und Einheit der Nation vor (1978, S.14). Der Gouverneur Tahir Paşa unterstützte ihn bei seinem Vorhaben, eine Universität zu gründen, und schrieb ein Empfehlungsschreiben an Sultan Abdülhamid II. In Istanbul stellte Nursi seine Idee einzelnen Regierungsmitgliedern vor.

Während er auf die Entscheidung der Regierung wartete, beteiligte er sich auch in Istanbul wie gewohnt an religiösen und wissenschaftlichen Diskussionen. So unternahm er etwas, was ihn in kürzester Zeit in ganz Istanbul berühmt machte. An seine Haustür klebte er ein Zettel mit der Aufschrift „Hier werden alle Fragen beantwortet, aber von mir werden keine Fragen gestellt!"[29] Diese freche und selbstbewusste Geste machte ihn allerdings sehr schnell bekannt. Viele Intellektuelle besuchten Nursi, um ihm auf die Probe zu stellen. Vielmehr wollten sie ihn bloß stellen. Durch seine Intelligenz schaffte es aber Nursi immer wieder, sich durchzusetzen und zu beweisen. So besuchte ihn eines Tages Scheich Bahit, ein Wissenschaftler der „Al Azhar"-Universität in Kairo. Dieser fragte ihn, was er über Europa und das Osmanische Reich denke. Nursi antwortete ihm: „Europa ist schwanger und wird einen islamischen Staat gebären. Das Osmanisch Reich ist auch schwanger und wird eines Tages einen europäischen Staat gebären". Auf diese tiefsinnige Antwort sagte der Scheich: „Mit diesem Herr kann man nicht diskutieren. Auch in bin seiner Meinung. Doch so schön, kurz und knapp kann es nur ein Bediüzzaman formulieren" (2001a, S.45ff).

Die Berühmtheit Said Nursis erreichte auch den Sultan, so dass er persönlich von Sultan Abdülhamid II. eingeladen wurde, um sein Projekt vorzustellen. Doch zur Enttäuschung Nursis wurde sein Projekt nicht ernst genommen. Stattdessen hielt man ihn für verrückt, da er, ungewöhnlich für diese Zeit, den Sultan für seine passive

---

[29] Dass er keine Fragen stellt, ist auf den Traum zurückzuführen, in dem ihm der Prophet dieses verbietet.

Regierungsform scharf kritisierte. Im Islam gäbe es, laut Nursi, keine Unterdrückung. Durch Ausspionieren und anonyme Anzeigen sowie unter Ausschluss der Öffentlichkeit dürfe niemand abgeurteilt werden. Das Amt des Kalifen bestehe nicht aus Freitagsgebetszeremonien, sondern es verpflichte zum materiellen und geistigen Engagieren für die Belange der Muslime auf der ganzen Welt. Würde sich der Kalif an den Propheten halten, würde man ihn akzeptieren. Eine Person aber, die ungerecht, gewalttätig, grausam und unterdrückend ist, ist ein Bandit, auch wenn er ein Kalif ist (1978, S.14; 2001a, S.57).

Daraufhin wurde Said Nursi in eine Irrenanstalt eingewiesen. Die Regierung erhoffte sich so, den „frei Redenden" und „nicht Scheuenden" Nursi zum Schweigen zu bringen, da er durch seine Reden in Istanbul „der Regierung schade". Dem Arzt sagte Nursi folgendes: „Einem Arzt Unterricht zu erteilen ist absurd, aber die Ursachen der Krankheit festzustellen helfen ist des Patienten Pflicht. Damit die Zukunft ihn (den Arzt) nicht bloß stellt, möge er diese vier Punkte berücksichtigen:

- 1. Ich bin in den Bergen des Ostens aufgewachsen. Ihr müsst mein Verhalten, meine Kleidung mit der Waage des dortigen messen, nicht mit den empfindlichen Waagen Istanbuls. Was hier als Höflichkeit gilt, gilt dort als Heuchelei. ...

- 2. Ich bin als Moslem verpflichtet, mich für die nützlichen Dinge für das Volk, die Religion und den Staat einzusetzen.

- 3. Viele fähige und begabte Menschen wurden in ihrer Zeit vom Volk als Irre bezichtigt. Oder es wurde als Magie oder Wunder abgetan. Die Schlussfolgerung, ich sei verwirrt, weil ich alle schwierigen Fragen beantworte - wer solche Argumente anführt, dessen Geisteszustand selbst sollte in Frage gestellt werden.

- 4. Leidenschaftliches Engagement und entsprechendes Auftreten bei einem impulsiven Menschen wie mir ist natürlich. Wenn jemand eine große Idee trägt, nämlich die der Freiheit des Islam, und sobald man ihr nahe ist, man sie wieder sich entfernen sieht, wie soll man da nicht entsprechend reagieren. [...]

Wenn das Kriechen, Heucheln und Flehen, das Opfern des allgemeinen Vorteils gegen den eigenen Vorteil, wenn all dies als Zeichen der Intelligenz bezeichnet werden sollte, dann sei Zeuge, trete ich zurück von dieser Intelligenz. Dann ist Irrsinn eine Stufe der Unschuldigkeit und ich ziehe ihn vor. Ich möchte nun einiges erläutern. Zu Punkt eins des vorher Gesagten ist noch anzumerken: Meine Erscheinung ist fremd. Damit distanziere ich mich von weltlichen Absichten und trage mit den hiesigen Traditionen einen Widerspruch. Es ist lediglich ein Ausdruck meiner Natürlichkeit und der Liebe zu meinem Land. [...] Der Grund meiner Dispute mit den Gelehrten ist folgender: Als ich nach Istanbul kam, stellte ich fest, daß die Medresen sich im Vergleich mit anderen Schulen nicht entwickelt haben. Statt wissenschaftlich zu arbeiten wird ein passives Buchstudium betrieben und unter den Schülern hat sich eine Lustlosigkeit, Trägheit und Unfähigkeit breit gemacht. Um das zu beseitigen und um die Motivation zu fördern, sollte das Studium in Form von Frage und Antwort angeboten und der Lehrstoff in Disziplinen gegliedert werden. Die Schüler sollten nach ihren Fähigkeiten in einer entsprechenden Disziplin sich qualifizieren können. In diesem Jahrhundert des Fortschritts hat sich die wahre Zivilisation 'Islam' im Vergleich zur westlichen Zivilisation aufgrund der unterschiedlichen Methodik und des gegenseitigen Ablehnens von Medresen, Tekken und staatlichen Schulen nicht entwickelt. Dieser Missstand ließe sich beheben, indem in den Medresen statt der überflüssig gewordenen griechischen Philosophie Naturwissenschaften und in den staatlichen Schulen Religionswissenschaften gelehrt werden. Dann sollte die Führung der Tekken sich in den Händen hoher Gelehrter befinden. Meine nächste Beanstandung gilt den Hodschas und Imamen, den Lehrern des einfachen Volkes in den Moscheen: Früher war die Hingabe und Nachahmung in der Religiosität groß. Man brauchte weder Beweise noch Nachweise. Jetzt sind die Menschen an logischen Argumenten und an den Fakten interessiert. Um Akzeptanz zu erzielen, müssen die Dinge rational dargelegt werden. Man erzeugt Motivation durch Angst und durch unsachliche Vergleiche werden wichtige Dinge unwichtig gemacht und weniger wichtige Dinge wichtig. Durch die unzeitgemäßen, orts-, zeit- und situationsfremden Reden der Prediger werden die

Menschen mit alten Geschichten überzogen. Ich möchte hier nur sagen, unsere Prediger müssen Forscher sein und recherchieren, damit sie das Gleichgewicht in den religiösen Dingen nicht stören und durch sachliche Reden überzeugen" (Demir, Schmitt, 2004, S.43-47). Daraufhin wurde er schnell entlassen, denn der Arzt attestierte: „Wenn es an Bediüzzaman die winzigste Spur von Verwirrtheit geben sollte, dann dürfte in der ganzen Welt kein einziger geistig gesunder Mensch existieren" (Yaşar, 1993b, S.293). Als Entschädigung bot ihm der Sultan ein sehr hohes Gehalt an und versprach ihm, die Universitätsidee noch einmal zu besprechen. Doch Nursi lehnte ab, da er dies als Bestechungsgeld ansah.

Als am 23. Juli 1908 die zweite Verfassung verabschiedet wurde und in Kraft trat, schrieb Nursi verschiedene Artikel für Zeitungen und Zeitschriften, in denen er diese Verfassung unterstützte (Nursi, 1979; 1978, S.47-70)[30]. Er schrieb in dieser Zeit über die Notwendigkeit der Freiheit und über die Grausamkeiten des Absolutismus. Schnell wurde er durch seine Schriften berühmt im ganzen Land.

Am 13. April 1909 (nach dem damaligen Kalender der Türkei: 31. März 1325) ereignete sich ein Vorfall, das Nursi vor Gericht brachte. Es handelte sich hierbei um einen Aufstand einiger Stabsoffiziere, die sich gegen die Regierung wandten. Die Offiziere versammelten sich auf dem Sultanahmet Platz und verlangten nach der Scharia. Bei diesem Aufstand wurden mehrere Soldaten getötet und Einrichtungen wie Druckereien wurden gestürmt. Elf Tage dauerte der

---

[30] In Anhang 7 befindet sich seine erste Zeitungskolumne.

Aufstand, bis die Regierung die Aufständischen niedergeschlagen hatte. Im Zuge dieses Aufstandes wurden viele religiöse Führer zum Tode verurteilt. Auch Said Nursi wurde vor Gericht gestellt und sollte erhängt werden. Allerdings wurde er frei gesprochen, da er am Aufstand nicht beteiligt war und sogar dagegen angekämpft hatte.

1910 bereiste Nursi die ostanatolischen Stämme, „um sie von der neuen Politik zu überzeugen, denn er war der Meinung, dass der Konstitutionalismus die Einheit und den Fortschritt der islamischen Welt fördern würde" (Aries, 2004, S.68). Hierbei versuchte er auch Anhänger für seine Idee der Universität zu gewinnen.

Unterwegs nach Van machte er einen Abstecher nach Tiflis, zur Hauptstadt Georgiens. Vom Scheych Sanan Hügel aus, beobachtete er aufmerksam die Stadt Tiflis. Da näherte sich ihm ein russischer Polizist und folgendes Gespräch zwischen ihnen fand statt (2001a, S.69):

„Auf was schaust du denn so aufmerksam?"
„Ich mache Pläne für eine Medrese."
„Von wo kommst du?"
„Ich bin aus Bitlis."
„Aber hier ist Tiflis."
„Tiflis ist die Schwester von Bitlis."
„Was meinst du damit?"
„Die islamische Welt wird hintereinander drei große Entwicklungen erfahren und hier bei euch wird es drei große Perioden der Unterdrückung und Tyrannei geben. Dann wird dieses System zusammenstürzen und

sich zurückziehen. Dann werde ich kommen und meine Medrese bauen."

„Ha, ich lache über deine Hoffnung."

„Und ich lache über deinen Verstand. Kannst du dir etwa vorstellen, dass dieser Winter ewig anhält. Nach jedem Winter folgt eine Zeit des Aufblühens. Und auf jede Nacht folgt ein Tag."

„Der Islam ist zerfallen."

„Nein, sie sind nur zum Studieren gegangen. Indien ist ein begabtes Kind des Islam und geht in das Gymnasium in England. Ägypten, ein intelligentes Kind des Islam, studiert auf der politischen Fakultät Englands. Kafkasien und Turkistan sind zwei tapfere Söhne des Islam und besuchen die Militärschule Russlands usw. Wenn sie ihre Zeugnisse haben, werden sie als Führer ihrer Kontinente die Fahne ihres edlen Vaters Islam wehen lassen. Zum Trotz der Welt werden sie das Geheimnis der Weisheit der Ewigkeit ausrufen."[31]

1911 hielt er seine berühmte Damaskuspredigt vor 10000 Menschen in der Omayyaden-Moschee. Hier wurden die Visionen Said Nursis noch deutlicher. Er sah sechs Krankheiten in der Welt der Muslime: Verzweiflung, Täuschung, Feindschaft, Uneinigkeit, Despotie und Egoismus. So schlug er sechs Heilmittel vor: Hoffnung, Aufrichtigkeit, Liebe, Eintracht, Würde und Beratung (Nursi, 2001a, S.79-89; 1995b, S.27-68). Ein kleiner Auszug aus der Predigt: „Die Menschheit ist durch die zivilisatorisch hervorgebrachten Wissenschaften aufgewacht und sich über die Umstände

---

[31] Tatsächlich wurde später in Tiflis eine erste *Medrese* eingerichtet und 1989 erklärten sich Bitlis und Tiflis ohne den Einfluss der Nirculuk Bewegung zu Partnerstädten.

ihrer Existenz bewusst geworden. Sicherlich kann sie weder sinn- und zwecklos noch religionslos sein und leben. Sogar ein hartnäckiger Atheist muss sich auf die Religion besinnen, weil er wegen der Schwäche der Menschheit, den unzähligen Unglücken, wegen seinen äußeren und inneren Feinden, die ihn verletzen, eine Stütze und wegen seiner Armut zusammen mit seinen bis in die Unendlichkeit gehenden Wünsche eine Hilfsstelle braucht. Allein in der Anerkennung des Schöpfers, in dem Glauben an das Jenseits hat die aufgewachte Menschheit die Wahl. In den koranischen Versen wird am Anfang und am Ende der Verstand angesprochen, indem der Mensch aufgefordert wird: 'Frage deinen Verstand, deine Gedanken, dein Herz. Berate mit ihnen, damit sie diese Wahrheit erkennen.' Doch trotz der wiederholten Aussagen: 'Warum schauen sie nicht? Warum ziehen sie keine Lehren? Schauet, damit ihr die Wahrheit wisset.' verfällt die Menschheit in Unkenntnis. Warum verstehen sie nicht? Warum befinden sie sich im Irrtum? Warum sind sie vor der Wahrheit erblindet? Wenn sich der Mensch in seinem Lebensabendteuer Gedanken über diese Ereigniswelt machen würde, würde er den rechten Weg finden. Oh ihr Menschen, zieht Lehren von den vergangenen Epochen, damit ihr euch vor künftigen Unglücken schützt. **Die Koranverse in diesem Sinne fordern die Menschen auf, in ihren Ideen und Gedanken den Verstand zu Rate zu ziehen.** Die wiederholte Erwähnung der Wunder der Propheten im Koran gibt einen Hinweis auf die Entwicklung der Menschheit und spornt die Menschheit an, ähnliches, wie in den Wundern beschrieben, hervorzubringen. Zum Beispiel wie Salomon den Weg von zwei Monaten an einem Tag zurücklegen, oder wie Jesus die schrecklichsten Krankheiten heilen, oder wie Mose mit seinem Stab aus der Erde Wasser hervorquellen lassen, wie David dem Eisen alle möglichen Gestalten und Formen geben, oder wie Abraham hitze- und feuerbeständiges Material erfinden, und wie andere Propheten weit entfernte Bilder sehen und Stimmen hören. [...] **Die Zukunft wird der Wissenschaft und der Technik gehören.** Sicherlich werden die koranischen Weisheiten, da sie auf den Argumenten der Vernunft beruhen, zur Geltung kommen. [...] Das Zerbrechen der fanatischen, hartnäckigen Aggressionen der Gegner geschah in der Vergangenheit der Entwicklung des Islam durch Abwehr mit Waffen und Schwertern. In Zukunft werden die Widersacher durch die geistigen Waffen der wahren Zivilisation, der materiellen Entwicklung (Wissenschaft), des Rechts und der Gerechtigkeit unterliegen. Nach jedem Winter gibt es einen Frühling. Nach jeder Nacht folgt ein Morgen. Die Menschheit wird auch einen Morgen und einen Frühling haben und unter der Sonne der Wahrheit des Islam im Weltfrieden wahre Zivilisation von Gottes Barmherzigkeit erwarten. Die Muslime müssen standhaft bleiben. So Gott will, werden sie sich wieder von diesem Pessimismus befreien und in Einigkeit und Solidarität für ein besseres Bild des Islam sorgen. Es lebe die Aufrichtigkeit. Tod dem Pessimismus. Die Liebe möge anhalten und das solidarische Einvernehmen (Schura) sich stärken. Die Abneigung soll dem Egoismus (Nefs) und den Egoisten gelten. Amin" (Demir, Schmitt, 2004, S.57-61; H.d.A.). Diese Rede wurde später publiziert (1995b). Said Nursi lies auf das Deckblatt den folgenden Satz schreiben: „Wer dieses Buch nicht vollständig und aufmerksam lesen wird, soll es nicht kaufen!" Thomas Michel (2004,

S.36) bezeichnet diese Rede als „die Verordnung eines geistigen Arztes für die Krankheiten unserer Zeit".

In dieser Zeit hat Nursi wieder eine Vision, die ein weiterer Wendepunkt seines Lebens wird: „Ich war unter den berühmten Ağrı Dağı, der als Berg Ararat bekannt ist. Plötzlich explodierte der Berg mit einem fürchterlichen Knall. Stücke von der Größe eines Berges wurden durch die ganze Welt geschleudert. Ich schaute um mich und sah in diesem Moment, dass meine Mutter bei mir war. Ich sagte zu ihr: 'Habe keine Angst, dies geschah auf einen Befehl Gottes hin. Er ist All-Barmherzig und All-Weise.' In diesem Moment sah ich plötzlich, dass eine wichtige Person mir einen Befehl gab: 'Zeige den Wundercharakter des Koran!' Ich wachte auf und verstand, dass eine große Explosion und ein Aufruhr stattfinden würde. Die Mauern, die den Koran umgaben, würden zerstört werden. Dann würde der Koran sich selbst verteidigen. Er würde angegriffen werden, und sein Wundercharakter wäre eine stählerne Waffe. Und ich verstand, dass ich es wäre, der dazu bestimmt ist, dieses Mal den Wundercharakter des Korans zu enthüllen, was über meine Fähigkeiten hinaus ging" (2004b, S.507; 2001b, S.357; vgl. 2001a, S.44). Auf Grund dieser Vision wird sich später Said Nursi nur noch auf den Koran fixieren und die Glaubenswahrheiten, namentlich Risale-i Nur, verfassen.

1913, inzwischen war ein neuer Sultan (Mehmed Reşat) an der Macht, erhielt Nursi endlich die Zusage für seine Universität in Van. So beteiligte er sich zusammen mit den Bauleuten persönlich am Bau der Universität. Als jedoch der erste Weltkrieg ausbrach war es wieder einmal vorbei mit dem Traum. Plötzlich wurde der Gelehrte zu einem Kommandeur eines freiwilligen Regimentes. Said Nursi befand sich nun mitten im Ersten Weltkrieg. Ähnlich wie der österreichische Philosoph Ludwig Wittgenstein sein Werk „Tractatus Logico Philosophicus" mitten im Gefecht verfasste, schrieb Nursi auf die gleiche Weise seinen ersten Korankommentar „İşaret´ül İ´caz" (deutsch: Die Zeichen des Übernatürlichen) auf Arabisch. Dieses Buch ist auf die Vision, die gerade erwähnt wurde, zurückzuführen.

Während des Krieges wurde Nursi von westlichen Journalisten interviewt. Dieses Interview soll hier wiedergegeben werden (Demir, Schmitt, 2004, S.63-66):

- Frage: Sie sind ein religiöser Gelehrter und Sie führen Krieg. Zwingt euch zur Teilnahme am Krieg, die Tatsache weil eure Gegner Christen sind?
- Antwort: Nein! Islam heißt Frieden, Sicherheit, Gebet. Wenn wir die Angehörigkeit zu einer anderen Religion als Grund sähen, hätten wir den Christen und Juden, die in unseren Städten leben, kein Lebensrecht gegeben. Der Fragesteller möge nicht außer Acht lassen, diejenigen, die uns heute angreifen, waren 500 Jahre unser Volk. Falls sie heute leben, verdanken sie das einzig allein der Tatsache, dass wir Muslime sind. Wir kämpfen ausschließlich für die Rechte und Freiheit der Muslime und unserer Heimat.
- Frage: Was für eine Kraft hat Sie hergebracht?
- Antwort: In unserer Religion gilt das Prinzip der Bruderschaft.

- Frage: Der Staat, in dem Sie leben, ist ein türkischer Staat. Aber Sie sagen Sie kämpfen für den Islam.
- Antwort: Unseren Staat haben die Türken gegründet und ihn nach dem Islam geordnet. Türken haben im Staatsleben andere Nationalitäten niemals außer Acht gelassen und sie nach ihren Fähigkeiten am Staat beteiligt. Und jeder weiß, dieser von Türken gegründete Staat vertritt die islamische Welt. Die Zerstörung dieses Staates wäre nicht nur für die islamische Welt, sondern auch für die Unterdrückten eine Katastrophe.
- Frage: Warum benutzt Ihr den Namen Said-i Kurdi? Beweisen Sie damit nicht, dass sie einem anderen Volk angehören?
- Antwort: Ich bin kein Anhänger des Nationalismus. Niemand ist frei in der Wahl seines Volkes. Die Nationalität ist nur ein Hinweis auf den Herkunfts- und Geburtsort. Wenn ich diesen Staat unterstütze, bedingt das nicht die gleiche Herkunft, sondern den Umstand, dass ich Moslem bin und dieser Staat ein islamischer Staat ist. Der Name Said-i Kurdi bekundet lediglich die Angehörigkeit zu meinem Geburtsort. Wenn ihr neugierig seid auf die Herkunft der Kurden, dann lest das Buch des Historikers Idris-i Bitlisi.
- Frage: Was sagt Ihr zu dem Elend in den vom Islam beherrschten Ländern?
- Antwort: Die Fehler der Muslime dem Islam anlasten ist eine primitive Denkweise. Diese Länder machen eine Krise durch und so Gott will,

werden sie diese auch überstehen. Wenn wir auch wie die westlichen Staaten die wertvollen Güter der Länder, in denen wir geherrscht haben, ins eigene Land geschafft hätten, wäre unser Reichtum unermesslich. Da unsere Religion sich auf Gerechtigkeit und Barmherzigkeit stützt, verbietet sie uns, unsere Macht zu missbrauchen. Man dürfe nicht vergessen in der Zeit von Fatih, Yavuz, Kanuni und davor der Seldschuken und Karahans konnte keine Nation sich mit unserer Macht messen. Wenn der Islam ein Hindernis wäre, wie hätten wir diese Macht erlangen können. Wenn das Christentum für die Entfaltung genügt hätte, wie Ihr meint, müsste der erste christliche Staat Äthiopien der fortschrittlichste sein. Und außerdem ist Europa nicht erst seit gestern christlich, sondern schon seit ca. 2000 Jahren. Wenn seine Macht aus der Religion käme, warum hatte es sie vorher nicht. Weder die Fortschrittlichkeit der westlichen Welt, noch die Rückständigkeit der islamischen Länder rührt von Religion. Die westliche Welt hat die Überlegenheit über die islamische Welt seit zirka 150 Jahren. Die Gründe für diese Entwicklung müssen woanders gesucht werden.

Als Bitlis Anfang 1916 von der russischen Armee gestürmt wurde, wurden Nursi und einige andere an der Kaukasusfront in Bitlis in Gefangenschaft genommen und als Kriegsgefangene nach Russland zunächst in ein Lager in der Nähe von St. Petersburg und später nach Leningrad verbracht. Die Zeit dort berichtet Nursi folgendermaßen: „Im Ersten Weltkrieg, als Kriegsgefangener, war ich in der entfernten Provinz Kostroma im nordöstlichen Russland. Es gab dort eine kleine Moschee, sie gehörte den Tataren am berühmten Wolgafluss. Mich verdross die Gesellschaft meiner Freunde, der anderen Offiziere, zunehmend. Ich begehrte Einsamkeit, aber ich konnte ohne Erlaubnis (der Russen) nicht außerhalb (des Lagers) herumwandern. Auf Ehrenwort ließen die Russen mich zum tatarischen Quartier, zu jener kleinen Moschee an den Ufern der Wolga. Ich pflegte, in der Moschee zu schlafen, allein. Der Frühling war nahe. Ich pflegte, sehr wach zu sein während der langen, langen Nächte jenes Nordlandes. Das traurige Plätschern der Wolga und das freudlose Klopfen des Regens und das melancholische Seufzen des Windes dieser dunklen Nächte in jener dunklen Verbannung hatten mich zeitweilig aus dem tiefen Schlafe der Achtlosigkeit aufgeweckt. Ich hielt mich selber nicht für alt, aber jene, die den Großen Krieg mitgemacht hatten, waren alt geworden. Denn dies waren Tage, die selbst Kinder alt machten, so wie der folgende koranische Vers besagt: ′Ein Tag, der das Haar der Kinder Grau machen wird′ (Koran, 73:17). Und während ich (etwa) vierzig Jahre alt war, fühlte ich mich wie achtzig. In diesen langen, dunklen Nächten und in der sorgenvollen Verbannung und dem melancholischen Zustand verzweifelte ich an meinem Leben und an meinem Heimatlande. Ich schaute auf meine Machtlosigkeit und Einsamkeit, und meine Hoffnung schwand. Doch während ich in diesem Zustande war, kam Hilfe vom All-Weisen Koran; meine Zunge sagte: ′Gott ist genug für uns; und welch vortrefflicher Helfer ist Er′ (Koran, 3:173)“ (2005a, S.26ff; 2000f, S.292).

Sommer 1918 gelang ihm die Flucht über Warschau, Berlin und Wien nach Istanbul[32]. In Berlin blieb er zwei Monate. Nach seiner Rückkehr schrieb er in einem Aufsatz: „In jeder Phase der Geschichte waren Deutsche und Türken sehr enge Freunde" (Şahiner, 1979a, S.163). Dieser und folgender Aussage Nursis begegnet man öfters in Gesprächen mit den Nurcus in Deutschland: „Die Deutschen sind ein glückliches Volk" (Nursi, 2001a, S.603). Zudem wünschte sich Nursi, dass die Prachtausgabe des Korans[33] in Deutschland oder Italien gedruckt würde und schickte später in den 50zigern Ausgaben seiner Werke nach Deutschland (Şahiner, 2005, B.3, S.246).

In Istanbul wurde am 13. August 1918 die Daru'l-Hikmeti'l-İslamiye, der höchste osmanische Rat für Fragen der Bildung, gegründet. Said Nursi war zusammen mit vielen anderen wichtigen und einflussreichen Persönlichkeiten, wie z.B. Mehmet Akif

---

[32] Während dieser Flucht erhielt er einen Ausweis und eine Erlaubnis für seine Ausreise in die Türkei (siehe Anhang 1 und 2).

[33] Die Prachtausgabe des Korans ist ein spezieller Koran, bei dem die gleichen Worte auf der gleichen Seite vertikal untereinander stehen oder auf mehreren Seiten an der gleichen Stelle, ohne beabsichtigt angeordnet worden zu sein. Ahmad von Denffer dazu: „Schließlich sei ein Koran erwähnt, der von den Anhängern des Said Nursi aus der Türkei gedruckt wird und zwar als Beispiel für die Kombination eines handgeschriebenen, schön illustrierten Textes mit moderner Offset Drucktechnologie. Der Text wurde mit der Hand von dem türkischen Kalligraphen Hamid al-Amidi geschrieben. Er wurde erstmals 1947 in Istanbul gedruckt und ist […] in großer Zahl und verschiedenen Größen durch die Druckerei der Anhänger des Said Nursi in West Berlin, Deutschland aufgelegt worden" (2007, S.79)

Ersoy, İzmirli İsmail Hakkı oder Elmalılı Hamdi Yazır, Mitglied des Rates. Nun begannen Monate intensiven Arbeitens, in denen Nursi eine große Zahl von Publikationen herausbrachte. Auch sozial wurde er tätig. Am 5. März 1920 war er Gründungsmitglied des Yeşilay, welche sich u.a. gegen die Verbreitung von Alkohol einsetzte. Diese Organisation ist heute immer noch in der Türkei aktiv.

Als 1920 Unruhen zwischen Kurden und Türken beginnen, setzt sich Nursi für den Dialog beider Völker ein. Er schreibt, dass eine Trennung von Kurden und Türken nicht möglich sei und dass beide Völker seit Jahrhunderten Geschwister sind (1999a, S.79; 2001a, S. 202; 2001c, S.245; 2006, S.25ff, 577-580).

In Istanbul schrieb er mehrere Aufsätze und ein Buch unter dem Titel „Hutuvat-ı Sitte" (Nursi, 1991; deutsch: „Sechs Schritte") gegen die britischen Besatzungskräfte. Diese erklärten ihn für vogelfrei. General Mustafa Kemal, der inzwischen an der Macht war, wurde auf Nursi aufmerksam. So lud er ihn nach Ankara ein. Said Nursi schrieb ihm zurück: „Ich möchte da kämpfen, wo es gefährlich ist, und nicht hinter einer Deckung" (Nursi, 2001, S.124). Anstatt selbst nach Ankara zu fahren, schickte er seine Schüler Tevfik Demiroğlu, Molla Süleyman und Binbaşı Bitlisli Refik Bey. Nachdem er dann aber mehrmals durch verschiedene Freunde, die Abgeordnete im Nationalparlament waren (wie z.B. Tahsin bey) eingeladen wurde, reiste er zusammen mit seinem Neffen Abdurrahman am 19. November 1922 nach Ankara, wo er die nächsten sieben Monate verbleiben sollte.

In Ankara fand ein weiterer Wendepunkt seiner Karriere statt. Nursi wurde feierlich im Parlament empfangen (siehe Anhang 8) und Mustafa Kemal machte ihm einige lukrative Angebote (Generalprediger im Osten der Türkei, Parlamentsabgeordneter, wichtige Position innerhalb der Religionsbehörde, ein prächtiges Haus), die Nursi abermals ablehnte. Nursi beschrieb den Zustand der Regierung als „Betrunken vom Sieg". So verteilte er unter den Abgeordneten einen Aufsatz, in dem er die Wichtigkeit des Pflichtgebetes und der Danksagung an Gott beschrieb (Nursi, 2000i, S.85-87; 2001a, S.125-127). Daraufhin sollen mehrere Abgeordnete sich dem Gebet zugewendet haben, was Mustafa Kemal verärgert haben soll. Es kam zu einem Wortgefecht in dem Mustafa Kemal sagte: „Wir brauchen einen unerschrockenen Hodja wie Sie. Wir haben Sie hierher eingeladen, weil wir uns von Ihrer hohen Meinung einen Nutzen versprochen haben. Sie sind zwar gekommen, aber Sie haben uns zunächst über die Dinge geschrieben, die das Gebet betreffen und uns dadurch in Konflikt gebracht." Nursi antwortete ihm: „Pasha! Pasha! Im Islam ist das Gebet (namaz) die höchste Realität nach dem Glauben (iman). Wer das Gebet nicht verrichtet, ist nicht mehr vertrauenswürdig und verliert die bürgerlichen Ehrenrechte und wird nicht als Zeuge anerkannt" (Nursi, 2001a, S.128; k.A.b S.211; Vahide, 2005, S.171). Daraufhin entschuldigte sich Mustafa Kemal. Er bot Nursi ein lukratives Gehalt und einen hohen Posten an. Doch Nursi lehnte ab und schrieb später: „Wenn ich dieses Angebot angenommen hätte, wäre das Risale-i Nur, das weder das Werkzeug für irgendetwas ist noch irgend einer Sache nachfolgt und

das Geheimnis der Aufrichtigkeit trägt, nicht entstanden"
(2000d, S.258; 2004a, S.334).

Zwischen Mustafa Kemal und Said Nursi kommt
es zudem zu Diskussionen in den Themen Alkohol,
Bekleidung und Statuen. Mustafa Kemal wollte von
Nursi theologische Legitimationen, um in verschiedenen
Bereichen Gesetze durchsetzen zu können. Doch Nursi
lehnte dies ab (Şahiner, 1979a, s.250). Es foglten zwei
weitere Gespräche mit Mustafa Kemal, in denen die
Fronten erhärtet wurden (Mısıroğlu, 2011; Salihoğlu,
2007; Nursi, 2016, S. 25).

Nursi verstand, dass er in Ankara nicht länger
bleiben konnte. Enttäuscht stieg er, laut seiner
Biographie, in den Zug, fuhr nach Van und wandelte sich
zum Neuen Said[34] (Nursi, 2001a, S.133; 2001d, S.294ff;
2002d, S.29-31).

5.2.2 Neuer Said

Es wäre zu einfach, wenn man diese
Verwandlung als Antwort auf die neue Türkei
beschriebe. Vielmehr war es für Nursi ein Rückzug von
Genuss und weltlichem Ruhm. Als Mitglied des höchsten
osmanischen Rates für Fragen der Bildung lebte er in
einem gehobenen Lebensstil in einer Villa. Durch eine
Vision (Nursi, 2001d, S.294ff; 2002d, S.29-31) kam er
zum Entschluss, dass weltlicher Reichtum nicht

---

[34] Nursi spricht vom „Zugticket", das ihn zum Neuen Said
verwandelte. Dieses Zugticket ist in Anhang 3 zu sehen.

strebenswert sei. Ebenfalls könne man nicht mit Politik den Glauben im Volk befestigen. Daher wollte er sich auf den Einzelnen konzentrieren. Das islamische Bewusstsein könne nicht durch die Hand des Staates erweckt werden, sondern durch den Einzelnen. Er widmete sich also der Basisebene einer Gesellschaft. Hinzu kommt, dass er einen Text des mittelalterlichen Sufi Scheichs Abdulkadir Geylani auf sich selbst bezog (2001b, S.339ff; 2004b, S.489). Dieser gab den Rat, „weltabgeschiedener und politikfremder und Einsiedler-Asket zu werden" (Vahide, 1999, S.34). Daraufhin verzichtete er auf Reichtum und Macht und zog sich in die Berge zurück. In völliger Abgeschiedenheit lebte er auf dem Hügel Yuşa in Istanbul. Danach zog Nursi zunächst in seine Heimatstadt Bitlis und anschließend nach Van, wo er die nächsten zwei Jahre seines Lebens in den Höhlen verbrachte. Für islamische Gelehrte charakteristischerer Weise zog sich Nursi aus der Politik und dem gesellschaftlichen Leben zurück (Aries, 2004, S.70). Schon Dhu al-Nun al-Misri betonte, dass nichts „der Rechtschaffenheit zuträglicher wäre als die Einsamkeit, denn derjenige, der alleine ist, sieht nichts außer Gott, nichts rührt ihn, außer der Wille Gottes" (Abu-Rabi, 2003, S.84; vgl. Smith, 1995, S.196). So benutzte Nursi das Exil und die Einsamkeit als Inspiration für seine Werke. Er wandelte das Gefühl der Entfremdung in ein Gefühl des Aufgehobenseins (Haddad, 1999, S.309; Abu-Rabi, 2003, S.70). Der Neue Said zeichnete sich dadurch aus, dass er weder politisch aktiv wurde, noch sich zur Politik äußerte.

Zur gleichen Zeit baute ein kurdischer Namensvetter Scheich Said eine Armee auf. Er wollte die

„gottlose" Regierung stürzen und forderte Nursi auf, sich seinen Truppen anzuschließen. Entsetzt antwortete ihm Said Nursi in einem Brief: „The struggle you are embarking on will cause brother to kill brother and will be fruitless. For the Kurds and Turks are brothers. The Turkisch nation has acted as the standard-bearer of Islam for centuries. It has produced millions of saints and given millions of martyrs. The sword may not be drawn against the sons of Islam´s heroic defenders, and I shall not draw mine!" (Vahide, 2005, S.182; Nursi, 2001a, S.135). Doch die Aufständler ließen nicht locker. Kör Hüseyin Pasha besuchte Nursi. Bot ihm viel Geld, Munition und Waffen an. Folgendes Gespräch, auf das im Diskurs der Nurculuk immer wieder Bezug genommen wird, fand zwischen ihnen statt. Hüseyin Pasha:

„I want to consult you. My soldiers, horses, weapons and ammunition are all ready. We only await your command."

"What do you mean? Whom do you want to fight?"

"Mustafa Kemal."

"And who are Mustafa Kemal´s soldiers?"

"I don´t know…. soldiers."

"Those Soldiers are the sons of this land. They are my kith and kin and your kith and kin. Whom will you kill? And whom will they kill? Think! Use your head! Are you going to make Ahmed kill Medmed, and Hasan kill Hüseyin?"

"But we want the Shari´ah?"

"Where has the idea of serving this cause come from, I wonder? I ask you. Is it the Shari´ah you want? But such an action is absolutely opposed to the Shari´ah. There is a strong likelihood of its being exploited by the foreigners and their provocations. The Shari´ah can´t be contravened by exploiting it and shouting for it. **The key to the Shari´ah is with me.** Now all of you return to your homes and places" (H.d.A.; Vahide, 2005, S.181).

Die hervorgehobene Stelle wird durch einen Interviewpartner aus Istanbul folgendermaßen interpretiert: *„Die Risale-i Nur ist der Schlüssel zum richtigen Verständnis des Korans in unserer Gegenwart"* *[P.E.].* Der Radio- und TV-Moderator Kenan Demirtaş hierzu: *„Said Nursi meint hier, dass in der Gegenwart İman (Glaube; A.d.A.) wichtiger ist als alle anderen islamischen Themen. Und Nursi ist der Einzige, der sich auf diesen Punkt bezieht. Andere islamische Gelehrte zu dieser Zeit haben sich in Rechtsfragen (Fıkıh) vertieft. Aber Nursi interessiert sich nur für den İman. Deshalb sagt er, dass der 'Schlüssel' bei ihm ist"* *[K.D.].*

Doch Nursi konnte die Revolte nicht aufhalten. Scheich Said setzte seine Truppe ein, um die Regierung zu stürzen. Die Regierung ihrerseits schlug die Armee nieder und erhängte in diesem Zuge Hunderte von Gläubigen im Lande, denen vorgeworfen wurde, die Revolte unterstützt zu haben. Für Nursi wiederholte sich die Geschichte. Wie schon beim Aufstand der Stabsoffiziere 1909, wurde er verhaftet, obwohl er gegen den Aufstand war. Er wurde nach Burdur ins Exil geschickt, wo er sein Werk „Die erste Tür des Nur" verfasste. Obwohl er sich von der alltäglichen Politik fernhielt und sich nur um seine religiösen Schriften kümmerte, war sein Aufenthalt in Burdur dem kemalistischen Gouverneur ein Dorn im Auge. So beschwerte der sich zunächst bei Marschall Fevzi Çakmak. Dessen Antwort, „Nursi schadet niemandem", machte ihn noch zorniger. So dass der sich bei Mustafa Kemal persönlich beschwerte und Nursi zunächst nach Isparta und von dort nach Barla geschickt wurde.

Nursi kam am 1.3.1927 in Barla an. Hier wurde der Grundstein des Risale-i Nur und der späteren Nurculuk Bewegung gelegt. Nursi verfasste hier das „10.Wort", welches unter dem Titel „Die Auferstehung und das Jenseits" auf Deutsch publiziert wurde. Hier ist etwas Interessantes festzustellen: Die damalige Türkei stand vor zwei Alternativen: dem Revolutionär Mustafa Kemal mit westlichen und nationalstaatlichen Ideen oder dem muslimischen Gelehrten Nursi mit modernen islamischen Grundideen zu folgen. Beide bemühten sich um die Stärkung des Landes mit jeweils zwei verschiedenen Philosophien und Weltanschauungen. Die zweite Alternative, also Nursi, wurde zum sozialen Tod verurteilt. In Barla sollte er völlig isoliert werden. So war Barla damals (und auch heute noch) ein Dorf, welches mehrere Stunden entfernt von der nächsten Stadt liegt. Es gab keine Straßen, die nach Barla führten. So war der Ort völlig von der Außenwelt abgeschnitten[35]. Nursi sollte den ersten Kontakt mit den Bürgern nach sechs Monaten (!) bekommen. Hier sollte er seinen sozialen Tod erleiden. Er fiel vom Hochpunkt in den Tiefpunkt seines Lebens. So besaß er nur noch einen Teekocher, einen Koran und war abgeschnitten von der Welt. Zunächst passte ihm dieser Lebensstil, hatte er sich doch kurz vorher für das Leben eines weltfremden Einsiedlerasketen entschieden. Deshalb schrieb er in Barla nicht über Hoffnung und Verzweiflung, wo er doch ganz alleine im Winter in Barla war. Er fragte sich nicht,

---

[35] Barla kommt vom griechischen Wortstamm „Einsamkeit".

warum er da ist. Er wollte auch nicht Rache. Er schrieb über das Letzte, die Auferstehung. Auch widmete er sich keinen traditionellen Themen, sondern suchte nach Antworten auf die Probleme der Moderne, die in der Türkei entstanden. Nach Aries (2005) wird Nursi in Barla zum *Üstad*[36]: „Er (Nursi; A.d.A.) wurde Europäer. Am Ufer von Eğridir ist Nursi ein Europäer", da er Antworten auf die Moderne schreibt. „The old intellectual Islamic solutions are not commensurate with the problems of the modern age. Nursi advocates the creation of a modern Islamic Self, which is compatible with the challenges of modernity. In other words, there is an urgent need to create a new Muslim intelligentsia that has learned form the lessons of the past and from the challenges of the present. Nursi calls for a real intellectual revolution" (Abu-Rabi, 2003, S.68). Also kritisierte er traditionelles Wissen, da sie keine Lösungen für die Probleme der Gegenwart anbot und forderte die Muslime zu einer tätigen Auseinandersetzung mit der Moderne auf (Seufert, 1997, S.44). Durch diese Erkenntnis rüstete sich Nursi mit einer neuen Sprache der Menschenrechte, der Demokratie und des Rechtsstaats und bot eine neue Lesart des Korans an (Yavuz, 2004, S.134). Er berief sich auf die Wurzeln des Korans. **Seine Antwort auf die neuen Fragen ist die Neuinterpretation des Korans: Risale-i Nur.**

In Barla entstand der größte und wichtigste Teil der Risale-i Nur. Er schrieb in seinen Werken über den Glauben und verband ihn mit wissenschaftlichem Denken, das er in der Bibliothek in Van kennengelernt hatte. Auf theologische Themen, die Streit oder

---

[36] *Üstad* = Lehrer. So wird Said Nursi von seinen Schülern genannt.

Diskussionen ausgelöst hätten, verzichtete Nursi bewusst, da er der Meinung war, dass in der Gegenwart der Angriff direkt auf den Glauben gerichtet ist (1994, S.149; 2003, S.179; vgl. 1995b, S.22ff; siehe Kapitel 3.1). Er beschränkte seine Arbeiten deshalb auf die Glaubenswahrheiten und suchte „in allem, an jedem das Siegel der Geschaffenheit, d.h. zwang es unter den Gestus seiner Kontingenzbewältigung" (Aries, 1999, S.17ff). Laut Mardin reichten die Antworten und der Wissen der staatlichen Schulen und der traditionellen islamischen Gruppen nicht aus, um die religiösen Fragen der Gesellschaft zu beantworten. Die Moderne brauchte moderne Antworten. Und hier war Said Nursi konkurrenzlos. Seine Schriften machten es möglich, den Alltag religiös zu füllen (Mardin, 2003a, S.248ff, 360). Die Risale-i Nur gab seinen Lesern eine Möglichkeit, den Alltag mit einem religiösen Bezugsrahmen zu gestalten. Sie stiftete ihnen einen Sinn, eine Identität und eine Kontingenzbewältigung (siehe Kapitel 3.2). So wuchs die Leserschaft Nursis in Barla kontinuierlich und parallel mit den Verboten des Staates. **Je mehr der Staat das religiöse Leben aus der Öffentlichkeit zu verbannen versuchte, desto mehr Leser klammerten sich an die Werke Said Nursis, die sie als Ausweg aus ihrer Misere sahen.** In Barla gewann Nursi Schüler wie Hafız Tevfik, Galip der Lehrer, Imam Sabri, die seine Werke abschrieben und verteilten. In den kommenden acht Jahren schrieb Nursi Traktate, Briefe und Texte, die sich mit dem Jenseits, der Verantwortung des Menschen, seinem Glauben und der Offenbarung auseinandersetzen. Die Leser spürten eine Verbundenheit zu Nursi. Sie schrieben ihm ebenfalls Briefe und erbaten Antworten auf ihre Fragen und Probleme. Langsam entstand das, was wir heute die Nurculuk Bewegung nennen. Auch wurde Nursi in dieser Zeit von vielen Menschen besucht, die ihm zu ihrem Scheich machen wollten. Nursi erhielt in Barla das Charisma eines Heiligen, welches zur Gefolgschaftsbildung führte. Doch Nursi lehnte dies ab und sagte, er sei kein Scheich. Er sei ein Imam, vergleichbar mit Gazali oder Rabbani (Şahiner, 1979b, S.92). Die Gegenwart sei nicht eine Zeit der Sufi-Orden[37], sondern eine Zeit der Jama'ats (2001a, S.198; 2001b, S.66; 2001c, S.28; 2004b, S.108). Der Grund sei, dass nun verstärkt der Glaube an die Existenz eines Gottes angegriffen wird. Man müsse sich mit aller Kraft für die Stärkung des Glaubens einsetzen: „Ohne Glauben kann man nicht ins Paradies kommen. Aber jene, die ohne Sufismus ins Paradies gelangt sind, sind wahrhaftig zahlreich. Man kann ohne Brot nicht leben, aber man kann ohne Früchte leben. Der Sufismus ist die Frucht und die Wahrheiten des Islams sind Nahrungsmitteln" (2004b, S.55; 2001b, S.27; Şahiner, 2005, B.3, S.116). Parallel zu der Anzahl seiner Schüler wuchs auch seine Popularität. Immer wieder wurde er aus verschiedenen Gründen angeklagt und ins Gefängnis gesteckt.

Laut einem Zeitzeugen besucht eines Tages Mustafa Kemal Said Nursi in Barla. Dieses Treffen wird jedoch unter Verschluss gehalten und soll nicht an die Öffentlichkeit gelangen. Auch hier kommt es jedoch zu

---

[37] Dabei geht es Nursi nicht um die Existenz von Sufi-Orden, sondern darum, dass sich Sufi-Orden verstärkt auf Glaubenswahrheiten beschränken sollen, anstatt auf Orthopraxie, welches in den gegenwärtigen Sufi-Orden vermehrt im Vordergrund steht.

keiner Einigung der beiden, die von Grund aus unterschiedlich sind. (Özkılınç, 2011, s.26; Ay, 2011)

1934 verlegte die Regierung Nursi nach Isparta, um ihn besser kontrollieren zu können. Doch auch hier schrieb Nursi seine Werke weiter und die Anzahl seiner Schüler wuchs kontinuierlich. So sah sich die Regierung gezwungen Nursi und seine Schüler zu inhaftieren. Am 25. April 1935 wurden die Häuser der Schüler Nursis gestürmt. Nursi und 120 seiner Anhänger wurden vor Gericht gestellt. Nursi drohte die Todesstrafe. Der Anklagepunkt lautete: Gründung einer Geheimgesellschaft, mit der versucht würde, die Regierung zu stürzen (vgl. Ergin, 2001, S.66) und damit Verstoß gegen Artikel 163 des Strafgesetzbuches, dass die Verbreitung religiöser staatsgefährdender Ideen verbot. Obwohl dieser Anklagepunkt fallen gelassen wurde, wurde Nursi wegen seines Werkes „Über die Verhüllung der Frau" zu 11 Monaten Freiheitsstrafe verurteilt. Nursi legte Widerspruch ein. Er meinte, dass diese Strafe jemandem gegeben werden könne, der ein Pferd gestohlen habe. Somit plädierte er entweder auf die Todesstrafe oder auf seine Freilassung. Der Widerspruch wurde abgelehnt und Nursi blieb zusammen mit einigen seiner Schüler in Haft. In diesem Gerichtsverfahren wurden die Werke Said Nursis offiziell als „Risale-i Nur" und die Gruppe um Nursi als „Nurculuk" bezeichnet. Hier werden also die ersten Semantiken gebildet, deren inhaltliche Bedeutungen in den folgenden Jahren gefüllt werden.

Die Strafe konnte Nursi und seine Schüler nicht davon abhalten, das Gefängnis zu einer „Schule" zu verwandeln. Tatsächlich schaffte es Nursi, viele Gefangene zu seinen Schülern zu machen[38]. Im Diskurs der Nurcus und an zahlreichen Stellen der Werke Nursis werden die Gefängnisse als Schulen oder „Medrese-i Yusufiye" (Medresen des Propheten Josef) bezeichnet. Hier wird eine Analogie zum Propheten Josef gemacht, der ungerecht im Gefängnis saß.

Nach diesen 11 Monaten, die durch Qualen und Folter gekennzeichnet waren, wurde Nursi im März 1936 nach Kastamonu verbannt[39]. Seine Ideen standen noch immer im Gegensatz zur Regierungspolitik. Said Nursi vertrat die Meinung, dass die Modernität, die der Staat anstrebte, schneller und leichter zu erreichen sei, wenn man religiöser wäre (Aköz, Atal, 18.12.2004). Diese und andere Ideen wurden von der Regierung abgelehnt. So wurden in den folgenden 14 Jahren mehrere Hundert Klagen gegen Nursi und seine Schüler erhoben und sie wurden ständig bespitzelt[40]. Ich möchte diese Phase

---

[38] Ähnliche Situationen erlebte die Türkei in den 70ern als die Linksorientierten verhaftet wurden, und in den 80ern als massenweise Mitglieder der Terroristengruppe PKK verhaftet wurden (Aköz, Atal, 17.12.2004). Auch damals wurden die Gefängnisse zum Organisationspunkt der jeweiligen Bewegungen.

[39] Im Anhang 5 befindet sich das Dokument mit den Unterschriften von Mustafa Kemal und Ismet Inönü.

[40] Siehe Anhänge 6, 9 und 11. Zu den Bespitzelungen schreibt Nursi: „(Zur Durchführung) ihres letzten abscheulichen Planes haben sie den früheren Innenminister, den früheren Gouverneur von Afyon und den früheren Bürgermeister von Emirdag gegen mich aufgehetzt und ihren Einfluss auf die ganz offiziellen (Ämter) der Regierung mit aller Macht gegen mich geltend gemacht. Gegen einen mittellosen (Menschen) wie mich, der schwach, alt, arm und menschenscheu in der Fremde auf den Dienst anderer dringend angewiesen ist, haben diese drei Regierungsbeamten eine derartige

kurzfassen, da sie sonst den Rahmen dieser Arbeit sprengen würde und für die Fragestellung der Arbeit nicht relevant ist. Für Nursi war diese Zeit mit Verbannungen und Wanderungen durch Gefängnisse gekennzeichnet. Analog zur sokratischen Apologie, schrieb er lange Verteidigungsreden, die später auch publiziert wurden (u.a. 1978 und in 2004a und 2000d). Die Verbreitung seiner Texte und Bücher erfolgte in dieser Zeit durch „Nur-Boten". So wurden die Schüler genannt, die seine Werke abschrieben und wie Postboten trotz aller Kontrollen verteilten. Ca. 600.000 Ausgaben wurden handschriftlich geschrieben. Auf diese Weise entstand ein weiter Kreis von Schülern in allen Bevölkerungsschichten. Immer wieder wurden Nursi und seine Schüler aus den gleichen Gründen angezeigt und verurteilt oder verbannt.

In diesem Zusammenhang stellt sich die Frage, wie sich eine Bewegung trotzt aller Verbote und Strafen in dieser Schnelligkeit verbreiten konnte (siehe 2. Fragestellung in Kapitel 2). Dies lässt sich im Rahmen des geschichtlichen Kontextes der Türkei beantworten. Da das Regime alle religiösen Institutionen verboten

---

Propaganda in Szene gesetzt, dass sich unter allen (Menschen) eine solche Angst ausgebreitet hat, dass es kein Beamter mehr wagt, noch einmal bei mir hereinzuschauen, es sei denn, um mich auszuspionieren; denn falls ein Beamter mich noch begrüßt und jemand davon erfährt, wird er sogleich strafversetzt. Auch einige meiner Nachbarn wagen es vor Angst kaum noch, mich auch nur zu grüßen. Das alles habe ich erfahren müssen; und dennoch hat Gottes Gnade und Sein Schutz mir Geduld verliehen, mich standhaft gemacht und mich nicht in die Zwangslage kommen lassen, sie aufgrund ihrer beispiellosen Schikanen (auch noch um Gnade) zu bitten" (k.A.d, S.177).

hatte und den Erwerb des religiösen Wissens erschwerte, entstand in den Menschen das Bedürfnis nach religiöser Orientierung. Die Regierung an sich bot keine Alternativen. Das Regime stufte sich als säkular ein, wohingegen das Volk seinem Glauben treu blieb. Die neuen Werte des Staates stimmten mit den Werten des Volkes nicht überein. Es kam zu Interpretationsbarrieren. Der Staat entfremdete sich vom Volk. Die dadurch entstandene geistliche Leere musste mit neuem Sinn gefüllt werden. Dieser Sinn konnte aber kein fremder sein, vielmehr ein altes und bekanntes Muster. An dieser Stelle bot sich die Risale-i Nur Bewegung an. Sie war sozusagen konkurrenzlos. Alle anderen islamischen Bewegungen wurden aufgelöst oder waren völlig isoliert. Die Werke von Nursi erreichten somit besonders die Menschen, die sich vom Staat missachtet oder unterdrückt fühlten.

Schließlich entschied 1944 das Gericht in Denizli, das ein unabhängiges und wissenschaftliches Komitee die Risale-i Nur untersuchen sollte. Das Komitee kam, nachdem es die Risale-i Nur in allen Teilen gründlich durchgearbeitet hatte, zur folgender Aussage: „Es gibt in den Schriften von Said Nursi und der Schüler des Risale-i Nur nichts, weder ausdrücklich noch indirekt, was zu der Annahme führt, dass sie irgendeine Absicht hegen, die Religion oder heilige Dinge auszunutzen, dazu ermuntern, die Sicherheit des Staates zu gefährden, eine politische Vereinigung gründen oder in irgend einer Art gegen die Regierung konspirieren wollten. Es wurde deutlich, dass die Schüler Saids in ihrem Schriftverkehr keine bösen Absichten gegen die Regierung hegen oder den Gedanken pflegen, eine politische Vereinigung oder einen Sufi-Orden zu gründen" (Nursi, 2004a, S.331; 2000d; S.254). Daraufhin wurde ein zweites Komitee eingesetzt, das zum folgenden Ergebnis kam: „Neunundneunzig Prozent der Abhandlungen von Said Nursi sind sowohl aufrichtig und uninteressiert, und sie weichen in keiner Weise von den Methoden der Wissenschaft, der Wirklichkeit und der Religion ab. Es weist nichts darin darauf hin, dass sie die Religion ausnutzen, oder eine politische Vereinigung gründen oder die öffentliche Sicherheit stören wollen. Die Briefe und der Schriftverkehr zwischen den Schülern und zwischen ihnen und Said Nursi sind ebenfalls dieser Art. Abgesehen von fünf oder zehn vertraulichen unwissenschaftlichen Abschnitten, die als Beschwerde zu verstehen sind, erklären alle Abhandlungen die Verse des Korans oder die wahre Bedeutung von Hadithen. Neunzig Prozent der vorhandenen Abhandlungen beinhalten Vergleiche, die deutlich die Grundlagen des Glaubens an Gott, die Propheten, das Jenseits und deren Terminologie, wissenschaftliche Ansichten erläutern, ebenso moralische Ermahnungen für die Älteren und die Jungen wie auch lehrreiche Vorkommnisse, die aus seiner Lebenserfahrung ausgewählt sind. Sie umfassen nichts, was der Regierung, der Verwaltung oder der öffentlichen Sicherheit schaden könnte" (Nursi, 2004a, S.331; 2000d, S.254). Doch all dies nützte nichts. Nursi wurde im August 1944 nach Emirdağ verbannt. Diesmal war er unter strenger Beobachtung. Vor seinem Hause befanden sich Wächter. Zudem durfte er nicht in die Moschee. Auch wurde dem Volke nicht gestattet, ihn zu besuchen. Diese Zeit beschrieb er in einem Abschnitt der Risale-i Nur: „Es wurde mir (1944) Emirdağ (in Westanatolien) als Verbannungsort zugewiesen. Dort wurde ich wirklich einer völligen Isolation unterworfen. Ich wurde des Lebens überdrüssig, weil sie (die Machthaber, die Behörden; A.d.A.) mich mit Bespitzelung und willkürlicher Behandlung quälten. Es war hart für mich, das alles auszuhalten, und ich bedauerte, aus dem Gefängnis entlassen worden zu sein. Mit all meinem Geiste sehnte ich mich nach dem Denizli-Gefängnis, und am liebsten wäre ich im Grabe gelegen" (Nursi, 2005a, S.67; 2000f, S.315; 2007, S.306ff). Da auch hier Nursi und seine Schüler über Jahre hinweg auf eingespielte Weise in Verbindung blieben, wurde Nursi im Januar 1948 noch einmal verhaftet und mit 48 seiner Schüler ins Gefängnis nach Afyon gebracht. Dieses Gefängnis war für Nursi eine besondere Qual, da es seinem freiwillig gewählten Lebensstil als Einsamer widersprach. Nursi musste hier in einer Zelle mit lärmenden Kleinkriminellen auskommen (Vahide, 1999, S.35). Das Gericht von Afyon untersuchte nun die nächsten acht Jahre die Werke gründlich.

1946 wurde die DP (Demokratische Partei) gegründet. Mit ihrer Gründung lockerten sich die Verbote. Auch die CHP sah sich nun gezwungen, bestimmte Maßnahmen zurückzuziehen, um bei den vorstehenden Wahlen als Siegerpartei hervorzugehen. Denn auch ihnen war bewusst, dass das Volk weiterhin religiös war. Nachdem in der Türkei zum ersten Mal Wahlen mit mehreren Parteien stattgefunden hatten, übernahm am 14. Mai 1950 die DP die Macht. Hiermit endeten zunächst einmal die Gefängnisstrafen, allerdings nicht die Gerichtsverhandlungen. Von nun an konnten die Nurcus die Werke öffentlich und legal drucken und vertreiben. Somit gelangte die Risale-i Nur in alle Ecken der Türkei.

Während all dieser Entwicklungen fällt etwas ganz wichtiges auf. Das Augenmerk verlagerte sich immer mehr auf dem Schriftenwerk Nursis. Said Nursi stand nicht mehr im Zentrum dieser Bewegung. Tatsächlich betrachtete sich Nursi ebenso wie seine Schüler als Student des Risale[41], also seiner eigenen Werke.

5.2.3 Dritter Said

Die DP lies die religiösen Schichten in der Türkei aufatmen[42]. Dadurch stieg das Interesse am religiösen Leben wieder an. Eine Reihe von Veränderungen und die Liberalisierung des Landes brachten das religiöse Leben wieder zurück in die Öffentlichkeit (Akdoğan, 2000, S.157ff):

- 16. Juni 1950: Der Gebetsruf (*Ezan*) wurde nach 18 Jahren wieder auf Arabisch ausgerufen.
- 2. Juli 1950: Der Koran durfte im Radio rezitiert werden.
- 4. November 1950: In den Grundschulen wurde das Schulfach „Religion" eingeführt. Dazu wurden Religionsbücher

---

[41] Zur genaueren Analyse der Beziehung zwischen der Nurcus und der Risale siehe Kapitel 8.6 oder Vahide (2004), Mardin (1989, S.156ff u. S.181ff.), Yavuz (1995) und Eickelman (1999).

[42] Jedoch sollte dies nicht überinterpretiert werden und als eine Rückkehr zum Islam angesehen werden.

vom Ministerium für Bildung für die Schulen gedruckt.

- 1951: Korankurse wurden wieder erlaubt. 236 Kurse wurden 1951 gestartet.
- 1951 – 1952 wurden die religiösen Schulen wieder eröffnet.
- 19. August 1956: Religiöse Unterweisung wurde in der Sekundarstufe angeboten.
- 19. November 1959: In Istanbul wurde ein Islam Institut eröffnet.
- 1950 – 1960 wurden ca. 15000 Moscheen gebaut.

Weitere Gesetze wurden verabschiedet, die auch Anlass für Freude bei den Nurcus sorgten. So schrieb Said Nursi mehrere Briefe an den Staatspräsidenten, in denen er ihn lobte. Zudem schickte er mit seinen Schülern die Werke nach Pakistan, Japan und Amerika. Auch der Papst Pius XII. erhielt 1950 von Nursi einige Ausgaben des Risale-i Nur. Der Vatikan antwortete mit einem persönlichen Dankesbrief am 22. Februar 1951 (Der Brief ist abgedruckt in Nursi, 2001c, S.303). Zu den Werken Nursis verkündete die Demokratische Partei: „Alle Bücher, die von Bediüzzaman Said Nursi geschrieben wurden, stehen im Einklang mit den Prinzipien des Islam und der Sunna des Propheten. Und sie stehen in Übereinstimmung mit dem sunnitischen Islam. Sie haben zum Ziel, die Menschen von den drohenden ideologischen Gefahren von heute zu bewahren durch eine saubere Kommentierung der Verse des Koran" (Akgün, 1974, S.50).

Zudem begann ab den 50ern eine neue Ära für die Bewegung. Während Nursi sich bisher völlig vom gesellschaftlichen Leben isolierte und keine Gäste, nicht einmal seine Anhänger bei sich akzeptierte, brach er mit diesem Prinzip und eröffnete höchstpersönlich die erste Risale-i Nur Medrese Ende 1949 in Emirdağ. Said Nursi verblieb mit einigen seiner Anhänger in dieser Medrese. Seinen Anhängern riet er, überall Medresen zu eröffnen: „Nur Schüler sollten, soweit möglich, überall, kleine Medresen eröffnen" (Nursi, 2001c, S.217, 338, 445). Hier sollten sich die Nurcus treffen, um gemeinsam die Werke zu lesen. Er argumentiert, dass man kollektiv viel mehr verstehen kann als wenn man alleine liest. Zudem könne einer alleine nicht alles verstehen (2001c, S.445). In ganz Türkei wurden nach und nach die Lesezirkeln gegründet und die Nurculuk Bewegung wurde so in die breite Öffentlichkeit getragen. Said Nursi und seine Werke waren nach jahrelanger Abstinenz wieder in aller Munde.

In den kommenden Jahren reiste Nursi von Ort zu Ort und besuchte seine Schüler. 1951 verließ Nursi Emirdağ und reiste nach Eskişehir, wo er zwei Monate in einem Hotel verbrachte. Von hier aus reiste er nach Isparta. Hier verblieb er 70 Tage. Danach kehrte er nach 27 Jahren nach Istanbul zurück. Am 22. Januar fand hier die Verhandlung wegen seinem Werk „Wegweiser für die Jugend" statt. Ähnlich wie Sokrates wurde Said Nursi dafür angeklagt, dass er mit seinem Werk „Wegweiser für die Jugend" die Jugend verderbe. Hunderte Neugierige verfolgten die Verhandlung im Gerichtssaal.

Am 5. März 1952 wurde Nursi freigesprochen. Die Bespitzelungen[43] hörten jedoch nicht auf.

Am 23. Mai 1956 entschied das Gericht von Afyon nach 8 Jahren Prozessdauer, das die Risale-i Nur religiöse Werke seien und nichts Politisches beinhalten würden. Damit wurden die Bücher landesweit legal. Die Werke Nursis wurden nun in Druckereien mit mehreren Tausend Auflagen gedruckt und kostenlos verteilt. Die gedruckten Bücher wurden an Nursi geschickt und von ihm auf mögliche Fehler kontrolliert. Hinzu kam, dass Nursi nun die Werke zum ersten Mal in lateinischen Buchstaben drucken ließ. Die neue Generation solle die Möglichkeit haben, diese Werke zu lesen. Jedoch war einer der damaligen führenden Schüler Nursis, Ahmet Hüsrev Altınbaşak, mit dieser Entscheidung nicht zufrieden. Nursi versuchte ihn davon zu überzeugen, doch Hüsrev war der Meinung, dass die arabischen Buchstaben beibehalten werden sollten. Letztendlich trennte sich Hüsrev von Nursi und die erste Spaltung der Nurculuk Bewegung war vollzogen. Da dies in Kapitel 5.4. detaillierter beschrieben wird, wird dies hier nicht länger behandelt.

In der Zeit von 1956 bis 1960 verkündete Said Nursi seinen Schülern, dass sie die Demokratische Partei und damit die Demokraten unterstützen sollen. Allerdings nicht aus politischen, sondern aus pragmatischen Gründen, damit Demokratie, Menschenrechte und Meinungsfreiheit sich entfalten können. Er selbst blieb fern von der Politik. Zudem wurde in dieser letzten Phase seines Lebens zunehmend

---

[43] Siehe Anhang 6 und 11.

von der „Nurculuk Bewegung" gesprochen. Gemeint waren damit Said Nursi und der Kreis seiner Schüler.

Nursi starb am 23. März 1960 in Urfa, wo ihn auch seine Schüler begruben. Allerdings wurde er wenig später, am 12. Juli 1960, auf Befehl des Militärs[44] ausgegraben und an einem unbekannten Ort wieder begraben. Dies deckte sich mit Nursis Wunsch, seine Grabstätte geheim zuhalten, da er befürchtete, dass sie zu einer Heiligenstätte werden würde (2001c, S.417, 420; 2001d, S.635; Şahiner, 2005, B.3, S.75). Dies fühlte Said Nursi bei einem Besuch der Grabstätte des Islamgelehrten Maulana Dschalal ad-Din Muhammad Rumi in Konya. In Trauer, dass die Grabstätte des großen Gelehrten Maulana durch Besucher mißbraucht wird, wünschte er sich, dass seine eigene Grabstätte in einem unbekannten Ort sein solle. Sein Schüler Bayram Yüksel fragte sich daraufhin, wie die Grabstätte eines so bekannten Islamgelehrten wie Said Nursi, unbekannt sein sollte (Özcan, 2008).

Seine Grabstätte ist heute noch vielen unbekannt. Nur einige wenige kennen den Ort. Laut Aköz und Atal (20.12.2004) ist diese Tatsache eine Besonderheit der Risale-i Nur Bewegung. Die Anhänger würden, so wie Nursi, keinen Wert auf Wunder und Heiligenkult legen. Dies entspreche nicht dem rationalen Denken Nursis, der die positiven Wissenschaften in den Vordergrund seiner Arbeiten legte.

---

[44] Am 27. Mai 1960 putschte das Militär. Der Ministerpräsident Adnan Menderes und zwei Minister wurden hingerichtet.

Insgesamt spiegeln die drei Lebensstadien Nursis die gesellschaftliche Entwicklung der Türkei wieder. Der „Alte Said" war ein enthusiastischer Kämpfer in einem islamischen Umfeld und beschäftigte sich mit den Themen Politik, Gerechtigkeit und Freiheit. Der „Neue Said" distanzierte sich von der Politik und dem weltlichen Geschehen; vielmehr arbeitete er mit seinen Schülern und schrieb seine Werke. Der „Dritte Said" kehrte mit dem Sieg der Demokraten ins gesellschaftliche Leben zurück und versuchte direkt die Politik der Türkei zu beeinflussen, ohne sich in die aktive Tagespolitik einzumischen. Während der Alte Said gegen das Bildungs- und Erziehungssystem des untergehenden Osmanischen Reiches rebellierte und über die „Anwendbarkeit" der Moderne diskutierte, hatte es der Neue Said mit der falschen Anwendung der Moderne in der neuen Türkei zutun.

Wie sich nun die Bewegung nach dem Tode Nursis entwickelte, analysiere ich im nächsten Kapitel.

5.3 Die Entwicklung nach dem Tode des Gründers

Nach dem Tode Nursis wurde die Bewegung von seinem engsten Schülerkreis weitergetragen. Dieser Kreis verbreitete weiterhin die Ideen Said Nursis und seine Werke. Nachdem Wegfall der charismatischen Autorität sahen sich die Nachfolger gezwungen, die Jama'at zu stabilisieren, damit sie nicht auseinanderfiel. Also versuchten sie eine gewisse Organisation in die Bewegung zu integrieren. Hierzu versammelte sich der engste Schülerkreis und gründeten eine Schura (eine Schura ist funktionsmäßig vergleichbar mit einem Vorstand eines Vereines; siehe dazu Kapitel 7.6). Zübeyir Gündüzalp (eigentlicher Name: Ziver Gündüzalp), einer der engsten Schüler Nursis, wurde zum Hauptorganisator. Das heißt, er war damit verantwortlich, die Bewegung in der ganzen Türkei zusammenzuhalten und zwischen den Risale-i Nur Lesern den Informationsaustausch zu koordinieren. Somit bewegte sich die Jama'at Richtung Institutionalisierung. Sie gründeten lokale Netzwerke und Institutionen, „die sich auf die globalen Diskurse von Demokratie, Menschenrechten und Marktwirtschaft beziehen" (Yavuz, 2004, S.135).

Inzwischen trafen sich die Leser der Werke in Wohnungen zu Lesestunden des Risale-i Nur zusammen. Man schätzte die Anhänger Nursis damals auf 750000 (Aköz, Atal, 21.12.2004). Da sie die gleichen Werke lasen, entwickelte sich ein kollektives Gedankengut. Die Lesestunden gab es schon bald in vielen Orten. Zunehmend konnte man die Leser der Werke von denen anderer islamischer Gruppen unterscheiden. Die ersten Schritte zur organisierten Jama'at nahmen ihren Lauf.

Mit steigender Leserzahl reichten die Wohnungen nicht mehr aus, so dass Medresen eingerichtet wurden. Diese waren informelle Einrichtungen, in denen man das Risale-i Nur studierte und die gleichzeitig für die Organisation der Bewegung dienten. Der nächste Schritt war, dass in jeder Medrese eine Schura gebildet wurde. Durch eine Schura konnte eine Medrese organisiert und strukturiert werden. Es kam zu funktionalen

Differenzierung der Aufgaben. Als nächstes wurden Schüler oder Studenten dauerhaft in die Medresen aufgenommen. Somit waren die Einrichtungen 24 Stunden erreichbar. Ein Student, der sein Studium beendete, verließ die Einrichtung, und ein anderer Student kam an seine Stelle. So entwickelten sich die Medresen in den 70ern der Türkei zunehmend zu Studentenwohnheimen. Dementsprechend wurden Medresen in der Nähe von Universitäten gegründet. Es entwickelte sich eine gewisse gebildete Elite und die Leserschaft der Risale-i Nur Werke stieg.

Parallel hierzu musste sich die Bewegung weiterhin vor Gericht verantworten. Nach dem Militärputsch am 27. Mai 1960 wurden die Nurcus wieder zu Verfolgten[45]. Laut Anwalt Bekir Berk (1975, S.833-851) gab es zwischen Januar 1960 und April 1971 insgesamt 675 Gerichtsverhandlungen[46], in denen die Risale-i Nur Schüler angeklagt und freigelassen wurden. Diese Klagen, die die Bewegung schwächen und beenden sollten, stärkten die Bewegung nur. In erster Linie kamen sich die Anhänger der Bewegung aus Solidarität zueinander immer näher. Durch eine kollektive Erfahrung entwickelten sie eine kollektive Identität (vgl.

---

[45] Nach diesem Militärputsch verlagerte sich der Konflikt zwischen Kemalismus und Religiosität in den Hintergrund und ein neuer Konflikt zwischen Rechts- und Linksgerichteten entstand. Jedoch blieben die Nurcus trotzdem im Visier der „Staatsschützer".

[46] Bekir Berk (1975) listet in seinem Buch 721 Verhandlungen mit Ort, Datum und Aktenzeichen vom 15.6.1944 bis 10.04.1971 auf, die alle mit einem Freispruch endeten. Muradoğlu (25.03.2002) schreibt, dass es bis 2002 insgesamt 1500 Klagen gab, Said Nursi in den Gefängnissen bis zu zwanzigmal vergiftet wurde und dass Nursis Verbannungszeit ein Rekord in der Türkei ist.

Schiffauer, 2004b, S.350). Die passiven Mitglieder wurden zu aktiven Mitgliedern. Gleichzeitig führten die Gerichtsverhandlungen in allen Teilen der Türkei dazu, dass die Bewegung immer berühmter wurde. Die Begriffe „Risale-i Nur", „Nurcu" und „Nurculuk" machten ihre Runde. Das Verbieten der Bücher führte zu einem wachsenden Interesse an den Büchern.

Je größer die Leserschaft wurde, desto schwieriger wurde es, sie auf einem Nenner zusammenzuhalten. Die von den unmittelbaren Schülern gegründete Schura konnte nicht alle Medresen und Nurcus erreichen. Hinzu kam das Fehlen eines autoritären Führers, der mit seinem Charisma die Bewegung zusammenhalten könnte. So kam es in der Jama´at zu ersten ernsthaften Problemen. In verschiedenen Problemlagen war es unklar, an welchen Handlungstyp Nursis (Alter Said, Neuer Said, Dritter Said) man sich halten sollte, da sie kontextgebunden verschieden waren. Der „Alte Said" war mitten im Leben und beteiligte sich an Diskussionen. Der „Neue Said" hielt sich aus dem weltlichen Leben zurück und mischte sich nicht in die Politik ein. Der „Dritte Said" war eine Zwischenform zwischen „Alter" und „Neuer". Zudem sah sich Nursi nicht als Führer der Bewegung und hatte daher auch keinen Nachfolger bestimmt. Dadurch fehlte es der Bewegung an einem charismatischen Führer, der sie zusammenhalten konnte. Trennungen und Spaltungen waren die Folge.

5.4 Verschiedene Gruppierungen der Bewegung

Die Trennungen nach dem Tode des Gründers Said Nursi basierten zu meist auf politischen Gründen. Da Nursi kein Anhänger einer bestimmten politischen Partei war, sondern eher einer Idee der Demokratie, kam es zu Streitigkeiten in der Bewegung, welche Partei denn gerade „die Demokratie" am Besten repräsentieren würde. Am Ende dieser Diskurse kam es mehrfach zu Spaltungen. Diese Spaltungen hatten aber den Effekt, dass die Bewegung nicht zusammenbrach, sondern sich stärkte (vgl. Bengisu, 2001), in dem sich nämlich die einzelnen Gruppen in bestimmten Feldern spezialisierten. Man kann hier fast von einer arbeitsteiligen tayloristischen Bewegung sprechen[47]. Gewiss war diese Arbeitsteilung nicht bewusst gewählt. Laut Yavuz sind diese Spaltungen „das Lebenselixier der Nur-Bewegung und das Geheimnis ihres Erfolgs" (2004, S.139). Da sich aber die Gruppierungen, die autonom sind, weiterhin im Austausch befanden – mit Ausnahme der Gülen und Med-Zehra Bewegung –, blieb die Bewegung Größtenteils „geschlossen", so dass die Grenzen für einen Außenstehenden nicht sichtbar wurden. Daher sprechen die Nurcus nicht von „verschiedenen Gemeinden" oder „verschiedenen Bewegungen", sondern von „verschiedenen Gruppen", weshalb auch der Titel dieses Kapitels so gewählt ist.

---

[47] Tatsächlich schreibt Nursi in den Kastamonu Briefen, dass die Bewegung nach dem Prinzip der Arbeitsteilung funktioniert (2000c, S.61).

In dem nun anstatt „Gemeinde" oder „Bewegung" der Begriff „Gruppe" benutzt wird, entwickelt sich eine Semantik. Der Interviewpartner G.S. hierzu: *„Es gibt keine Nurcu-Bewegungen. Es gibt nur eine Bewegung. Eine Jama'at. Wir haben aber verschiedene Gruppen. Diese Gruppen zusammen bilden die Bewegung."* Auch Mustafa Sungur, einer der Schüler Nursis zu dessen Lebzeiten, sagt: „Es ist nicht richtig, sich in Gruppen aufzuteilen. [...] In Wirklichkeit gibt es keine Trennung. In den Glaubenswahrheiten der Risale-i Nur gibt es keine Trennung. Da denken wir alle gleich" (Aköz, Atal, 16.12.2004). *„Nur in der Politik..."* meint FB: *„...nur das Politische trennt die Brüder. Wenn sie nicht von Politik reden, sind sie alle in allen Punkten einig"* [F.B.].

Eine statistische Erhebung, wie viel eine Gruppe quantitativ von der Gesamtgruppe ausmacht, ist nicht zumachen. Da, wie oben schon angedeutet, bei vielen Medresen keine eindeutige Zuordnung gemacht werden kann. Im Folgenden werden wir nun die verschiedenen Nurcu Gruppen kennenlernen.

5.4.1 Yazıcılar (Die Schreiber)

Wie bereits beschrieben, spaltete sich noch zu Lebzeiten Nursis eine Gruppe ab. Eine kleine Gruppe in Isparta um Ahmet Hüsrev Altınbaşak war der Annahme, die Risale-i Nur Werke sollte man nur mit arabischen Buchstaben handschriftlich schreiben und lesen. Dies würde zum einen der Verbreitung der arabischen Schrift dienen und zum anderen eine spirituelle Verbindung zwischen dem Schreiber und der Werke und damit Said Nursi herstellen. Die lateinischen Buchstaben und die Druckmaschine für die Verbreitung der Bücher lehnten sie daher ab. Als Resultat dessen trennten sie sich vom Großteil der Bewegung, die diese Exklusivität nicht akzeptierte. Noch heute liest und schreibt die Gruppe die Werke in arabischen Buchstaben. Da sie die Werke per Hand schreiben, nennt man sie Yazıcılar (deutsch: die Schreiber). Die Gruppe existiert nur noch in kleinen Kreisen in der Türkei und agiert als „Hayrat Stiftung". Die anderen Gruppen werden *Okuyucular* (deutsch: die Leser) genannt.

Hier wird wieder deutlich, dass Nursi nicht als Führer der Bewegung gesehen wurde, sondern stellvertretend für Nursi seine Werke. Denn dieses Verhalten der Yazıcılar Gruppe widerspricht eindeutig dem Handeln Nursis. Said Nursi selber sorgte für den Druck der Werke in lateinischen Buchstaben und hatte dagegen nichts einzuwenden (2000c, S.110, 152, 162, 164ff, 171ff). Nursi traf hiermit eine Entscheidung, so dass die Werke lesbar für Diejenigen wurden, die die arabischen Buchstaben nicht lesen konnten. Die Gruppe um Hüsrev Altınbaşak orientiert sich hier also nicht am Autor der Werke sondern an den Werken selbst. Somit wird den Werken eine gewisse „Heiligkeit" zugesprochen. Zudem entsteht hier eine Exklusivität, die wir sonst bei den Nurcus nicht finden. Nur die, die die Sprache beherrschen, können Zugang zu den Werken haben.

Diese Trennung vollzog sich kurz vor dem Tode von Nursi, der diese Spaltung nicht verhindern konnte.

Nach dem Tode von Nursi versuchte man weitere Trennungen zu vermeiden. So war Zübeyir Gündüzalp, der, wie vorhin schon erwähnt, nach Nursis Tod der Hauptorganisator der Bewegung war, der Meinung, die Bewegung zu zentralisieren. Aus dieser Idee entstand die Yeni Asya Gruppe.

5.4.2 Yeni Asya

In Folge dieser Zentralisierungsidee wurde in Istanbul ein Haus gemietet, das als Zentrum der Bewegung genutzt werden sollte. Als ersten Punkt beschloss die Gruppe, eine Zeitung herauszubringen, um die wachsende Jama´at erreichen zu können. Zuvor gab es schon einige vereinzelte Versuche, wie z.B. die Zeitung „İrşad" (1962 von Said Özdemir herausgegeben) oder „İhlas" (Aufrichtigkeit; 1963 von İhsan Gemalmaz herausgegeben). Der Zeitung „İhlas" wurde zunächst eine Woche Druckverbot erteilt. Doch die erste Ausgabe nach der Sperre hatte schon als Titelthema „Oh du islamische Gemeinschaft, erwache". Ein großes Bild Said Nursis war auf dem Titelblatt ebenfalls vorhanden. Dies führte dazu, dass die Zeitung endgültig verboten wurde. Zudem wurden einige regionale Zeitschriften herausgebracht, wie z.B. die Zeitschrift „Bediülbeyan", später „Bediüzzaman", von Mustafa Kırıkçı in Konya. Im Jahre 1964 wurde, im Namen aller Nurcus in der Türkei, die Zeitung „Zülfikar" gedruckt. 10 der 11 Ausgaben wurden vom Staat verboten, so dass anschließend im gleichen Jahr eine neue Zeitung mit dem Titel „Uhuvvet" (Brüderlichkeit) auf den Markt kam, die ebenfalls kurze Zeit später verboten wurde. Die darauffolgenden

Wochenzeitungen „Hareket" (Bewegung) und „Vahdet" (Einigkeit) kamen ebenfalls 1964 heraus und wurden nach wenigen Ausgaben eingestellt. Am 24.10.1967 wurde dann die Wochenzeitung „İttihad" (Einheit) gedruckt. Diese Zeitschrift sollte alle islamischen Gruppen in der Türkei „auffangen". Mustafa Polat, Galip Gigin, Zeynep Münteha Polat, Nuriye Karahisarlı (eigentlich Huriye Deligöz), Dr. Sadullah Nutku, Salih Özcan, Erdoğan Atak, Prof. Ali Genceli, Muzaffer Deligöz, A.Tevfik Paksu, Mustafa Necati Bursalı, Gürbüz Azak, Necmettin Şahiner, Ahmet Şahin, Mehmet Kutlular, Mustafa Yeşilyurt, Suat Alkan und Abdulhamid Oruç arbeiteten an der Zeitung, die bis zu 80000 Auflagen erreichte. Nach Diskussionen, wem die Zeitung rein rechtlich gehören sollte, zog sich Salih Özcan, der bis dato die Zeitung finanziell unterstützte, zurück und Mustafa Polat und Mehmet Kutlular übernahmen die Leitung. 1968 wurde die Beilage „Nur Çocuklar" (Die Nur Kinder) gedruckt, welches auch vom Staat unter Druck gesetzt wurde. Zudem gründeten die Intellektuellen der Bewegung im Jahre 1969 das Verlagshaus Mihrab und übernahmen die Verantwortung für „İttihad". Nach dem Militärputsch im Jahre 1971 wurde auch diese Zeitung verboten. Zuvor, am 21.2.1970, wagte man sich an eine täglich erscheinende Zeitung. Unter der Führung von Zübeyir Gündüzalp wurde die Zeitung „Yeni Asya" (Neues Asien) gedruckt. Die Ziele der Zeitung wurden folgendermaßen definiert: „Schutz der Demokratie und Eintreten gegen alle antidemokratischen Bewegungen; Darstellung von gegen Kommunismus und Atheismus gerichteten Meinungen und Positionen; Eintreten für engere Verbindungen mit westlichen Ländern; Entwicklung enger Beziehungen mit den anderen abrahamitischen Religionen und Institutionen – zur Schaffung einer gemeinsamen Front gegen Kommunismus und Atheismus" (Yavuz, 2004, S.141).

Die Zeitung „Yeni Asya" diente als Verbindungsglied zwischen den Risale-i Nur Schülern in der Türkei. Sie galt als Medium der Verständigung der Gruppe untereinander und strukturierte die Bewegung. Sie gab ihr eine Identität. Said Nursis Wissen und Denken wurden durch die Zeitung verbreitet und alltägliche Politik wurde mit dessen Gedankengut interpretiert. Alltag und Politik wurden interpretiert, so dass ein gemeinsames Deutungsmuster entstand. Durch die Zeitung wurde die Idee der „Bildung einer Organisation um der Gemeinde willen" oder das Konzept des institutionalisierten Dienstes (Karabaşoğlu, 2003, S.294) in die Bewegung eingeführt. So war es auch notwendig, sich auf Diskurse im politischen Umfeld einzulassen und das politische Geschehen der Türkei zu betrachten, um ein homogenes Denken unter den Lesern herzustellen.

So wie es Personen innerhalb der Bewegung gab, die die Zeitung unterstützten, gab es auch einflussreiche Personen in ihren Reihen, die keinen Bedarf an einer Zeitung sagen. Während z.B. Mustafa Sungur und Bayram Yüksel die Zeitung unterstützten, stellten sich Tahiri Mutlu, Abdullah Yeğin und Hüsnü Bayramoğlu dagegen.

Durch den Aufbau dieses institutionellen Charakters sollten weitere Spaltungen verhindert werden.

Doch die Politik führte in der Bewegung zu weiteren Spaltungen. Alle Gruppierungen, die unten folgen, entstanden aus der heute so bezeichneten „Yeni Asya Gruppe". Yeni Asya war keine bestimmte Gruppe der Nurcus. Erst nach den vielen Trennungen assoziierte man die Ursprungsgruppe als die Yeni Asya Gruppe. Die Gruppierungen trennten sich also nicht von der Nurculuk Bewegung als Gesamtes – mit Ausnahme von Gülen und M.S. Şeyhanzade -, sondern vielmehr von der Mehrheit der Bewegung, um eine eigene Interpretation des politischen Denkens Nursis zu entwickeln.

Mehmet Kutlular, der gegenwärtige Geschäftsführer der Zeitung „Yeni Asya", interpretiert diese Teilung im Interview folgendermaßen: *„Der Staat hat die Nurculuk Bewegung jahrzehntelang nicht ausrotten können. [...] Nun ging man einen neuen Weg: Spaltung. Sie brachten die Risale-i Nur Schüler gegeneinander auf, trennten sie und machten uns uneffektiv"* [M.K.]. Tatsächlich sind sich alle Nurcu Gruppen darüber einig, dass der Staat eine wichtige Rolle in den inneren Konflikten spielte. Karabaşoğlu ist der Meinung, dass die Beziehung des türkischen Staates zu zivilen Gruppierungen diese Einschätzung plausibel macht. Allerdings geht er davon aus, dass die inneren Probleme und Schwächen, die den Boden für die Einmischung dieses ‚Fingers' bereiteten, unterschätzt wurden, was letztendlich dazu führte, dass das Problem chronisch wurde (2003, S.294).

Doch es lag nicht nur an dem Politischen. Auch der institutionelle Charakter der Bewegung führte zu Spaltungen. Denn Yeni Asya wurde zum verbindlichen

Publikationsorgan der Bewegung. Sie nahm für sich den Anspruch, die Gedanken Nursis zu interpretieren. Da aber die Werke Nursis sich nicht institutionalisieren ließen, und es damit kein „kollektives Denken" geben konnte, entstanden viele Gruppen, die die Zeitung nicht unterstützten oder der Meinung waren, dass sich eine Gruppe innerhalb der Bewegung nicht den Anspruch nehmen darf, die gesamte Bewegung zu repräsentieren. Hinzu kam, dass die Bewegung zunehmend institutionalisiert wurde. Teilweise bewegte sich die Bewegung in Richtung Zentralisierung. Diese Prozesse schwächten die offene und flexible Struktur der Bewegung, denn „Nursis Schriften bieten keinen Raum für klerikale Kontrolle oder für die Vorherrschaft einer einzigen Interpretationsweise, vielmehr laden sie jeden Leser dazu ein, seine eigene religiöse Autorität zu werden" (Yavuz, 2004, S.139).

Die Yeni Asya Gruppe ist medial verbreitet. Verschiedene Stiftungen, wie z.B. die „Yeni Asya Eğitim, Kültür ve Araştırma Vakfı" (Bildungs-, Kultur- und Forschungsstiftung Yeni Asya), „Bediüzzaman Eğitim, Kültür ve Sanat Vakfı" (Bildungs-, Kultur- und Kunststiftung Bediüzzaman), „Sağlık Vakfı" (Gesundheitsstiftung), „Öğretmenler Vakfı" (Lehrerstiftung), „Şekercihan", „Abdülkadir Özkan Eğitim Vakfı" (Bildungsstiftung Abdülkadir Özkan) gehören zu der Gruppe. Die Tageszeitung „Yeni Asya", die Onlinenachrichtenseite „Sentez Haber", der Radiosender „Bizim Radyo", die Zeitschriften „Köprü" (Brücke; diese Wissenschaftszeitschrift erscheint seit 1977), „Can Kardeş" (Lebensbruder; Kinderzeitschrift), „Bizim Aile" (Unsere Familie; Familienzeitschrift) und

„Genç Yaklaşım" (Junge Annäherung; Jugendmagazin)
gehören der Gruppe an. Die akademische Elite der
Gruppe ist im „Risale-i Nur Institut" tätig. Das „Frauen-
Kultur-Zentrum" wird für verschiedene gesellschaftliche
Aktivitäten verwendet. Die Yeni Asya Gruppe ist auch
Veranstalter vieler Seminare, Symposien und Panels, die
ein breites Publikum erreichen und bei denen auch die
anderen Nurcu Gruppen teilnehmen. Zudem wird die
Gruppe des Öfteren wegen dem berühmten Paragraphen
301 angeklagt und der Zeitung hin und wieder aus
verschiedenen Gründen für kurze Zeit Druckverbot
erteilt.

Seit dem Konflikt 2015 zwischen der Gülen
Bewegung und der AKP von Recep Tayyip Erdoğan, hat
sich zwar nicht theoretisch aber praktisch die Yeni Asya
Gruppe geteilt. Die Istanbuler Gruppe, welches den
Vorstand der Zeitung ausmacht, stellte sich gegen die
AKP, während der Rest der Gruppe auf Seiten Erdoğans
stellte. Zwar war die Zeitung auch schon früher sowohl
gegen Gülen als auch gegen Erdoğan, doch nach dem
Konflikt dieser beiden Gruppen, gab es intern massive
Diskussionen. So dass sich sowohl das „Risale-i Nur
Institut" als auch die Instititution „Şekercihan" von der
eigentlichen Gruppe trennten.

5.4.3 Erbakan, der politische Islam und Türkeş (MHP)

1969 gab es unter einigen Abgeordneten die Idee,
eine konservative Partei zu gründen. Necmettin Erbakan
sollte an die Spitze der Partei kommen. Die Planungen
114

dazu wurden in Ankara gemacht, in einer Medrese ("Parlamenterler Dershanesi"), in der sich Abgeordnete regelmäßig zum Risale-i Nur Lesen trafen. Die Abgeordneten Tevfik Paksu, Hüsamettin Akmumcu und Süleyman Arif Emre waren in die Planungen involviert. Als Zübeyir Gündüzalp mitbekommt, dass man sich für politische Zwecke in der Medrese trifft, hebt er hervor, dass Medresen für das Verinnerlichen von Glaubenswahrheiten eröffnet werden und nicht für Parteigründungen. Gündüzalp beauftagte dann Mehmet Birinci, einen direkten Schüler Said Nursis, die Gedanken Nursis zur Politik in einem Buch zu sammeln. Dieses Buch wurde dann unter dem Titel „Beyanat ve Tenvirler" publiziert. Später traf man sich im Büro des Anwalts Bekir Berk und diskutierte über die Parteigründung. Tevfik Paksu, Hüsamettin Akmumcu, Tahsin Tola, Bekir Bekir, Bayram Yüksel und Mustafa Sungur nahmen an den Gesprächen, die drei Tage dauerten, teil. Letztendlich entschieden sich Paksu und Akmumcu, sich von der Parteigründung zurückzuziehen. Doch später führten sie ihre Arbeiten fort.

1970 wurde von Necmettin Erbakan die Nationale Ordnungspartei (MNP) gegründet, die vorgab, islamisch zu sein. Doch schon kurz nach der Gründung wurde die Partei im Jahre 1971 vom Verfassungsgericht verboten. Kurze Zeit später, 1972, gründete Erbakan die Partei des Nationalen Heils (MSP)[48]. Die Zeitung „Yeni Asya"

---

[48] Erbakan hatte stets mit Schließungen und Verboten seiner Parteien zu rechnen: Nationale Ordnungspartei (MNP; 26.01.1970 – 20.05.1971), Partei des Nationalen Heils (MSP; 11.10.1972 – 12.09.1980), Wohlfahrtspartei (RP; 19.07.1983 – 16.01.1998), Tugendpartei (FP; 14.05.1998 – 22.06.2001), Glückseligkeitspartei

stellte sich nicht auf die Seite der von Erbakan gegründeten Partei, die für sich den Anspruch nahm, religiös zu sein und die Muslime in der Türkei zu repräsentieren. Stattdessen unterstützte die Bewegung weiterhin die Demokraten, wie es Said Nursi zu Lebzeiten getan hatte. So trennten sich eine Gruppe um A.Tevfik Paksu, Suudi Reşat Saruhan, Gündüz Sevilgen[49] und Hüsamettin Akmumcu, die Erbakan unterstützten. Als die Partei verboten wurde, kehrte diese Gruppe allerdings zu Yeni Asya zurück.

Zur gleichen Zeit bat die nationalistische Partei (MHP) von Alpaslan Türkeş um die Unterstützung der Nurcus. Einige der Bewegung gesellten sich zur MHP. Daraufhin druckte die Bewegung 1969 eine Broschüre, in der vor der MHP gewarnt wurde.

Die Nichtunterstützung der Partei begründet Mehmet Fırıncı[50], einer der Schüler Said Nursis zu dessen Lebzeiten: *„Cevat Rıfat und Atilla Han wollten eine Partei namens „Islamische Demokratische Partei" gründen. Aber Üstad war strikt dagegen und erlaubte es ihnen nicht. Er wehrte sich immer und immer wieder gegen die Ausbeutung der Religion durch die Politik"* [M.F.]. Im einem Interview sagte Fırıncı zudem: „Würden wir uns auf die Seite Erbakans stellen, würden

---

(SP; seit 21.07.2001). Man achte stets auf die Wahl der Parteinamen. Alles positiv besetzte Wörter. Der deutsche Ableger dieser Parteien ist der IGMG (Milli Görüş; Nationale Sicht).

[49] Sevilgen (1979) beschreibt in seinem Werk „MSP'de Dört Yıl" die Zeit der Nurcus in der Partei Erbakans.

[50] Sein eigentlicher Name lautet Mehmet Nuri Güleç. Said Nursi gab ihm den Namen „Fırıncı", da er von Beruf Bäcker (auf Türkisch Fırıncı) war.

wir seine Einstellung teilen. Wir sind aber der ´soziale Islam´. [...] Wir wollten nicht unter den Schirm Erbakans, denn Bediüzzaman akzeptierte den ´poltischen Islam´ nicht" (Akman, 2006, S.19). Auch Mehmet Kırkıncı, unmittelbarer Schüler Nursis, sieht dies genauso: „Manche haben im Namen der Religion Politik gemacht. Wir haben sie nicht unterstützt. Wieso nicht? Weil der Islam für nichts Mittel werden kann. Er steht über allem. Auch über der Politik" (Aköz, Atal, 17.12.2004).

Tatsächlich war Nursi der Meinung, dass eine „religiöse Partei" das Volk spalten und trennen würde. In vielen Teilen seiner Schriften (2004b, S.88-90; 2001b, S.52ff; 2004d, S.143ff; 2000f, S.155) verurteilte er die Politiker, die religiöse Motive für ihre Parteien benutzten. Nursi war der Meinung, „that in an environment where society is not religious, political parties formed on behalf of religion would lead to the political exploitation of religion and to the suppression of religious people by their being relegated to a minority status. According to Nursi, such formations would feed religion-based polarization within society and lead to the prevention of the communication of the fundamentals of belief to all segments of society" (Karabaşoğlu, 2003, S.281). Doch hier kam es zu einem Paradox. Die Nurcus, die eigentlich unpolitisch sein wollten, begründeten ihre Nichtteilnahme an Erbakans Parteien politisch. Karabaşoğlu (2003, S.281) beschreibt diesen Paradox wie folgt: „Becoming occupied with daily politics for the sake of defending noninvolvement in politics." Die Bewegung politisierte sich und dies führte später zu vielen Spaltungen. Doch zuvor kam es zu einer anderen größeren Trennung.

5.4.4 Die Gülen-Bewegung

Die Gülen Bewegung wird öfters mit der Nurculuk Bewegung verwechselt oder als ein Teil von ihr gesehen. Hintergrund dieser Verwechslung ist, dass Fethullah Gülen in den 60ern und 70ern tatsächlich Teil der Nurculuk Bewegung war. Jedoch verließ er die Bewegung auf Grund von vielen Konflikten und gründete seine eigene Bewegung. Auf Grund der Komplexität und Eigenständigkeit der Gülen Bewegung wird hier nur historisch und soziologisch auf die Phase eingegangen, in der Gülen Teil der Nurculuk Bewegung war. Für eine ausführliche und detaillierte Betrachtung der Gülen Bewegung wird an andere Stellen verwiesen (Şahinöz, 2016; 2018, S.103-190).

Seine Bekanntschaft mit den Risale-i Nur Schriften machte Gülen 1956/1957[51] durch Mehmet Kırkıncı, Osman Demirci und Muzaffer Arslan. Der erste Aufsatz von Said Nursi, dass Gülen in einem Lesezirkel der Nurculuk Bewegung zu hören bekommt, ist das Werk „Hücümat-ı Sitte". Dieses Werk fesselte Gülen so sehr, dass er sich entschloss, regelmäßig die Risale-i Nur Lesungen zu besuchen. Doch in seinen eigenen Predigten erwähnte er Said Nursi nicht. Er scheute sich davor, da er als Beamter des Staates eingestellt war und man zu dieser Zeit mit Repressalien des Staates rechnen musste, wenn bestimmte Islamgelehrte, allen voran Said Nursi, in den Predigten genannt wurden (Şahinöz, 2006). Für die

---

[51] Obwohl Gülen noch 3-4 Jahre vor Said Nursis Tod die Nurculuk Bewegung kennenlernt, trifft er sich nie mit Said Nursi. Später gibt er an, dass er Nursi auf Grund seiner kurdischen Herkunft nicht besuchen wollte.

kemalistischen Regime war Said Nursi von Anfang an ein Dorn im Auge. Also vermied Gülen dessen Namen in den Predigten.

Wie Gülen selbst angibt, bewunderte er die Religiosität der Anhänger der Nurculuk Bewegung: „Besonders, dass Muzaffer Arslan ein Leben der Prophetengefährten führte sowie seine Schlichtheit und Aufrichtigkeit beeindruckten mich sehr. Als ich ihn sah, sagte ich, dass dies die Menschen waren, nach denen ich gesucht hatte und ich konnte mir nicht vorstellen, mich einmal von ihnen wieder zu trennen" (Erdoğan, 1995, S. 45; hier zitiert nach Agai, 2004, S. 130). In einer seiner späteren Predigten erzählt er von diesen Tagen und betont, wie ihn diese Personen durch ihren Lebensstil beeindruckten (Risale Haber, 12.12.2011).

Gülen bewunderte vor allem die Ideen der Nurculuk Bewegung zur Vereinbarkeit von Tradition und Moderne, Religion und Wissenschaft. Doch er wollte sich nicht auf die Nurculuk Bewegung eingrenzen. Je mehr er sich der Nurculuk Bewegung anschloss, desto mehr musste er von seinen eigenen Ideen zurücktreten, da diese im Konflikt mit der Nurculuk Bewegung standen. Zudem brachte ihm die Anhängerschaft zur Nurculuk Bewegung ständig Probleme mit dem Staat. Zeitweilig musste er ins Gefängnis oder wurde von seinen Tätigkeiten als Prediger entfernt. Gleichzeitig kritisierten ihn die Anhänger der Nurculuk Bewegung für Aktivitäten, die ihrerseits nicht zu ihrer Auffassung passten.

Es gab große Meinungsunterschiede zwischen angesehenen Anhängern der Nurculuk Bewegung und ihm. Gülen befand sich zwischen zwei Stühlen. Weder wollte er sich von der Nurculuk Bewegung trennen, noch wollte er im Streit mit dem Staat sein. Noch wichtiger war es für ihn, dass er eine gewisse Vorstellung davon hatte, wie Bildung geleistet werden musste. Er hatte viele Ideen und Projekte, die er in der Nurculuk Bewegung nicht hätte verwirklichen können. Vor allem seine Ansicht, wie Hizmet (religiöser Dienst) geleistet werden sollte, entsprach nicht den Vorstellungen der Nurculuk Bewegung. Laut Gülen war die sinnvollste Art, religiösen Dienst zu leisten, Schulen zu gründen: „Weil ich Hizmet welches auf Bildung und Kultur abzielt, als sinnvoller ansehe, versuche ich mit allem, was ich kann, Menschen, die Himmet (Unterstützung der religiösen Sache) leisten, in diese Richtung zu leiten" (Gülen, 1997, B.1, S. 36; hier zitiert nach Agai, 2004, S. 232).

Die Arbeit im Bildungssektor wurde also zum İbadet (Gottesdienst). Deshalb war Gülen bestrebt darin, Schulen und Bildungseinrichtungen zu errichten. Dies machte er, in dem er finanzielle Hilfe (Himmet) sammelte. Gülen erkannte, „dass selbst reiche Menschen nicht bereit waren, viel zu spenden, sofern sie alleine und nicht in einer Gruppe waren. Aus diesem Grund berief er Versammlungen mit vielen Anwesenden ein, um so mehr Geld zu sammeln. Sein Konzept funktionierte und entwickelte sich unter seinen Anhängern zu einer Methode" (Agai, 2004, S. 140). Der „Nurculuk Kodex" jedoch, verbietet jegliche finanzielle Unterstützung von außerhalb der eigenen Gemeinschaft zu sammeln. Ja, sie verbietet sogar eine Geldspende innerhalb der eigenen

Gemeinschaft, wenn diese nicht selbständig kommt und erst „gesammelt" werden muss. Gülens Methode aber, machte es möglich, dass viel Geld für Wohnheime, Bildungseinrichtungen oder private Schulen gesammelt werden konnte. Durch sein Charisma konnte er die Menschen dazu bewegen und mobilisieren. Innerhalb der Nurculuk Bewegung führte dies aber zu Konflikten.

Parallel zu seiner Teilnahme bei der Nurculuk Bewegung baute Gülen sein eigenes Netzwerk auf und entfernte sich immer weiter von den Ideen der Nurculuk Bewegung. Gülen hatte nicht nur Beziehungen zur Nurculuk Bewegung, sondern auch zu vielen anderen Gruppen, vor allem zu Unterstützern der Türkisch-Islamischen Synthese[52]. Mit der Zeit scharte er eine bestimmte Anhängerschaft um sich, die größtenteils aus reichen Unternehmern bestand und die "Izmir Gemeinschaft" genannt wurde. Er verbreitete seine Ideen durch Kassettenaufnahmen in der ganzen Türkei. Dies war ein populistischer Schachzug Gülens. Auch dieser Populismus entsprach nicht den Vorstellungen der Nurculuk Bewegung. Eine Trennung war vorprogrammiert.

So konnte Gülen durch sein einflussreiches informelles Netzwerk seine eigene Bewegung aufbauen. Gegen Ende der 60´er sprach man schon von einer „neuen" Bewegung.

---

[52] Fethullah Gülen ist bekannt für seine Irankritik. Jedoch hat seine eigene Bewegung große Ähnlichkeiten mit dem Schiitentum. Elemente wie Ayatollah, Sündenfrei, Imamiya, Hums-Abgabe, Mahdi, Taqiyya, Assassinen-Methoden sind in beiden Richtungen mit einer großen Bedeutung präsent.

Durch seine Loslösung von der Nurculuk Bewegung entstand eine eigene Bewegung, die heute als Gülen Bewegung[53] bekannt ist und mit der Nurculuk Bewegung keine strukturellen Ähnlichkeiten hat, weder organisatorisch, methodisch noch funktional. Da jedoch Fethullah Gülen kurzzeitig[54] in der Nurculuk Bewegung war, wird seine Bewegung von einigen Außenstehenden mit der Nurculuk Bewegung verwechselt.

Blicken wir in diesem Hinblick auf die Bruchpunkte der Trennung zurück. Zunächst einmal war Gülen ein Angestellter des Staates. Er war ein Prediger des Diyanet, der Religionsbehörde des türkischen Staates und hatte sich von Nursis Werken fernzuhalten[55]. So wurde er nach dem Militärputsch[56] im Jahre 1960 zum ersten Mal wegen des Lesens der Werke von Said Nursi vor Gericht gestellt. Allerdings wurde er frei gesprochen.

Gülen predigte inzwischen überall im Land. Allerdings sprach er in seinen Predigten niemals von

---

[53] In den nächsten Jahrzehnten wird seine Bewegung in der Türkei zunächst "Hizmet" (Dienst; gemeint religiöser Dienst) und "Cemaat" (Gemeinschaft; gemeint religiöse Gemeinschaft) genannt, danach nach dem Konflikt mit der AKP "Paraleler Staat" und "FETÖ Terrororganisation".

[54] Kurzzeitig und trotzdem mit reichlich Konflikten.

[55] Heute gilt dies nicht mehr. Diyanet druckt inzwischen selbst die Werke von Said Nursi und verbreitet sie.

[56] Das türkische Volk hat Jahrzehnte an den Folgen von Militärputschen gelitten. 27.05.1960, 12.03.1971, 12.09.1980 und zuletzt am 28.02.1997 wurde in der Türkei geputscht. Am 27.04.2007 und am 15.07.2016 ging es ebenfalls in Richtung Putsch. Bei dem Putsch 1980 wurden 650.000 Menschen verhaftet und Tausende hingerichtet (Şahinöz, 21.07.2016).

Said Nursi oder dessen Werken. Oftmals sprach er Themen aus der Risale-i Nur an, ohne aber die Quellen zu nennen. Zugleich nahm er Stellung zu politischen Entwicklungen.

Das erste Anzeichen der Trennung von der Nurculuk Bewegung erfolgte 1971. Nach dem 2. Militärputsch wurden am 12. März 1971 53 Risale-i Nur Leser verhaftet. 51 der Gefangenen gaben ihre Anhängerschaft zur Nurculuk Bewegung zu. Auch Bekir Berk, der berühmte Anwalt Said Nursis war unter den Gefangenen. Gülen und Mustafa Birlik stritten ihre Anhängerschaft ab. Gülen betonte, dass er nur teilweise Risale-i Nur gelesen hätte, und dass nur in der Rolle eines Predigers, und nicht als ein Anhänger (Erdoğan, 1995, S. 137ff). Bekir Berk war wegen dieser und anderer Aussagen sehr verärgert über Fethullah Gülen. Zum ersten Mal konnte man hier Gülens offizielle Haltung zur Nurculuk Bewegung sehen. Der Interviewpartner R.B., der damals die Gefangenen besuchte, erinnert sich an diesen Vorfall: *„Es war für uns unverständlich. Wir verstanden nicht, warum Gülen verschwieg, dass er mit uns etwas zu tun hatte. Ich versuchte mit ihm zu reden, doch er hatte sich schon längst entschieden. Er wollte nichts damit zu tun haben."* Mehmet Fırıncı, einer der engsten Schüler Said Nursis, ergänzt: *„Fethullah Hoca (Imam; so wurde Gülen in der Öffentlichkeit genannt; Anmerkung des Autors) trennte sich von uns nach dem Vorfall am 12.03.1971. Er vertiefte seine Arbeiten in seiner eigenen Gruppe. [...] Viele Reiche, die sowohl patriotisch als auch religiös gerichtet waren, unterstützten ihn"* [M.F.]. Durch diese

Unterstützungen bekam Gülen Ressourcen und Mittel, sein Netzwerk auszubreiten.

Allerdings konnte man damals noch nicht erkennen, dass dies schon die endgültige Trennung war. Man glaubte weiterhin, dass Gülen seine Beziehung zur Bewegung nur verschwieg, um seine Position und sein eigenes Netzwerk nicht zu verlieren. Es kam aber zu weiteren Konflikten und die Risse wurden immer tiefer.

Ein Zeitzeuge und Interviewpartner (Şahinöz, 2018, S. 114) aus dieser Zeit berichtet, dass sie mit Bekir Berk zu Fethullah Gülen fuhren. Der Interviewte wartet mit zwei weiteren Personen vor einem Haus. Bekir Berk geht hinein und kommt nach 30 Minuten wieder raus. Berk ist ersichtlich wütend und sagt, dass Gülen anders als die Anhänger der Nurculuk Bewegung sei und dass dessen Verhalten mit den Methoden der Risale-i Nur nicht übereinstimmt.

Die endgültige und offizielle Trennung von der Nurculuk Bewegung erfolgte 1974. Ein Jugendcamp, organisiert von Gülen, wurde mit Verdacht auf anti-staatliche Propaganda gestürmt. Dieser Vorfall war am darauffolgenden Tag in der Zeitung der Nurculuk Bewegung „Yeni Asya" mit dem Titel „Nurculuk Camp gestürmt" zu lesen. Gülens Entsetzen über diese Nachricht war so groß, dass ihn Mehmet Kutlular und Mehmet Kırkıncı besuchen, um ihn zu beruhigen. Dieses Gespräch soll folgendermaßen abgelaufen sein (Aköz, Atal, 29.12.2004):
Gülen: „Wieso habt ihr es als 'Nurculuk Camp' bezeichnet?"

Kutlular: „Wir nehmen an, dass Sie ein Anhänger der Nurculuk Bewegung sind.“

Gülen: „Das ihr es so annehmt, ist keine Rechtfertigung dafür, es zu verbreiten. Ich verheimliche diese Identität um ein breites Publikum zu erreichen!“

Mit der Befürchtung, dass sein eigenes Netzwerk durch den negativen Ruf der Nurculuk Bewegung innerhalb des linksgerichteten Lagers Schaden erlangen könnte, verschwieg Gülen in der Öffentlichkeit seine Zugehörigkeit zur Bewegung weiterhin.

In weiteren Diskursen innerhalb der Bewegung vertrat Gülen die Idee, dass man darauf verzichten sollte, Said Nursi als die Quelle ihrer Handlungen zu nennen (Agai, 2004, S. 183). Dadurch könne man ein breites Publikum erreichen und würde den Staat nicht provozieren. Auch andere Verheimlichungen versuchte man zu legitimieren, um ein bestimmtes Ziel zu erreichen.

Gülen wurde wegen dieser Einstellungen immer unwichtiger im Netzwerk der Nurculuk Bewegung. Er verlor seine Bedeutung für die Anhänger und wurde zu einer Randfigur in der Nurculuk Bewegung. So war es die einzige Lösung, sich endgültig zu trennen.

Aus Sicht Gülens verlief diese Trennung für ihn positiv. Während die Nurculuk Bewegung einen Staatsstreich nach dem anderen zu spüren bekam, gründete Gülen, der ein charismatischer Führer ist, binnen kürzester Zeit Stiftungen und Vereine und brachte seine eigenen Zeitschriften und Bücher[57] heraus. Zudem baute er Bildungseinrichtungen[58] für angehende Studenten und Schüler auf. In diesen Einrichtungen, die heutzutage in jeder großen Stadt und in jedem Land zu finden sind, werden die Schüler auf die Universität vorbereitet. Schätzungen zur Folge gehörten 2013 20% aller solcher Einrichtungen in der Türkei der Gülen Bewegung. Allerdings fand damals und findet auch heute kein religiöser Unterricht in diesen Einrichtungen statt. Gülen und seine Anhänger spezialisierten sich nicht nur auf rein religiöse Aktivitäten sondern auch in Fragen der Bildung. So liegt die Haupttätigkeit der Gülen Bewegung nicht in der religiösen Unterweisung, sondern z.B. im Nachhilfeunterricht. Said Nursi und seine Werke spielen daher in dieser Bewegung keine Rolle.

Als am 12.09.1980 in der Türkei erneut geputsch wurde, bejahte Gülen diesen Staatsstreich. Gülen veröffentlichte zu dieser Zeit quasi in jeder Ausgabe seiner Zeitschrift „Sızıntı" Artikel, die das türkische Militär als Held und Retter des Volkes darstellten. Diese Einstellung deckt sich mit der Erkenntnis von Yavuz, dass manche Gruppen „ihre Relevanz und Legitimität vor dem Staat dadurch beweisen, dass sie ihren Beitrag zum Nationalismus und zur Nationalkultur herausstreichen" (2004, S. 141). Besonders Gülen hob den türkischen Nationalismus hervor und "vertürkte" den Kurden Nursi.

---

[57] Gülen selbst schrieb nur eine Handvoll Bücher. Die dutzenden Bücher in allen Sprachen der Welt sind transkribierte Predigten von ihm.

[58] In der Türkei werden diese Einrichtungen "Dershane" genannt.

Als Gülen zu einem der Hauptprediger des ganzen Landes befördert wurde und in dieser Position Ende der 80′er, Anfang der 90′er in der ganzen Türkei Predigten hielt, hob er immer wieder hervor, wie notwendig die Putsche in der Türkei waren. Er predigte für die bedingungslose Unterstützung des Staates. Dies tat er auch in seinen eigenen Schriften (Gülen, 1980; Hürriyet, 03.04.1998). Es kann also davon ausgegangen werden, dass Gülen nach der Trennung von der Nurculuk Bewegung seinem Wachstum dem türkischen Staat zu verdanken hat. Dies soll nicht heißen, dass Gülen direkt mit dem Staat kooperierte. Allerdings eröffneten ihm die Regierungen alle Türen, was zum immensen Wachstum seiner Macht führte. Erbakan geht sogar davon aus, dass Gülen vom Staat nur unterstützt wurde, um die Parteien des Milli Görüş, der Bewegung von Erbakan, zu schädigen (Aras, 1998, S. 27; Aras, Caha, 2000, S. 37).

5.4.5 Der Verlag Türdav mit „Zafer" und „Sur"

Mit der Behauptung, die Bewegung würde zu sehr politisch agieren, trennte sich eine zahlenmäßig kleine Gruppe 1975, die sich später darauf spezialisierte, wissenschaftliche Texte zu publizieren. Sie stellten diese Eigenschaft Nursis in das Zentrum ihrer Arbeiten und gründeten 1975 den Verlag „Türdav". Der Verlag brachte 1980 die Zeitschrift „Sur" heraus, dessen Leitung bei Ahmet Vural lag und in der einflussreiche Autoren, wie z.B. Mehmet Şevket Eygi und Hekimoğlu İsmail (eigentlich Ömer Okçu) schrieben. Hekimoğlu İsmail gründete später den Verlag „Timaş".

5.4.6 Der Verlag Zafer

Aus den gleichen Grüden wie die Gründer des Türdav Verlags verließ 1976 eine weitere Gruppe an Personen die Bewegung und gründete 1976 die „Sakarya Eğitim Vakfı" (Sakarya Bildungsstiftung). Diese Stiftung publiziert seit 1976 die Zeitschrift „Zafer". Besonders die Kırkıncı Gruppe (siehe unten) unterstützt die Zeitschrift „Zafer". In beiden Zeitschriften werden soziokulturelle Themen behandelt. Politische Themen werden nicht angesprochen. Später gründeten sie den Zafer Verlag. Die Gruppe wurde geleitet u.a. von Selim Gündüzalp und Ömer Sevinçgül.

5.4.7 Med-Zehra

Ende 1979 / Anfang 1980 kam es zu einer weiteren Trennung. Der Kurde Muhammed Sıddık Şeyhanzade war der Meinung, dass die Bewegung nicht ausreichend die Ideen von Nursi repräsentiere und stattdessen einen staatsfreundlichen und türkischen Islam vermittele. Die Tatsache, dass Nursi ein Kurde sei, würde immer wieder verschwiegen werden. So trennten sich Şeyhanzade und einige andere kurdischen Anhänger und gründeten eine eigene Bewegung, die sie Med-Zehra (Abkürzung für Medresetüz Zehra; siehe Kapitel 5.2.1) nannten. Die Gruppe schlug eine unterschiedliche Richtung ein und entfernte sich immer weiter von der Nurculuk Bewegung. Fortan nannte sich die Gruppe „Die Partei des Korans" und löste sich mit dieser Behauptung von der Nurculuk Bewegung komplett. 1989 veröffentlichten sie eine kurdisch-nationalistische

Zeitschrift mit dem Titel „Dava". Die Gruppe hat heute mit der Risale-i Nur Bewegung keine Verbindung.

5.4.8 Der Militärputsch, die Gruppe um Mehmet Kırkıncı und die Meşveret Gruppe

Am 12. September 1980 putschte das türkische Militär, um den Studentenkrieg zwischen rechten und linken Parteien zu beenden. Kenan Evren, der neue Staatschef, verkündete, dass die „Ideen und Gedanken von Atatürk" die einzigen Ideologien des Landes seien. Somit standen harte Zeiten für sowohl rechts, als auch links und religiös orientierte Menschen vor. Die Zeitung „Yeni Asya" bekam ein Rekordverbot von 470 Tagen. Fethullah Gülen tauchte unter. Gegen Mehmet Kırkıncı und Mehmet Kutlular wurden verschiedene Anklagen erhoben.

Um die Wirkung der islamischen Bewegungen einzuschränken, bot Kenan Evren den einzelnen islamischen Bewegungen eine Kooperation an. Diese „Kooperation" sah so aus, dass der Staat den Bewegungen nicht im Weg stehen werde, wenn sie den Entwurf der neuen Verfassung befürworten würden. Im Zuge dieser Entwicklungen kam Mehmet Kırkıncı, einer der führenden Personen der Bewegung, zu der Einsicht, dass man mit dem neuen Staatspräsidenten kooperieren müsste und die Zeitung schließen sollte. Da die Mehrheit der Bewegung, oder besser der Yeni Asya Gruppe, sich gegen diesen Entschluss entschied, trennte sich Kırkıncı von der Gruppe und lenkte eine andere Richtung ein, u.a. zusammen mit Mustafa Sungur, Bayram Yüksel, Osman Demirci und Ahmet Şahin, die viel Anerkennung in der Bewegung hatten. Sie kooperierten mit dem neuen Staatspräsidenten und entschieden sich für die neue Verfassung. Die große Gruppe um Yeni Asya, u.a. mit Mehmet Fırıncı, Mehmet Birinci, Mehmet Kutlular, Yavuz Bahadıroğlu, İhsan Atasoy, Burhan Bozgeyik und Mehmet Paksu, welche (damals und heute) viel Einfluss in der Bewegung hatten, wiesen die Pläne von Evren ab.

Durch diese ausgeklügelte Idee gelang es Kenan Evren die islamischen Bewegungen unter die Kontrolle des Staates zu bringen. Es war nicht mehr wie bisher möglich, öffentlich religiöse Arbeit zu leisten. Die Gruppen um Kırkıncı und Fethullah Gülen, die den Staatsstreich ebenfalls bejahten, sahen sich gezwungen, unter Kontrolle des Staates, die Bücher von Said Nursi und Mustafa Kemals Buch „Nutuk" gleichzeitig zu verbreiten. Sie wurden in ihren Arbeiten stark eingegrenzt und einer permanenten Kontrolle ausgesetzt. Gülen z.B. veröffentlichte zu dieser Zeit quasi in jeder Ausgabe seiner Zeitschrift „Sızıntı" Texte, die das türkische Militär als Held und Retter des Volkes darstellten. Diese Einstellung deckt sich mit der Erkenntnis von Yavuz, dass „religiöse Gruppen versuchen, ihre Relevanz und Legitimität vor dem Staat dadurch zu beweisen, dass sie ihren Beitrag zum Nationalismus und zur Nationalkultur herausstreichen" (2004, S.141). Besonders Gülen hob den türkischen Nationalismus hervor und „vertürkte" den Kurden Nursi.

Die Gruppe um die Zeitung Yeni Asya entschied sich aus folgenden Gründen (Ergin, 2001, S.191ff) gegen die neue Verfassung:

- Kopftuchverbot in staatlichen Einrichtungen
- Meinungsfreiheit wird eingeschränkt
- An den Wahlen können nur noch bestimmte Parteien teilnehmen
- Absolventen des religiösen Studiums durften nicht zum Militär

Hierzu Kutlular im Interview: *„Der Staat bot uns auch Kooperation an. Aber wie sollen wir mit einem Tyrannen kooperieren? Der Staat verlangte von uns, dass wir uns vom gesellschaftlichen Leben zurückziehen, dass wir uns von der Politik fernhalten, dass wir in die Moscheen zurückkehren, unser Gebet verrichten und unseren Mund halten. Das hat Üstad nicht getan. Wieso sollten wir das tun? Unsere Freunde (gemeint ist die Kırkıncı Gruppe; A.d.A.) haben es getan. Aber jetzt sehen sie, dass es falsch war. Die Geschichte beweist es!"* [M.K]. Auf die Frage, wie diese Kooperation aussehen sollte, antwortet Kutlular: *„Nach dem Putsch kam ein Offizier zu mir und machte uns drei Vorschläge. Wenn wir diese Vorschläge annehmen würden, würde uns der Staat unterstützen. Diese Vorschläge waren: 1. Wir sollten es unterlassen, uns zu gemeinsamen Risale-i Nur Lesungen zu treffen. 2. Wir sollten Mustafa Kemal nicht kritisieren. 3. Im Ausland, z.B. in Deutschland, sollten wir öffentlich Milli Görüş und die Süleymancıs (VIKZ; A.d.A.) kritisieren. Ich antwortete dem Offizier: '1. Wir werden weiterhin Risale-i Nur lesen und Lesungen veranstalten. Wenn es euch nicht gefällt, stürmt uns und verhaftet uns. 2. Und wie wir Mustafa Kemal kritisieren* *werden... 3. Die Milli Görüş und die Süleymancıs... Das sind unsere Brüder. Auch wenn wir unterschiedliche Meinungen haben, sind wir letztendlich Brüder.´ Der Offizier machte mir daraufhin ein letztes Angebot. Er sagte, wenn wir uns doch an diese drei Vereinbarungen halten, würde der Staat selbst, in alle Gefängnisbibliotheken des Landes die Risale-i Nur Werke verteilen. Hierzu war meine Antwort auch klar und deutlich: ´Durch die Hand eines Heuchlers die Werke verteilen? Niemals´ "*. Später sagte Kutlular, dass es Gruppen gab, die dieses Angebot annahmen, wie z.B. die Gülen Bewegung. Dadurch wäre die Gülen Bewegung gewaltig gewachsen (Milliyet, 1999).

Im Großen und Ganzen fand die Yeni Asya Gruppe die neue Verfassung „antidemokratisch" und entschied sich dagegen. Daraufhin mussten sie mit Klagen und Hetzkampagnen kämpfen. Sie wehrten sich gegen den Putsch und dessen Auswirkungen und mussten dementsprechend mit Konsequenzen rechnen. Die erste Konsequenz war, dass die Zeitung „Yeni Asya" verboten wurde. Daraufhin brachte die Gruppe eine andere Zeitung mit dem Titel „Yeni Nesil" (Neue Generation) heraus, die auch kurze Zeit später, am 5.11.1982 verboten wurde. Auch die nachfolgende Zeitung „Tasvir" wurde binnen kürzester Zeit vom Staat eingestellt. Die neue Verfassung wurde am 7.11.1982 mit 91,3% Befürwortung verabschiedet und die alten Politiker erhielten eine 10-jährige Verbannung aus der Politik.

Als auch die Gruppe um Kırkıncı mit der Antipropaganda gegen die Zeitung „Yeni Asya" begann, wurde es eng für die gesamte Nurculuk Bewegung in der

Türkei. Aus den Medresen und Einrichtungen der Kırkıncı Gruppe wurde die Zeitung „Yeni Asya" entfernt. Dies führte zu einer Schwächung der Nurculuk Bewegung. Mehmet Kırkıncı sagte, der Militärputsch sei wie eine „Befreiung aus einem Krieg" (Ergin, 2001, S.198) gewesen. Kırkıncı hierzu: „Wir sind an der Seite des Staates. [...] Nicht Gehorsam zu sein ist etwas anderes als einen Aufstand zu machen. Der Aufstand ist verboten. Aber nicht gehorsam kannst du sein!" (Aköz, Atal, 17.12.2004). R.B. interpretiert diese Haltung: *„Meiner Meinung nach hängt dies damit zusammen, dass unsere Brüder in Osttürkei seit Jahren in Unruhe lebten. Der Militärputsch beendete ihre Unruhen. Deshalb stellten sie sich auf die Seite des Militärs."* Ihre soziale Lage und psychologische Situation zwang sie also, laut Interviewpartner, zu dieser Unterstützung.

Die Gruppe um „Yeni Asya" vertrat stattdessen die These, dass man einem unterdrückenden Staat nicht nachgeben darf. Sie legitimierten ihre Argumente mit dem Zeitabschnitt des „Neuen Said". Der „Dritte Said" hätte nur mit dem Staat kooperiert, da dieser demokratisch war. Nun sei aber ein undemokratisches Regime an der Macht. Beide Seiten versuchten also ihre Haltung mit unterschiedlichen Interpretationen des gleichen Textes zu legitimieren.

Diese radikale Spaltung gilt als die bisher größte Spaltung der Nurculuk Bewegung. Auch wenn sich die Gruppen im Laufe der Zeit versöhnten, konnte der Schaden, der durch die Trennung angerichtet wurde, nicht mehr beseitigt werden.

Die Kırkıncı Gruppe betreibt heute mehrere Stiftungen, wie z.B. die „Eğitim ve Kültür Vakfı Erzurum" (Bildungs- und Kulturstiftung Erzurum), „Hizmet Vakfı" (Hizmet Stiftung) oder die „Suffa Vakfı" (Suffa Stiftung), zu deren Gründungsmitgliedern Prof. Dr. Ahmet Akgündüz und Osman Demirci gehören. Publiziert werden die Bücher der Gruppe in den eigenen Verlagshäusern „Cihan", „RNK Neşriyat" und „Envar". Der „Sözler" Verlag, der die Werke Nursis in allen Sprachen publiziert und die Zeitschrift „Nur" gehören ebenfalls der Gruppe an. Zudem wurde die Forschungseinrichtung „Osmanlıları Araştırma Vakfı" (Stiftung zur Forschung der Osmanen) durch Akgündüz am 24. April 1994 gegründet. Die Zeitschrift „Zafer" (siehe oben) steht inzwischen der Kırkıncı Gruppe nahe. Der Verein „Feyyaz Bilim ve Gelişim Derneği", welches der „Suffa Vakfı" gehört, die Gruppe um Şener Dilek und die Hilfsorganisation „Çare Derneği" sind ebenfalls Teil der Gruppe. Als Zentrum der Gruppe gilt jedoch Stiftung „Hamidiye Kültür ve Eğitim Vakfı", welches sich nach einer Trennung aus der „Suffa Vakfı" gründete.

Die Gruppen um Kırkıncı, Sungur und Bayram Yüksel, die alle drei bereits verstorben sind, sind inzwischen zu einer einheitlichen Gruppe zusammen geschlossen und nennen sich „Meşveret" (Beratungsgremium) Gruppe. Sie bilden die größte Nurcu Gruppe weltweit und haben in vielen Ländern der Welt Medresen. Allerdings beschränken sie ihre Aktivitäten auf interne Arbeiten und sind daher, im Vergleich zu der Nesil und Yeni Asya Gruppe, für Außenstehende relativ unbekannt.

Die politische Richtung dieser Gruppe neigte Anfangs der Partei Erbakans zu. Allerdings stellte man Mitte der 90er die politischen Aktivitäten ganz ein. Die Gruppe ging einen Weg der Schließung und schloss sich auch aus sozialen Aktivitäten aus. Sie zogen die Isolation dem aktiven Engagement vor. Dies ändert sich jedoch teilweise gegenwärtig.

5.4.9 Der Verlag Nesil und der Radiosender Moral FM

Nach den vielen Verboten machte die Yeni Asya Gruppe ab 1983 mit der Zeitung unter dem Titel „Yeni Nesil" weiter. Auf Grund der vielen Staatsstreiche nahm die Gruppe nun kein Blatt vor den Mund und kritisierte den Kemalismus auf eine radikale Art und Weise. Besonders die Journalisten Bünyamin Ateş, Burhan Bozgeyik, Mustafa Kaplan und Mesut Zeybek publizierten Texte, in denen sie Mustafa Kemal öffentlich beleidigten. Mehmet Fırıncı kritisierte die Haltung dieser vier Journalisten und verlangte ihre Kündigung. Seiner Meinung nach, sollte die Zeitung einen neuen Weg einschlagen. Fırıncı wollte die Zeitung populärer machen, so dass auch nichtreligiöse Leser dazugewonnen werden konnten. Mehmet Birinci und einige Schriftsteller, wie z.B. Niyazi Birinci (bekannt unter dem Pseudonym Yavuz Bahadıroğlu) und Safa Mürsel, waren der gleichen Meinung. Die Gegenseite, bestehend aus Mehmet Kutlular, dem Geschäftsführer der

Zeitung, und der oben genannten vier Journalisten[59], waren mit dieser Idee nicht einverstanden.

Die internen Streitigkeiten führten letztendlich dazu, dass die Zeitung 1986 pleite ging. Sofort startete man eine Spendenaktion in Deutschland und der Türkei. Durch diese Aktion lebte die Zeitung wieder auf. Sie konnte fortgeführt werden. Allerdings konnten die internen Meinungsverschiedenheiten nicht behoben werden. Hinzu kam die Einmischung der Zeitung in die aktive Politik, was viele Anhänger nicht befürworteten. Ein Interviewpartner gibt diese Zeit wieder: *„Es war richtig schlimm. In der Zeitung wurde jeden Tag Mustafa Kemal kritisiert. In den Medresen wurde nur noch über Politik gesprochen. Die Medresen verwandelten sich zu Parteilokalen. Die „Partei des rechten Weges" (Doğru Yol Partisi) wurde unterstützt. Süleyman Demirel[60] war der große Held. Turgut Özal wurde im wahrsten Sinne des Wortes vernichtet. Viele Brüder wollten nicht mehr in die Medresen, da nur von Politik geredet wurde"* [B.A.]. Die Politisierung der Medresen brachte die Nurcus gegeneinander auf. Dies alles fand in der Veröffentlichung der „Geschichtsenzyklopädie" seinen Höhepunkt.

Die Enzyklopädie sollte Ende 1989 gedruckt werden. Doch es kam zu redaktionellen Streitigkeiten. Auch hier wollte Mehmet Fırıncı, dass Atatürk und der

---

[59] Interessant ist, dass sich die vier Journalisten um Mehmet Kutlular kurze Zeit später komplett von der Nurculuk Bewegung trennten.
[60] Die Unterstützung für Süleyman Demirel wurde damit legitimiert, dass er sich gegen den Kommunismus stellte (Risale Haber, 09.12.2013).

Kemalismus nicht negativ beschrieben werden, um die Masse erreichen zu können. Da aber eine Einigung nicht in Frage kam, wurden Mehmet Kutlular und seine Befürworter aus der Redaktion verbannt.

Die Mehrheit der Bewegung befürwortete jedoch die Meinung der Gruppe um Kutlular, so dass sie am 15. Januar 1990 eine eigene Zeitung mit dem ehemaligen Titel „Yeni Asya" herausbrachten. Als sich der Großteil der Bewegung Denjenigen anschloss, die rausgeschmissen wurden, wurden plötzlich die Rausschmeißer um Mehmet Fırıncı zur Randgruppe. Sie waren in der Minderheit und konnten die Zeitung „Yeni Nesil" nicht mehr weiterführen. Kurze Zeit später, als sie die erhoffte Unterstützung der Jama'at nicht erhielten, sahen sie sich gezwungen, „Yeni Nesil" zu schließen.

Die Wunden waren allerdings so tief, dass eine Rückkehr zur alten Gruppe nicht in Frage kam. Man entschloss sich einen neuen Weg einzugehen. Der Großteil der Anhänger der Nurculuk Bewegung konnte diese Trennung jedoch nicht nachvolziehen, so dass sich nur wenige Medresen Fırıncı anschlossen.

Der Verlag „Nesil" wurde gegründet und am 15.01.1993 der Radiosender „Moral FM". Die Gründung des Radiosenders wird damit legitimiert, dass Said Nursi sagte, dass eines Tages die Risale-i Nur Werke durch Radios verbreitet werden. Ein TV-Sender mit dem Namen „Moral TV" oder „Nesil TV" war ebenfalls geplant. Die Zeitschrift „Moral", in der die Radiomoderatoren und Autoren des Verlages schreiben, wird publiziert. Im „Moral Kültür Merkezi"

(Kulturzentrum Moral) in Istanbul finden gelegentlich Konferenzen der Autoren und Moderatoren statt. Die Verlage „Söz Basım Yayın", in der die Risale-i Nur gedruckt werden, und „Etkileşim", in der wissenschaftliche Bücher publiziert werden, gehören ebenfalls zum Verlag. Die Risale-i Nur Versionen des „Söz Basım" Verlages haben seit 2005 unter jeder Seite ein kleines „Wörterbuch" zu den osmanischen Wörtern der jeweiligen Seite[61]. Dies soll das Verständnis, besonders für die jüngeren Generationen, erleichtern. Der Verlag Yeni Asya brachte kurze Zeit später ähnliche Risale Werke heraus. Die Cateringfirma „Nesil Catering" gehörte ebenfalls zur Nesil Gruppe.

Die „Nesil Gruppe", wie die Gruppe von den anderen Gruppen genannt wird, konzentrierte sich auf die Masse und erweiterte ihre Zielgruppe, so dass nun ein breiteres Publikum erreicht werden konnte. Daher bekam die Gruppe den Beinamen „Das Fenster nach Außen". Mit den Einrichtungen „Barla Platformu", „Nur Vakfı" (Nur Stiftung), „İstanbul İlim ve Kültür Vakfı" (Istanbul Stiftung für Wissenschaft und Kultur) und den Internationalen Symposien, erstmals 1991 in Istanbul veranstaltet, erreicht die Gruppe heute eine Vielzahl von Wissenschaftlern. Hierdurch gelangen die Werke Nursis ins Zentrum akademischer Forschung und Betrachtung. „Man begegnet dort (in den wissenschaftlichen

---

[61] Zudem gibt es im Anhang u.a. ein Personenregister. Bei der Erstellung dieses Personenregisters gab es – wie bereits 1989 bei der Trennung von Yeni Asya – innerhalb der Nesil Gruppe die gleichen Diskussionen um Mustafa Kemal Atatürk. Während die einen argumentierten, dass die Biographie Atatürks zu unkritisch sei, argumentierten die Herausgeber, dass man sich an die offizielle Biographie gehalten hat.

Symposien; A.d.A.) Nursis Texten mit mehr kritischer Distanz und lädt überdies regelmäßig ausländische Wissenschaftler ein, ihre Interpretation der ´Briefe des Lichtes´ (Synonym für Risale-i Nur; A.d.A.) vorzutragen" (Yavuz, 2004, S.143). An diesen Symposien beteiligen sich seit 1995 alle Nurcu Gruppen. In vielen Ländern der Welt, auch in Deutschland, werden diese Symposien abgehalten.

Während die Yeni Asya Gruppe offen über Mustafa Kemal und den Kemalismus spricht und publiziert, hält man sich in der Nesil Gruppe weiterhin zurück. Auf diese Weise erreicht die Gruppe ein breiteres Publikum.

2013 gab es einige strukturelle Änderungen in der Nesil Gruppe. Diese Veränderungen führten zu großen Diskussoonen. Personen, die von 2001-2013 einflußreich in der Gruppe waren, blieben nach den Änderungen draußen. Diese gründeten darauflich den Verein „Onur Derneği" und den Internet TV-Sender TV 111 (ehemals Onur Web TV).

Parallel dazu ka es zu finanziellen Engpässen. In allen Bereichen – Bücher, Radio – musste die Nesil Gruppe große Einschnitte verbußen. November 2016 wurde die Radiofrequenz von Moral FM nur auf Istanbul beschränkt. Januar 2019 wurde letztendlich der Nesil Verlag an eine Privatperson innerhalb der Nesil Gruppe verkauft.

5.4.10 Zehra-Stiftung

Abdulkadir Badıllı, İzzeddin Yıldırım, Osman Tunç, Mehmet Metiner (der 2011 Abgeordnete bei der AKP war) und einige andere verließen 1990 die Med-Zehra Gruppe, da sie diese zu radikal fanden. Die neue Gruppe gründete eine Stiftung, die „Zehra Eğitim ve Kültür Vakfı" (Bildungs- und Kulturstiftung Zehra), mit der sie die Ideen Said Nursis einer breiteren Masse zugänglich machen wollten. Sie machten es sich zur Aufgabe, die Werke Nursis in kurdischer Sprache zu drucken. Hierzu publizierten sie die Zeitschrift „Yeni Zemin". İzzeddin Yıldırım, der als gemäßigter kurdischer Intellektuelle bezeichnet werden kann, wurde später von Anhängern der radikalen Hizbullah ermordet. Die Zehra-Stiftung ist eine vergleichsmäßig kleine Gruppe, die nur wenig Zustimmung fand.

5.4.11 Der Verlag Tahşiye

1992 spaltete sich eine weitere Gruppe von Yeni Asya. Molla Muhammed-i Muşî (eigentlich Mehmet Doğan) und Mustafa Kaplan, der damals noch für die Yeni Asya schrieb, befürworteten die Ideen von Hulusi Yahyagil. Zusätzlich wollten sie sich in anderen Werken spezialisieren. Doch mit der Zeit radikalisierten sie sich und entfernten sich immer mehr von der Nurculuk Bewegung insgesamt. 2004 gründeten sie die Verlage „Tahşiye" und „Rahle". Ihre Risale-i Nur Publikationen beinhalteten in Fußnoten Interpretationen, weshalb man sie Tahşiye Gruppe nennt, welches türkisch so viel bedeutet wie (Anmerkung, Interpretation).

Die Verlag Tahşiye, Rahle und Cihangirân sind der BMB GmbH angeschlossen. BMB sind die Initialien der Gründer Burhan Bozgeyik, Mustafa Kaplan und Bünyamin Ateş. Februar 2016 gründete die Gruppe zudem den Verlag Semendel.

Die Gruppe kritisierte vor allem die Gülen Bewegung für ihre Ansichten u.a. in den Themen Kopftuch, Spenden sammeln, Mehdi, Interreligiöser Dialog und publizierte Bücher in diese Richtung.

Am 22. Januar 2010 wurde die Gruppe wegen Terrorverdacht verboten und 122 Personen festgenommen, u.a. auch Mehmet Doğan. Nach 17 Monaten werden jedoch alle festgenommen wieder freigelassen, da das Gericht sie für unschuldig erklärt. 2014 kamen starke Anzeichen ans Tageslicht, dass die Gülen Bewegung hinter den Verhaftungen steckte. So gab es Predigten von Fethullah Gülen, Artikel in den Zeitungen der Gülen Bewegung und Szenen in TV-Serien der Gülen Bewegung, die als Indiz hierfür wahrgenommen wurden (Oğur, 2014).

5.4.12 Der Verlag İhlas Nur und Dost

Said Nursis Schüler, der verstorbene Said Özdemir und seine Gruppe sind vor allem in Ankara aktiv. Zur Gruppe gehören der Verlag „İhlas Nur Neşriyat", der Radiosender „Dost FM" und der TV-Sender „Dost TV", in dem Vertreter aller Gruppen zu Worte kommen. Auf Grund des TV-Senders erreicht die Gruppe ein breites Publikum.

5.4.13 Weitere Gruppen

Da die Nurculuk Bewegung weder einen Führer noch ein Zentrum oder eine Bürokratie hat, kann es passieren, dass sich zu jeder Zeit an jedem Ort, eine neue Gruppe bildet, die mit den anderen Gruppen zunächst nichts zutun hat. Durch das Anwachsen der neuen Gruppe kommt es aber letztendlich zur Kooperation mit den großen Gruppen.

So gibt es Personen wie z.B. Ahmet Aytimur, „Arslanbey Eğitim ve Kültür Vakfı", İsmail Mutlu, Mehmed Kurtoğlu, der hauptsächlich in Ankara aktiv ist, Hüsnü Bayram und „Nur Mektebi", die mit Bayram zusammenarbeitet. Auch Internetnachrichtenseiten wie „Risale Haber" und „Nurdan Haber" sind im Laufe der Zeit entstanden. Mit der Verbreitung von sozialen Netzwerken gibt es zudem viele Jugendgruppen, die hier aktiv sind.

6.0 Die Entwicklung in Deutschland

Der Fremde unterscheidet sich vom Besucher oder Wanderer, da er nicht „heute kommt und morgen geht, sondern [...] heute kommt und morgen bleibt" (Simmel, 1908, S.509; vgl. Schütz, 1972). Als Ende der 50er Jahre die ersten türkischen Gastarbeiter nach Deutschland kamen, hatten sie den Gedanken, viel Geld zu verdienen und wieder in die Türkei zurückzukehren. Als das Letztere nicht verwirklicht wurde und das Erstere immer verlockender wurde, sollten aus den Gästen irgendwann Einheimische werden. Als eine Rückkehr nicht mehr in Frage kam, wurden die ersten Vereine gegründet, um die Heimat in der Fremde auszuleben. Diese Vereine dienten zur Identitäts- und Orientierungsstiftung in der Fremde. Sie waren Orte der Begegnung und der Lehre und waren wie eine „zweite Heimat, Orte der festen sozialen Beziehungen, des Rückhalts, der seelischen Stabilisierungen und gleichzeitig der sozialen Kontrolle" (Schiffauer, 2004a, S.69). Mit dem Motiv, „den Islam zu bewahren" (Schiffauer, 2004a, S.68), wurden in Wohnheimen, Fabriken oder unbenutzten Zugwagons die ersten Gebetsräume eingerichtet. Diese ersten „Moscheen" waren die sogenannten „Hinterhofmoscheen", abgetrennt vom öffentlichen Leben. Sie waren eher Bunker oder leerstehende Wohnungen, als Moscheen. Sie waren also wie Inseln, die ein Stück Heimat boten (vgl. Utermann, 1995, S.10). Man besinnte sich so auf die eigene islamische Identität zurück. So konnte die Fremdheit und die Einsamkeit durch das Zusammenkommen der Muslime und durch das Bewusstmachen der Gegenwart

Gottes vergessen werden. **Es dauerte aber lange, bis der unsichtbare Islam der Väter durch den sichtbaren Islam der Söhne ersetzt wurde.**

Die Süleymancıs[62] waren die ersten, die einen größeren Verein gründeten. 1973 gründeten sie das heutige VIKZ (Verband der islamischen Kulturzentren; bis 1980 unter dem Namen IKZ, „Islamisches Kultur-Zentrum Köln"). Dem folgte 1976 die Milli Görüş (bis 1995 unter dem Namen AMGT, danach IGMG[63]). Der religiöse Arm der Türkei Diyanet (DİTİB; Präsidium für religiöse Angelegenheiten) zog erst 1984 mit. Während es in den 70ern harte Streitigkeiten in den Moscheen gab, welcher Gruppe man angehören soll, waren die 80er gekennzeichnet durch Konkurrenzsituationen. Immer größere Moscheen wurden gebaut und die Aktivitäten ausgebreitet. „Sie (die Moscheen; A.d.A.) waren Lebensräume, in denen man soziale Beziehungen pflegte, politisierte und Geschäfte machte" (Schiffauer, 2004a, S.82). Sie sind mehr als „Orte des Gottesdienstes oder des Gebetes, sie werden zu echten Gemeindezentren mit verschiedenen pädagogischen und sozialen Funktionen und Diensten, zu Heimatstätten von Geselligkeit und Freizeitaktivitäten sowie von aufgabenorientierten Netzwerkvereinigungen" (Casanova, 2006a, S.203). So

---

[62] Als Süleymancı werden die Anhänger von Süleyman Hilmi Tunahan bezeichnet. Tunahans Anhängerschaft war eine Gegenreaktion auf die ständigen Verbote und Veränderungen der arabischen Schrift, Sprache und Einheiten. Siehe ausführlicher Jonker, 2002.

[63] Der Namenswechsel zeigt einen Richtungswechsel der Milli Görüş; aus dem türkischen Namen AMGT (deutsch: Europäische Gemeinschaft Milli Görüş) wird der deutsche Name IGMG (Islamische Gemeinschaft Milli Görüş).

sind Moscheen Gebäudekomplexe, in denen die religiösen, sozialen und kulturellen Bedürfnisse der Muslime befriedigt werden. In den 90ern wiederum entwickelte sich ein Diasporaislam. Von nun an widmete man sich den Problemen der Muslime in Deutschland (Schiffauer, 1998, S.423; 2003, S.147). Die islamischen Gruppen konkurrieren seit dem intensiv um die Repräsentation der Muslime in Deutschland[64]. Sie alle möchten als Ansprechpartner für den Staat stehen (Schiffauer, 2003).

Mit den Gastarbeitern kamen auch die ersten Nurcus nach Deutschland. Abdul-Muhsin Alkonavi, ein unmittelbarer Schüler Said Nursis, gründete in Berlin West 1967 den „Unabhängigen Islamischen Gemeindedienst e.V.". Die Aktivitäten dieses Vereins waren jedoch auf Berlin beschränkt. Erst als Ali Uçar, einer der führenden Nurcus in der Türkei, Ostern 1971 nach Deutschland kam, breiteten sich die Aktivitäten der Nurcus in ganz Deutschland aus. *„1971 kam Ali Uçar nach Deutschland. Er war der Erste. Mit ihm ging es los. Danach wurden die ersten Medresen gegründet. Ali Uçar reiste durch ganz Deutschland und machte Risale-i Nur Unterricht. Er kam aber eigentlich wegen dem Verlagshaus in Berlin, glaube ich. Das wurde 1972 gegründet. Dort druckten wir den Koran und verteilten es in die ganze Welt. Ich lebte damals in Frankfurt. 1975 kehrte ich schon wieder in die Türkei zurück. Mehr habe ich von Deutschland nicht erlebt. Ich kann aber sagen, dass Ali Uçar, ein sehr bescheidener, rhetorisch perfekter, gutwilliger Mann, die Sache in Deutschland in*

---

[64] Für das gleiche Problem in Frankreich siehe Leveau, 2003.

Gang setzte" [A.K.]. Zunächst verblieb Uçar nur in Berlin und organisierte dort Risale-i Nur Lesungen in Wohnungen. Danach zog er von Stadt zu Stadt und versuchte Risale-i Nur Schüler zu finden. *„Ali Uçar war in einer Moschee in Köln. Das war damals eine unabhängige Moschee. Es gehörte keiner Organisation an. Ich war auch da. Ali Uçar gab ein Seminar. Nach dem Seminar tauschten wir Adressen aus. Danach fuhr ich Heim, nach Stuttgart. Ali Uçar blieb noch eine Woche in Köln. [...] Ich lud ihn nach Stuttgart ein und organisierte ihm ein Flugticket"* [N.S.]. Ali Uçar nahm die Einladung von N.S. an und flog nach Stuttgart, wo er 15 Tage blieb. *„In diesen 15 Tagen gingen wir zusammen von Heim zum Heim. Wir besuchten türkische Muslime. Ali Uçar predigte, gab Seminare"* [N.S.]. Nach dem Aufenthalt in Stuttgart kehrte Uçar nach Berlin zurück. Von da aus schrieb er den Personen, deren Adressen er auf seinen Reisen gesammelt hatte, einen Brief und lud sie alle nach Aachen. *„Ich fuhr nach Aachen. Ich kannte dort keinen der Gäste. Es waren 300 bis 400 Menschen da. Die Leute kamen aus Deutschland, Frankreich, Schweiz und den Niederlanden. Man kann dies als die 1. Nurcu Versammlung bezeichnen. 3-4 Tage dauerte die Veranstaltung"* [N.S]. Diese Versammlung führte bei vielen zur Identitätsbildung. Sie waren zwar alle als Gastarbeiter nach Deutschland gekommen, doch nun wurden sie sich bewusst, dass sie nicht nur Gastarbeiter waren, sondern, dass sie auch Risale-i Nur Schüler waren. *„Das war gewaltig für uns. Jeder von uns wollte in seine Stadt zurückkehren und Hizmet (Dienst) machen"* [N.S.]. Mit seinem Charisma schaffte es Ali Uçar zudem, die Leute zu mobilisieren. Er hatte arabische Literatur studiert und benutzte perfekt seine

Körpersprache. Durch derartige Veranstaltungen wurden die Nurcus zum Hizmet (Dienst; siehe Kapitel 8.2) motiviert.

Uçar ging einen Schritt weiter. Veranstaltungen alleine reichten nicht aus. Die Nurcus haben die Angewohnheit, dass sie anderen Brüdern Briefe schreiben, in denen sie über die Aktivitäten in ihrer Jama'at berichten. Diese Gewohnheit geht auf Nursi zurück, der auch ständig Briefe an seine Schüler schrieb. Diese Briefe von Nursi sind heute in drei Bändern gesammelt. Ganz nach seinem Vorbild Said Nursi, führte Uçar als treuer Anhänger diese Tradition weiter. In Deutschland schrieb er zahlreiche Briefe, in denen er von den Arbeiten, Lesungen und Veranstaltungen der Bewegung berichtete und schickte sie zu den Nurcus, die er in Deutschland kennengelernt hatte. Der Schriftverkehr ist beeindruckend. Zu jedem Anlass wurden Briefe in die ganze Welt versandt. Die Wortwahl und der Stil der Briefe ähneln sehr den Briefen, die Said Nursi schrieb. Hier ein kurzer Auszug aus einem der Briefe[65], der an Hüseyin Aydemir adressiert ist[66]: „Mein gelobter Bruder. Wir sind von England aus nach Mannheim geflogen. Gleich am nächsten Tag haben wir die Brüder in Stuttgart besucht. Und von da nach

---

[65] An dieser Stelle sei ein Dank an Herrn Rüstem Ülker ausgesprochen, der mir freundlicherweise mit viel Mühe, viele Briefe aus den 70er Jahren zur Verfügung stellte.
[66] Der Leser sollte nicht irritiert werden. Der Schreibstil von Ali Uçar ist sehr enthusiastisch. Diese Teile habe ich größtenteils ausgelassen. Zudem schreibt er in sehr kurzen Sätzen. Anstatt der „ich"-Form verwendet er die „wir"-Form, was im türkischen als Zeugnis für Bescheidenheit gilt.

München. [...] Die Heime[67] haben wir besucht. Und auch die Gemeinden, die Moscheen. Zusammen mit den Risale-i Nur Werken und den Risale-i Nur Brüdern sind wir herumgezogen und haben überall Lesungen veranstaltet. [...] Dann bin ich wieder nach Mannheim zurückgekommen. Dort haben wir wieder Heime besucht. Haben Konferenzen veranstaltet und Vorträge gegeben. Briefe haben wir geschrieben. [...] Dann waren wir in Alzey. Und von da aus sind wir nach Mainz gefahren. Bis zum Morgengebet haben wir zusammen Risale-i Nur gelesen. Am gleichen Morgen sind wir nach Mannheim zurückgefahren. Dort, gleich in eine Moschee und wieder gab es eine Risale-i Nur Lesung. Nach der Moschee gingen wir in unsere Medrese und lasen dort wieder. Am gleichen Tag fuhren wir nach Waldorf. Dort sind wir dann länger geblieben. Geschichten von unserem *Üstad* haben wir den Brüdern erzählt. Dann sind wir wieder nach Mannheim zurück. Von da aus nach Stuttgart. Gleich nach der Ankunft sind wir in ein Heim losgezogen. Dort haben wir, wie überall anders auch, von unseren Aktivitäten in England berichtet. [...] Am nächsten Tag waren wir in Urbach. Auch da gab es Lesungen. Abends waren wir in einer Moschee und lasen dort Risale-i Nur. [...] Überall hören wir die gleichen Beklagen: 'Sie kommen zu selten!'. [...]. Heute Abend besuchen wir wieder ein Heim. Morgen sind wir zunächst in einer Moschee und abends wieder in einem Heim. [...] Jeden Samstag und Sonntag sind wir in Sindelfingen und Böblingen. Am Montag gibt es eine Lesung in Mannheim. Danach sind wir für eine Woche in Aschaffenburg. [...] Dann fahren wir nach Köln,

---

[67] Wörter wie Heim, Arbeitsamt oder Finanzamt werden generell von Türken vertürkt.

Duisburg und Düsseldorf. Und hiernach sogar noch weiter weg." Mit derartigen Briefen[68] gab er den Leuten zu verstehen, dass es eine Bewegung gibt und diese Personen Teil dieser Bewegung sind. Die Briefe wiederum wurden in den Risale-i Nur Lesungen der ganzen Jama'at vorgelesen. Dies führte zu einer Einheitsbildung und Motivation: *„Man war nicht alleine" [H.K.]*. Die Verbundenheit gab Stärke und den Anreiz zur Gruppe zu gehören. Die Jama'at erhielt eine Identität. Ein Konsens und Solidaritätsgefühl entstand und bildete die Nurcus in Deutschland zu einer Einheit (siehe Kapitel 3.1; vgl. Durkheim, 1992; Anderson, 1991; Mettele, 2006, S.48; Tönnies, 1973, S.17). Hierdurch waren viele Nurcus bestrebt darin, eine Medrese in der jeweils eigenen Stadt zu eröffnen.

Mai 1972 lud Uçar die Anhänger der Bewegung nach Köln zu einem dreitägigen Risale-i Nur Leseprogramm. 33 Personen aus ganz Deutschland nahmen hieran teil. Man versammelte sich im Hause des Mevlüt Dursun in Köln – Merheim. Auch hier wurden die Kontakte vertieft. Man tauschte Adressen aus und das Netzwerk der Bewegung nahm Gestalt an.

Man kann mit Recht behaupten, dass Ali Uçar den Grundstein der Nurculuk Bewegung in Deutschland legte. Laut der türkischen Tageszeitung Hürriyet absolvierte Uçar 400 Konferenzen im Jahr (vgl. Atasoy, 2007, S.327). İhsan Atasoy, einer der Schriftsteller der Bewegung, verbachte 1974 einige Zeit mit Ali Uçar in Deutschland. Im Interview beschrieb er diese Zeit folgendermaßen: *„Ich war drei Monate mit Ali Uçar in*

---

[68] Im Anhang 4 befindet sich sein letzter Brief.

Deutschland. In dieser Zeit, ungeachtet ob Tag oder Nacht, verbrachten wir die ganze Zeit mit Lesungen oder Konferenzen in ganz Europa. [...] Wir durchquerten Europa von der einen Seite bis zur anderen" [IA].

Ende 1971, Anfang 1972 haben die Nur Schüler in Istanbul die Idee, eine Druckerei in Berlin zu gründen. Sie wollen damit Nursis Wunsch, die Prachtausgabe des Korans in Deutschland oder Italien zu drucken (siehe Kapitel 5.2.1), nachkommen. Mehmet Emin Birinci, einer der Schüler Said Nursis zu dessen Lebzeiten, und Ahmet Aytimur fliegen nach Berlin. *„Wir wollten den Koran und ein paar kleine Risales drucken. Natürlich alles in türkischer Sprache. Deutsch empfand man damals nicht als nötig"* sagt Birinci [M.B.]. Ali Uçar befand sich zu dieser Zeit auch in Berlin. So konnten die drei Freunde Nachforschungen anstellen. Das Ergebnis gibt Mehmet Fırıncı wieder: *„Birinci abi (Bruder; A.d.A.) und Ahmet Aytimur flogen zurück nach Istanbul. [...] Birinci abi rief mich an und sagte 'Komm sofort nach Istanbul. Du fliegst nach Berlin'. Ich war zwar zuvor schon einmal in Berlin... aber ich sagte ihm 'Was soll ich da schon machen? Es ist besser wenn du gehst'. Naja, er überredete mich und Birinci abi und ich flogen gemeinsam nach Berlin"* [M.F.].

Für die Druckerei wurde kurzerhand Geld mobilisiert: *„Ali Uçar startete sofort eine Kampagne. Einige haben gespendet. Andere haben Geld ausgeliehen"* [U.M.]. Eine wichtige Eigenschaft der Bewegung ist, dass für kurzfristige Projekte, bei denen man das Ergebnis sofort auf der Hand hat und die man direkt „sehen" kann, schnell finanzielle Mittel mobilisiert

werden können. Bei längerfristigen Projekten, bei denen
man die Ergebnisse nur vermuten kann oder sie zu weit
in der Ferne liegen, ist dies schwieriger[69]. Aber hierzu
später mehr.

Letztendlich wurde 1972 in Berlin die Druckerei
„Ittihad Druck- und Verlags GmbH" gegründet. Sie
wurde zunächst als Gewerbe unter der Leitung von
Hüseyin Özel angemeldet. Die Prachtausgabe des Korans
und einige Teile aus der Risale-i Nur wurden hier
gedruckt und an die Nur Schüler in ganz Deutschland
verteilt. E.F. erklärt, wie die Bücher in Deutschland
verteilt wurden: *„Üstad soll einmal zu Bayram abi
gesagt haben, 'Macht euch keine Sorgen. Ich werde euch
später in Fabriken arbeiten lassen. Mit dem Geld, dass
ihr in den Fabriken verdienen werdet, werdet ihr
entweder in Italien oder in Deutschland die Risales
drucken und verteilen'. Das ist dann wirklich passiert.
Wir gründeten die Druckerei und druckten im Jahre 1972
genau 25 Tausend „Kurze Wörter". Wir packten die
Bücher in Pakete mit je 40 Stück. Und wir verkauften die
Pakete an die Brüder. Also nicht einzeln, sondern jeder
musste 40 Stück kaufen. Auf diese Weise verteilten wir
ca. 10000 Bücher"* [E.F.].

Der Druck in Berlin war viel teurer als der Druck
in der Türkei. Doch laut E.F. ging es damals nicht ums
Geld: *„Da es in Deutschland gedruckt wurde, kochte die
Bewegung auf. Jeder war aktiv. Alle packten mit an. Wir
hatten somit eine Tätigkeit. Wir wollten erfolgreich mit
dieser Tätigkeit sein und nicht einfach faul rumsitzen.
Außerdem war es in der Türkei nicht einfacher [...]. Dort*

---

[69] Dies ist generell eine türkische Eigenschaft.

*gab es immer noch die Verbote. Wenn man also Risale
nach Deutschland bringen wollte, wurde man vermutlich
auf dem Flughafen in der Türkei erwischt. Daher war es
praktischer es gleich hier in Deutschland zu drucken"*
[E.F.].

Nachdem die Druckerei in Gang kam, kümmerte
sich Birinci um die Risale-i Nur Lesungen in
Deutschland. Fırıncı verblieb die Hälfte des Jahres in der
Türkei und die andere Hälfte in Deutschland. So konnte
er stets die Verbindung der Bewegung zwischen
Deutschland und Türkei aufrechterhalten. Mehmet
Kutlular dazu: *„Fırıncı war unser 'Außenminister'. Er
war für alles zuständig, was mit dem Ausland zutun
hatte"* *[M.K.].*

Doch später, 1974, kommt es zu Spannungen in
der Bewegung. Als es darum geht, die Druckerei vom
eingetragenen Besitzer zu übertragen, kommt es zu ersten
Problemen in Deutschland. Einige Anhänger (Abdullah
Yeğin, Hüsnü Bayram, Ahmet Aytimur und Abdulkadir
Badıllı) waren der Meinung, dass die Druckerei der
„Hizmet Stiftung" übertragen werden sollte. Schließlich
wäre diese Stiftung in Istanbul nur zu diesem Zwecke
gegründet. Die Gegenseite (Mustafa Sungur, Bayram
Yüksel, Mehmet Birinci und Mehmet Fırıncı) waren der
Meinung, dass die Druckerei einer Stiftung in
Deutschland angehören sollte. Dazu sollten die Nurcus in
Deutschland eine Stiftung gründen. Sie waren der
Meinung, dass man die Motivation der deutschen Brüder
brechen würde, wenn man ihnen die Druckerei
entnehmen würde. Beide Parteien kamen zu keiner
Lösung, so dass die Druckerei weder einer Stiftung in

Deutschland noch der Stiftung in Istanbul übertragen wurde. Heute ist die Druckerei immer noch im Privatbesitz von Hüseyin Özel und dient keinster Weise der Nurculuk Bewegung. In dieser langen Debatte ist es interessant zu sehen, dass die Anhänger in Deutschland keine Interesse daran hatten, die Druckerei nach Istanbul zu vergeben. Es war ihr Verdienst und darauf bestanden sie.

Nachdem sich die Bewegung in Deutschland selber organisieren konnte, flog der Hauptinitiator Ali Uçar Ende 1976 wieder in die Türkei. In den folgenden Jahren wuchs die Bewegung und wurde in Deutschland zunehmend bekannter. So kam es 1977 zu einem „Missverständnis". In den Medien hieß es, dass die Nurcus die meisten Koranschulen in Deutschland betreiben würden. Dieses Missverständnis über Koranschulen war entstanden, da sich die Nurcus „Schüler" nennen. Für die Widerlegung dieser Behauptung setzte sich Salim Abdullah vom Islam Archiv ein, der Texte über die Nurculuk Bewegung publizierte. Schnell war das Thema vom Tisch.

Am 08. Juli 1978 gab der 2007 verstorbene Mehmet Emin Birinci der Deutschen Welle ein Radiointerview. In der Sendung mit dem Titel „Moscheen in Deutschland – Die Nurculuk-Bewegung" sagte Birinci u.a. folgendes: „Unsere Arbeit ist umso wichtiger, als man davon ausgehen muss, dass die Anwesenheit des Islam in Deutschland keine vorübergehende Erscheinung ist. [...] Gleichwohl sind wir entschlossen, den Islam im Westen anzubieten. Jeder von uns ist geradezu verpflichtet, möglichen

Interessenten den Zugang zum Koran, zum Islam einzuräumen." Zudem erklärte Birinci, dass die Bewegung missionarische Tätigkeiten nicht befürwortet. Die einzige missionarische Tätigkeit, die man verrichten könnte, wäre nach innen gerichtet, um also die Muslime selbst anzusprechen.

Ende der 70er hatten die Nurcus in Deutschland ein weiteres Ziel. Sie wollten einen Verlag gründen, mit dem sie die Risale-i Nur Werke in Deutschland drucken wollten. Mit viel Mühe und bürokratischer Arbeit gelang ihnen 1979 die Gründung der „Asya Verlags GmbH" in Köln. Zeki Şevkli galt bis zu seinem Tode 2006 als Inhaber des Verlags. Es wurden aber nur einige wenige deutsche Übersetzungen der Werke Nursis herausgegeben. Wie schon der Verlag und die Druckerei in Berlin, erwies sich auch dieser Verlag als kaum funktionstüchtig. **Während die Nurcus viel Aufwand und Energie für den Aufbau von derartigen Projekten investieren, zeigen sie die gleiche Motivation nicht für die Weiterführung der Projekte, so, dass viele begonnene Projekte nicht zu Ende geführt werden.**

Langsam aber sicher wurde auch die deutsche Öffentlichkeit aufmerksam auf die Nurcu Bewegung. Die „Berliner Stimme" schrieb am 26.1.1980: "Die vierte Richtung ist die Risale-i Nur Bewegung, mystisch im Kult, unpolitisch und liberal. Sie hat sich entschlossen den Islam dem Westen anzubieten. In Berlin hat sie drei Moscheen, einen Verlag, Gebetsräume in beiden Universitäten. Sie bietet als Dienstleistung den 'Unabhängigen Gemeindedienst' an, der allen Gruppen Räume zur Verfügung stellt, solange sie keine Politik

154

machen'. Weil diese Richtung nicht strikt 'antiwestlich' ist, bietet sie sich als Gesprächspartner an." Dies gab den Nurcus das nötige Selbstvertrauen. Fortan beteiligten sie sich an öffentlichen Diskussionen, wie z.B. Religionsunterricht, Körperschaftsanerkennung, Kopftuchdebatten usw.

Als sich Anfang der 90er die Gruppe „Nesil" bildete (siehe Kapitel 5.4), kam es in Deutschland zu ersten ernsthaften Problemen in der Bewegung. Die anderen Spaltungen in der Türkei hatten keinen Einfluss auf die Bewegung in Deutschland, da sie keine Ableger in Deutschland hatten[70]. Doch diese Spaltung führte in Deutschland ebenfalls zur Trennung von Gruppen. **Die Verbundenheit zur Heimat brachte das türkische Problem nach Deutschland.** Die Medresen mussten sich nun entscheiden, ob sie auf der Seite von „Nesil" standen oder von „Yeni Asya". Teilweise kam es zu großen Streitigkeiten. *„Es war eine katastrophale Zeit. Die Mehrheit einer Medrese bestimmte, wo man hingehörte. Und die Minderheit passte sich entweder an oder gründete eine eigene Medrese. Viele wollten sich gar nicht trennen. Denn auf beiden Seiten waren ja unsere eigenen Brüder. Man konnte sich nicht von den Brüdern trennen"* [Z.B.]. Der Großteil der Medresen entschloss sich, bei „Yeni Asya" zu bleiben. Einige wenige schlossen sich „Nesil" an. Doch es gab auch Medresen, die sich nicht entschieden und die – bis heute – durch Anhänger beider oder mehrerer Gruppen geführt werden. So waren die ersten Jahre in den 90ern eine Zeit der Krise. Allerdings war dies noch lange nicht so ein großes

---

[70] Auch die Anhänger von Fethullah Gülen traten in Deutschland erst in den 90ern in Erscheinung.

Problem wie in der Türkei. Da die Nurcus in Deutschland eine Minderheit waren, waren sie aufeinander angewiesen. Deshalb kamen sich die Gruppen im Laufe der Zeit immer näher.

Mit all dem Wissen und dem Material, dass die Nurcus in den 80ern gesammelt hatten, entschloss sie die Nesil Gruppe Anfang der 90er eine Zeitschrift herauszubringen: *„1991 nahm Salim Abdullah, ein guter Freund unserer Bewegung, am ersten Bediüzzaman Symposion in Istanbul teil. Er stellte immer wieder die Frage, wie man Said Nursis Ideen in den Westen transportieren könnte. Fırıncı abi schlug dann vor, eine Zeitschrift komplett in deutscher Sprache herauszubringen"* [R.Ü.]. Diese Idee fand in der Bewegung Fuß. Unter der Leitung des Lehrers Rüstem Ülker erschien im Sommer 1992 die alle drei Monate erscheinende Zeitschrift „Nur - Das Licht". Herausgeber war die Jama´at-un Nur Köln e.V. Dabei knüpfte man an die Zeitschrift „Nur – The Light", welches von 1974 bis 1986 in den Vereinigten Staaten vom „Risale-i Nur Institute of America" in Berkeley-California und später in Istanbul in englischer, deutscher und türkischer Sprache gedruckt wurde. Es gab Bestrebungen die deutsche Ausgabe, welche an Kirchen, Politiker, Universitäten und einflussreiche Personen geschickt wurde, monatlich herauszubringen. Jedoch konnte dies nicht verwirklicht werden, da es der Bewegung an finanziellen Mitteln fehlte. Sommer 1999 wurde die Zeitschrift aus Mangel an Ressourcen und Arbeitskräften eingestellt.

Oktober 1997 beschlossen Ali Uçar und Bayram Yüksel, beide zu dieser Zeit in der Türkei aktiv, eine Europa-Tour zu machen. Ziel ihrer Reise war es, die gespaltenen Nurcu Gruppen zu besuchen und Missverständnisse auszuräumen. In einem Monat reisten sie von Stadt zu Stadt und gaben Lesungen und Vorträge. Auch nahmen sie an der Eröffnung von Medresen der „Bediüzzaman Said Nursi Kulturstiftung" teil. Am 19. November 1997, in der Nähe von Sophia in Bulgarien, kam es zu einem Autounfall, bei dem beide und der Fahrer Mehmet Çiçek starben.

Am 4. Dezember 1999 fand in Bonn das erste „Said Nursi Symposion" mit dem Titel „Eine zeitgenössische Annäherung an das Verständnis des Islam" statt. Veranstalter war die Nesil Gruppe. Inspiriert von den internationalen Symposien in Istanbul, wurden nichtmuslimische Akademiker eingeladen. In den Jahren 2004, 2005 und 2007 folgten weitere Bonner Symposien, die man als Öffnung zur Gesellschaft bezeichnen kann und mit denen man gezielt Intellektuelle erreichen wollte. In diesen Symposien wurde u.a. Said Nursi mit Dietrich Bonhoeffer, Alfred Delp und Leo Bäck verglichen. 2010 gab es ein weiteres Symposium, diesmal in Kooperation mit der Universität Osnabrück. Wie oben schon erwähnt, kann für solche kurzfristigen Veranstaltungen die Bewegung finanzielle Hilfe durch ihre Anhänger mobilisieren. Laut Interviewpartner stellen nur langfristige Investitionen ein Problem dar: *„Die Nurcus sind meistens keine Geschäftsmänner. Wir haben nicht so viel Geld wie andere Gruppen. [...] Daher haben wir es sehr schwer. Finanziell können wir nur kurzfristige Programme auf die Beine bringen"* [L.T.]. Tatsächlich sieht es so aus, als würde das finanzielle die Bewegung vor größeren Projekten bremsen. Daher sind diese Arten von Veranstaltungen auch fast schon alles, was wir an Großveranstaltungen in der Bewegung finden. Gewöhnlich gibt es keine Großveranstaltungen oder Veranstaltungen öffentlicher Art. Ausnahmen bilden Konferenzen der Nesil Gruppe oder Gedenkveranstaltungen am Todestag von Said Nursi von der Yeni Asya Gruppe, zu denen hauseigene Autoren aus der Türkei eingeflogen werden. Hier werden populäre Persönlichkeiten nach Deutschland geholt. Zunächst wird eine öffentliche Konferenz in einer Halle gehalten. Nach der Konferenz macht die Prominenz eine Lesung in der nächstliegenden Medrese. Dies dient zur Motivierung der Anhänger und zum Stärken des Zusammenhaltgefühls.

Im Juni 2000 startete unter der Leitung von L.A. die „International Seminar Group". Diese Gruppe aus Studenten und Akademikern traf sich bis 2006 alle drei Monate insgesamt 23mal zu einem dreitägigen Seminar, in dem verschiedene gesellschaftliche, aktuelle oder wissenschaftliche Themen ausdiskutiert und mit Bezug auf die Risale-i Nur interpretiert wurden. Die Seminare fanden einmal in der Schweiz, 3mal in Österreich und 19mal in Deutschland statt. In diesen Seminaren sollte die Elite der Jama'at ausgebildet werden. Träger der Seminare war die Nesil Gruppe. Die Teilnehmer stammten jedoch aus verschiedenen Nurcu Gruppen. Zeitweise nahmen auch Teilnehmer aus anderen islamischen Gruppen oder auch Nichtmuslime teil. Ziel war es, laut L.A. im Interview, zunächst die anwachsende neue Generation der Nurcus in Europa, egal welcher Nurcu Gruppe sie angehören, und danach Akademiker, die sich mit Risale-i Nur beschäftigen, zusammenzubringen. Dabei verglich er die Seminargruppe mit den Symposien in Istanbul: *„Die Teilnehmer der Seminare sollten in der Lage sein, westliche und östliche Literatur gemeinsam zu analysieren und dadurch Lösungen für die Probleme der Gegenwart zuliefern. [...] Gleichzeitig sollten potentielle Referenten für die Symposien in Deutschland und Türkei ausgebildet werden. Wir brauchen Personen, die in Europa aufgewachsen sind, die die europäische Kultur kennen und in der Lage sind, auf europäische Probleme eingehen zu können. Daher sind unsere Seminare so wichtig"* [L.A.]. Prof. Dr. Bünyamin Duran von der Islam University Rotterdam, der zu den Mitorganisatoren der Seminargruppe gehört, nannte die gleichen Ziele: *„Unser Ziel war es, eine muslimische, intellektuelle „Leadership Jugend" auszubilden. Diese Jugendlichen sollten sowohl die klassische islamische Literatur kennen, also Gazali, Razi, Taftazani usw., als auch moderne muslimische Gelehrte, wie z.B. Said Nursi oder Muhammed Iqbal. Diese Ideen sollten sie in eine moderne Art und Weise packen und es mit westlichen Philosophen, wie z.B. Kant, Weber, Marx, Hegel, Heidegger u.a. vergleichen. Daraus sollte eine Ost-West-Synthese entstehen. [...] Gemeinsame Werte für West und Ost sollten herausgearbeitet werden. In einer multikulturellen Gesellschaft sollten gemeinsame Punkte herausgearbeitet werden"* [B.D.]. Man erhoffte sich also eine Elite auszubilden. Auch Wolf D. Aries, ein konvertierter Muslim, der zu den regelmäßigen Teilnehmern dieser Seminare gehört, nannte fast exakt die gleichen Ziele: *„Die so genannte „Seminar Group" hat mindestens zwei Ziele: Zum einen ging es darum die intellektuellen Kräfte* *der Jama'at im deutschsprachigen Raum dadurch zusammenzuführen, um sowohl die Arbeit am Risale-i Nur zu intensivieren als auch wichtige Themen der Gegenwart kompetent zu erarbeiten. Zum anderen erhofften die Initiatoren, dass die Gruppe den Dialog mit der Mehrheitsgesellschaft vorantreiben könnte. Im Laufe der Jahre kam ein weiterer Aspekt hinzu. Die Diskussionen sollten die Bonner Symposien inhaltlich vorbreiten, um die Gespräche dort zu vertiefen und die Muslime als kompetente Gesprächspartner erweisen"* [W.A.]. Doch Aries räumt ein, dass die Ziele nicht wirklich verwirklicht werden konnten: *„Es gelang weder das eine noch das andere, weil der organisatorische Arbeitsaufwand von den wenigen Engagierten nebenberuflich über Jahre hinweg nicht zu leisten war. Hinzu kamen Spannungen innerhalb der Jama'at, die sich rasch an Personen fest machten. So entstand auch der Eindruck, dass es manchem um Einfluss ging bzw. Neid im Hintergrund stand. Zudem arbeitete die „Seminar Group" gemäß dem Grundsatz der Basisoffenheit, was zur Folge hatte, dass alle Interessierten stets anwesend sein konnten. Nun ist der schlichte Bruder zwar neugierig, aber er ist nicht am intellektuellen Diskurs interessiert, sondern an einer zwar gehobenen Risale-i Nur Lesung, aber eben einer Lesung, den er als für sich Gewinn bringend, d.h. erbaulich empfand. Auch hier zeigte sich letztlich der fehlende Schritt zur Professionalisierung zumindest der Leitungsfunktionen"* [W.A.]. Die Seminare wurden schließlich mangels Teilnahme und Engagement eingestellt.

Sowohl die Symposien, als auch die Konferenzen
der Autoren lösen unter den Nurcus kein Enthusiasmus
aus. Es gibt keine Massenveranstaltungen, die durch
Mythen oder Enthusiasmus gekennzeichnet sind (Tezcan,
2002, S.308; vgl. Tezcan, 2003, S.247). Genauer gesagt,
gibt es gar keine Massenveranstaltungen, die die Nurcus
organisieren. Dies kann man mit dem Ziel erklären, dass
sie nicht die breite Masse erreichen wollen, sondern nur
die Elitegruppe eines Landes. Auch organisiert die
Bewegung keine Koranlese-, Predigtwettbewerbe oder
ähnliches, die man in den anderen islamischen Gruppen
findet.

Die Bielefelder Risale-i Nur Gruppe, welches seit
2001 besteht, aber erst seit April 2007 eine Medrese hat,
gründete Ende 2008 den Verein „Wir e.V. – Verein für
Wissenschaft, Integration und Religion“. Die Gruppe,
welches hauptsächlich aus Studenten besteht, arbeitet u.a.
an den Übersetzungen der Risale-i Nur Werke, bringt
eine Zeitschrift mit dem Titel „Ayasofya“ heraus und
betreibt viele Internetplatforme, wie z.B. „Misawa TV“.

Seit 2012 werden alle Nurcu Gruppen in Europa
zu einem großen Treffen in die Islamische Universität in
Rotterdam eingaleden. Unter der Leitung von Prof. Dr.
Ahmet Akgündüz kommen hier viele Gruppen, besonders
aber die Gruppen innerhalb der Meşveret Gruppe,
zusammen. Die Treffen sind jedoch in den letzten Jahren
eingeschlafen.

Im Internet sind die Nurcus nur begrenzt in
deutscher Sprache vertreten. Die Onlinepräsenz
beschränkt sich auf wenige private Seiten, die sich mit

Said Nursi und Risale-i Nur beschäftigen. Nur eine Handvoll Medresen haben Internetseiten. Die Präferenz liegt also augenscheinlich am Gedruckten.

6.1 Von der Wohnung zur Medrese

Nicht der Glaube selbst, sondern „die Umsetzung des Glaubens in gemeinsamen Taten lässt Gemeinschaft und Identität entstehen" (Yavuz, 2004, S.135). Für Nursi war die Umsetzung des Glaubens im Alltag grundlegend. Er strebte einen gelebten, bewussten und intellektuellen Islam an. In den „Emirdağ Briefen" schreibt er: „Jeder, der in seinem Hause vier, fünf Kinder hat, sollte sein eigenes Haus in eine Medrese verwandeln. Wenn die Person alleine ist, sollten sich drei bis vier Nachbarn zusammentun; und diese sollten ihre Wohnungen in Medresen verwandeln. Wenigstens dann, wenn sie nicht Arbeiten, sollten sie fünf bis zehn Minuten mit der Risale beschäftigt sein, entweder mit Lesen, Zuhören oder mit Schreiben" (Nursi, 2001c, S.338). Überall auf der Welt ist die Herangehensweise gleich: Die Nurcus beginnen sich in Wohnungen zu treffen um die Werke Nursis zu lesen. Es werden Lesekreise organisiert. Sie studieren die Risale-i Nur und diskutieren über ihre Interpretation. Meistens treffen sie sich zweimal die Woche. Mit steigender Anzahl reichen die Wohnungen nicht aus. Zwangsläufig müssen größere Einrichtungen gefunden werden. Auch dies legitimieren sie mit Nursis Texten: „Nur Schüler sollten, soweit möglich, überall, kleine Medresen eröffnen" (Nursi, 2001c, S.217, 338, 445). So kommt es zu der Gründung von Medresen.

162

Medresen sind also informelle Lesezirkel, in denen sich die Nurcus treffen, um gemeinsam die Werke Said Nursis zu lesen. Sie sind autonome Lehrhäuser. Entscheidungen werden unabhängig von den anderen Medresen getroffen. Das Netzwerk der Medresen dient nur zum Informationsaustausch. Mehrmals die Woche versammeln sich die Anhänger der Bewegung in einer Medrese und bilden somit eine Jama'at. Diese Einrichtungen sind für die Nurcus gleichzeitig Zentren[71], in denen Offenbarung und Vernunft zusammengeführt werden. Die Lesungen verlaufen konversationsähnlich. Weltliche Ereignisse werden aus der Sicht Nursis, genauer der Werke, interpretiert. Hier ist die Rolle des Risale-i Nur eine sinnstiftende. Sie gibt den Anhängern Handlungsstrategien. Die Nurcus bilden hiermit ihre eigene religiöse und soziale Identität und pflegen den emotionalen Austausch (Yavuz, 2004, S.140, 145). Das Treffen in diesen Orten ist für die Anhänger sehr wichtig und fördert das Verstehen der Werke. Denn Nursis Werke sind sprachlich ungewöhnlich geschrieben und bedürfen einer leichteren Erklärung. Er benutzte nicht die alltägliche türkische Sprache, was das Verstehen für jüngere Generationen in Deutschland erschwert[72]. Daher ist das Zusammenkommen in den Medresen, um die Texte gemeinsam zu lesen, eine der Pfeiler der

---

[71] Die Nurcus gründen keine Moscheen. Vereinzelte Ausnahmen gibt es jedoch, wie z.B. in Hannover, Ahlen oder Mannheim, wo die *Medresen* auch gleichzeitig als Moscheen fungieren.

[72] Daher gibt es inzwischen Verlage, die unter der Seite oder am Ende einer Risale Wörterbücher abdrucken (siehe Verlag Nesil und Yeni Asya). Sie Nurcus stellten sich also auf sprachliche Veränderungen ein.

Bewegung[73]. Zudem wird das Bilden von sozialen Netzwerken in diesen Zirkeln erleichtert. Es kommt auch vor, dass z.B. Studenten während ihrer Studienzeit in den Medresen wohnen. Somit wird eine intellektuelle Elite aufgebaut und das Ethik- und Moralverständnis Nursis in der Gesellschaft institutionalisiert (vgl. Yavuz, 2004, S.136ff). Die Privatsphäre dieser Studenten verliert jedoch in den Medresen an Bedeutung, da dies stark eingegrenzt wird. Im Idealfall erhalten sie ein Einzelzimmer, was jedoch auf Grund der kleinen Medresen in Deutschland, nicht häufig vorkommt.

In Deutschland wurden Medresen zur Notwendigkeit, als die privaten Wohnungen für die vielen Anhänger zu klein wurden. So wurde die erste Medrese in Deutschland 1971 in Remscheid gegründet. Man mietete eine Wohnung, in der zwei Gastarbeiter wohnten. Diese Medrese wurde für die Risale Lesungen und die rituellen Gebete (Namaz; Salah; vgl. Şahinöz, 2008a) genutzt. Wenige Monate später gab es eine Medrese in Köln Stammheim. Die Kölner Gemeinde verblieb hier 2 Jahre, ehe sie 1973 nach Köln Südstadt in die Rolandstraße umzogen. Am 14. Januar 1979 wurde in Köln die Jama'at-un Nur Köln e.V. gegründet. 1986 kaufte die Gemeinde in Köln mit viel Mühe das Haus in der Neustraße in Köln Mülheim.

---

[73] Da gerade das „Erklären" auch eine subjektive Form des Verstehens und Widergebens ist, kommt es zu verschiedenen Interpretationen. Je größer und wichtiger diese Unterschiede waren, desto mehr kam es zu Spaltungen in der Gruppe.

Anfang der 80er gab es, laut dem Interviewpartner Rüstem Ülker, in ca. 30 Städten Deutschlands eine Medrese. U.a. gab es in Bremen, Duisburg, Düsseldorf, Frankfurt am Main, Hamburg, Hannover, Köln, Lemgo, Lübeck, Mainz, Mannheim, Mönchengladbach, München, Neumünster, Peine, Pforzheim, Remscheid, Stickendorf, Stuttgart und Ulm Medresen[74]. Die Zunahme der Medresen hatte allerdings einen negativen Effekt. Die Lesungen in den Privatwohnungen, die zum Grundstein der Bewegung gehören und in der Türkei auf einer Ebene mit den Lesungen in der Medrese stehen, verloren an Bedeutung und wurden in vielen Städten Deutschlands ganz aufgehoben.

Das gemeinsame Lesen der Werke in den Medresen und die zusätzlichen Gebete *(Tesbihat)*, die am Ende eines Pflichtgebets stattfinden und zur Tradition des Propheten gehören, sind die einzigen Riten, die man den Nurcus zurechnen kann. Sie sollten aber nicht mit sufistischen meditativen Rituellen verwechselt werden, wie dies Spuler[75] (1981, S.438) tut. Aus Höflichkeit

----

[74] 2019 gab es in 49 verschiedenen Städten 74 Medresen: Aachen, Ahlen, Aschaffenburch, Augsburg, Berlin, Bielefeld, Bremen, Bochum, Cuxhaven, Dietzenbach, Dortmund, Duisburg, Düsseldorf, Frankfurt, Freiburg, Gustavsburg, Hagen, Hamburg, Hanau, Hannover, Heinsberg, Hückelhoven, Kaiserslautern, Karlsruhe, Kassel, Köln, Krefeld, Lemgo, Mainz, Mannheim, München, Mönchengladbach, Nettetal, Neuss, Nürnberg, Neu-Ulm, Neustadt, Offenbach, Osnabrück, Peine, Rahden, Ratingen, Recklinghausen, Solingen, Speyer, Stuttgart, Unkel am Rhein, Wetzlar und Wittlich (siehe Anhang 14).

[75] Für Verwirrungen sorgte der Beitrag von Spuler (1981). Spuler schrieb, dass man durch Bekehrung in die Bewegung eintreten kann (S.425), die Bewegung für sich den Anspruch nimmt, den einzig

werden die zusätzlichen Gebete in Moscheen anderer Gruppen ausgelassen und nur in der Medrese oder in den Privatwohnungen durchgeführt.

Die Lesungen erinnern stark an die sokratischen Vorträge. Eine Gruppe von Menschen trifft sich, um über Ethik, Moral und das Jenseits zu diskutieren. Im Folgenden sollen zwei Beispiele für Risale Lesungen in Medresen wiedergegeben werden:

Fallbeispiel einer Risale-Lesung in einer Wohnung in einer Kleinstadt in Deutschland: Die Wohnung gehört einer türkischen Familie. Der Mann ist selbstständig, die Frau ist Hausfrau. Die Wohnung ist schlicht aufgebaut. Im Raum, in dem die Lesung stattfinden soll, steht ein großes Bücherregal. Es ist kein Fernseher in diesem Raum. Um 17 Uhr soll die Lesung

---

„wahren Islam" zu vertreten (S.425), es Prüfungen und Aufnahmeriten gibt (S.426), ein Austritt „Verfolgungen" nach sich zieht (S.427), es klare Hierarchien gibt (S.427), die Frauen unterdrückt werden (S.428), Nurcus nicht heiraten dürfen (S.429), die Nurcus fünf Kalifen unter sich für die Türkei auserwählt haben (S.432) oder dass sie mystische Riten abhalten (S.438). Diese Informationen entsprechen nicht der Wahrheit. Auch kleine Details, wie z.B. dass Said Özdemir, ein unmittelbarer Schüler Said Nursis, verstorben wäre (S.432; Zur Anmerkung: Said Özdemir starb erst 2016, also 35 Jahre nach dem Artikel), sind schlicht und ergreifend falsch. Der Grund für diese Falschinformationen liegt in der Hauptquelle Spulers. Ihr Aufsatz ist eine Wiedergabe des Buches von Çetiner (1964), der angibt, einen Monat mit den Nurcus verbracht zu haben und nun ihre „wahre Identität" aufzudecken scheint. 15 Jahre später musste Çetiner eingestehen, dass er keine Informationen zu den Nurcus besitzt und das Buch nur im „Auftrag" verfasst hätte. Seine Auftragsgeber wollte er allerdings nicht nennen (Şahiner, 1979b, S.77-83).

beginnen. Um Punkt 17 Uhr sind drei Personen (außer mir) anwesend in der Wohnung. Es sind der Besitzer der Wohnung, ein Abiturient und ein älterer Mann um die 50. Alle 2-3 Minuten klingelt es an der Haustür. Es kommen neue Besucher in die Wohnung. Mal ist es ein 7 jähriger, mal ein älterer. Wenn ein neuer Gast hereinkommt, stehen die schon anwesenden Gäste auf, reichen dem neuen Gast die Hand, umarmen und begrüßen ihn und setzen sich wieder auf ihre Plätze. Dieses Begrüßungsritual wiederholt sich bei jedem neuen Gast. Die Teilnehmer der Runde nennen sich nur selten beim Namen. Vielmehr werden die Bezeichnung Ahi (Bruder) oder Şakirt (Schüler; gemeint ist Risale-i Nur Schüler) verwendet. Um knapp nach 17.15 Uhr sind 14 männliche Personen in der Wohnung. Die Anwesenden sind in verschiedene Gespräche vertieft. Hauptsächlich wird türkisch gesprochen. Einer der Jugendlichen sagt: „O.K., wollen wir anfangen?" Einige schauen sich gegenseitig an und bejahen die Frage. Langsam wird es leiser. Der Gastgeber geht an das Regal und nimmt einige Werke Said Nursis heraus. Er legt sie auf den Tisch, mitten im Zimmer. Zunächst passiert gar nichts. Man schaut sich an. Der Gastgeber, dem wohl zugestanden wird, mehr zu wissen, als die anderen, spricht einen der jüngeren an und meint, „Bitte, willst du nicht heute lesen?" Der Jugendliche zögert und antwortet, „Nein, Ich habe schon letzte Woche gelesen." Es gibt ein kurzes hin und her, wer den nun endlich lesen soll. Man einigt sich dann auf einen Studenten. Er nimmt sich eines der Werke Nursis vom Tisch. Nun geht es darum, welchen Teil oder Abschnitt er aus dem Buch lesen soll. Man einigt sich auf eine Stelle, bei der es um den Propheten Jonas geht. Der Student fängt an laut zu lesen. Nach einigen Sätzen hört er auf und kommentiert das Gelesene. Der Gastgeber gibt einige Beispiele aus der Alltagspraxis, die das Geschriebene und gerade Vorgelesene unterstützen. Danach wird weitergelesen. Nach jedem Absatz wird erneut interpretiert und kommentiert. An einer Stelle, an der erwähnt wird, dass Jonas von einem Fisch verschluckt wurde, geht es darum, ob es (wie im türkischen angenommen) tatsächlich ein Delphin sein kann oder ob hier eine falsche Überlieferung oder gar Übersetzung zu Grunde liegt. Eine kleine Diskussion unter den Teilnehmern beginnt, die letztendlich damit endet, dass man der Sache „auf den Grund" gehen wird, sprich später Nachforschungen darüber anstellen wird. Nach etwa 40 Minuten beendet der Student die Lesung. Die Teilnehmer lesen alle still für sich den Kapitel „Fatiha"[76] aus dem Koran. Der Gastgeber geht in die Küche und kommt mit einem Teetablett zurück. Er serviert den Gästen Tee. Einige Jugendliche helfen ihm dabei. Danach wird auch etwas zum Essen angeboten. Die Teilnehmer sind wieder in Gespräche vertieft. Nach etwa 30 Minuten, man könnte dies als Pause auffassen, fragt wieder jemand, ob weitergelesen werden soll. Man entschließt sich dazu, weiterzulesen und ein etwas älterer Mann liest diesmal. Die Lesung folgt nach dem gleichen Muster wie oben beschrieben. Allerdings verläuft diese Lesung viel kürzer. Nach 20 Minuten wird die Lesung obligatorisch mit „Fatiha" beendet. Nach dieser Lesung wird vereinbart, bei wem die Lesung nächste Woche stattfinden soll. Ein junger Mann lädt die Gäste nächste Woche zu sich in die Wohnung ein. Hiernach verabschieden sich die meisten und verlassen die

---

[76] Den Kapitel „Fatiha" liest man traditionell nach islamischen Gesprächen (*sohbet*) oder Gebeten.

Wohnung. Einige wenige bleiben zurück und sprechen miteinander. Insgesamt dauerte die Versammlung zwei Stunden.

Fallbeispiel einer Risale-Lesung in einer großen Medrese in Istanbul: Um 20.25 Uhr sitzen ca. 200 ausschließlich männliche Zuhörer im ca. 150m² großen Raum in der zweistöckigen Medrese im Zentrum Istanbuls. Immer wieder kommen neue Teilnehmer hinzu. Es sind Besucher aus ganz Türkei, die während dieser Sommerferien eine Tour durch Istanbul machen und in dieser Zeit in einer der vielen Medresen übernachten. Die Höflichkeitszeremonie, bestehend aus Umarmen, Begrüßen, Lächeln, wird auch hier praktiziert. Die große Mehrzahl der Leute sitzt im Schneidersitz auf dem Boden, da nur neun Sofas für je vier Personen im Raum sind. Auch sitzen einige im Flur, da der Raum vollbesetzt ist. An den Wänden hängen drei große Bilder. Das eine zeigt die Kaba in Mekka. Das andere ist ein Bild der Moschee des Propheten in Medina. Das letzte ist ein Bild einer schönen Landschaft. Ein kleiner Bücherschrank, gefüllt mit den Büchern Said Nursis, einigen Koranexemplaren und verschiedenen islamischen Büchern, steht in einer der Ecken des Raumes. Ansonsten ist der Raum sehr schlicht und einfach gestaltet, ohne viel Möbel und Aufwand. Einige Besucher aus Europa machen Fotos als Andenken. Vor allem schießen sie Fotos von Mehmet Fırıncı, dem unmittelbaren Schüler Said Nursis, der auch zusammen mit bekannten Autoren des Verlages Nesil anwesend ist. Das Durchschnittsalter der Teilnehmer schätze ich zwischen 25-35. Die Teilnehmer sind fein angezogen, die meisten mit Anzug und Krawatte. So gut wie jeder hat einen Schnurbart, ähnlich wie Said Nursi. Die Bartträger kann man an einer Hand abzählen. Um 20.45 wird das Abendgebet zusammen verrichtet. Gleich im Anschluss daran erfolgt eine Lesung von Mehmet Fırıncı. Diese kurze, laute Lesung dauert ca. 25 Minuten. Während der Lesung melden sich auch einige der Zuhörer zu Worte. In dieser großen Masse trauen sich allerdings nur wenige etwas zu sagen. Lediglich die Schriftsteller geben ihre Meinungen zu den verschiedenen Textstellen. Die Thematik ist, dass ein Individuum zur inneren Ruhe und Frieden findet, wenn es seinen Schöpfer kennt. Der Mensch würde in einem Moment des „Ich habe Niemanden" vor der Schwelle des Selbstmords stehen. Aus dem „Mir hört niemand zu, keiner versteht mich" könne man sich nur durch Gottes Vertrauen befreien, da man sich bewusst machen würde, dass Gott einen hört, sieht und versteht. Aus diesem Thema werden soziale Themen abgeleitet: *„Unter den Reichen ist die Selbstmordrate überdurchschnittlich hoch. Also kann Geld nicht die Quelle von Glückseligkeit sein"* [J.K.]. Nach dem Mehmet Fırıncı seine Lesung beendet, nimmt ein Gast aus Manisa das Buch und eine neue Lesung startet. Diesmal ist das Thema eher naturwissenschaftlich. Es geht nun darum, dass der Schöpfer das Universum so perfekt für den Menschen erschaffte, dass der Mensch darin leben könnte. Die Neigung der Erdachse um 23,5 Grad, die Stellung der Sterne, die Entfernung der Sonne zur Erde seien Befehle Gottes an Seine Schöpfung, damit der Mensch überleben kann. Die Welt sei ein Garten des Schöpfers, das Er wiederum formt. In dieser Lesung wird die Kombinierung von Religion und Wissenschaft deutlich, so wie man es von Said Nursi kennt. Naturwissenschaftliche Erkenntnisse wurden dafür benutzt, um göttliche Offenbarung zu belegen. Diese Lesung endet um 22.10 Uhr. Hiernach fliest das Tee in Strömen. Junge Männer, die in dieser Medrese übernachten, hatten in der Küche Tee, Gemüse und Obst vorbereitet und verteilten es nun an die zahlreichen Gäste.

An den Lesungen nehmen Männer und Frauen nicht gemeinsam teil. Die Lesungen finden getrennt statt. Weiterhin werden öfters Geschichten über Said Nursi erzählt. Bei Anwesenheit der unmittelbaren Schüler Nursis werden kleine Erlebnisse mit dem Meister erzählt. Gelegentlich erzählen die Leser auch kleinere Anekdoten oder Ereignisse über sich selbst. Diese Form der Erzählung scheint ein wichtiger Bestandteil der Lesungen zu sein, da immer wieder auf sie zurückgegriffen wird. Auf diese Weise werden gemeinsam geteilte Werte gefestigt. Eine Lesung wird nicht ausschließlich von dem Teilnehmer gemacht, dem hohes Wissen angerechnet wird, sondern der Leser wird bei jeder Lesung vom neuen bestimmt. Ich konnte dabei keine Kriterien feststellen. Die charismatische Rede, welches sich bei den Nurcus in Form der Lesung und der Interpretation der Werke ausgedrückt, ist also kein knappes Gut, dass Auserwählten zur Verfügung steht. Daher gibt es keine Möglichkeit zur Status (Re)Produktion (vgl. Hüttermann, 2002, S.226-228). Auch kommt es vor, dass Schüler kurze Referate nach einer Lesung halten.

Höflichkeitsrituale sind fest in die Lesungen eingebaut. Durch Goffman (1967) wissen wir, dass derartige Zeremonien religiöse Gefühle erzeugen. Wie schon in den Fallbeispielen beschrieben, findet ein ausgiebiges Begrüßungsritual statt. Beim Eintreffen eines neuen Gastes wird stets aufgestanden. Der neue Gast wird umarmt, geküsst und belächelt. Die Teilnehmer sprechen sich alle als „Bruder" an. Wenn es schließlich darum geht, wer aus der Risale-i Nur lesen soll, hallten sich wie auf Kommando alle Teilnehmer zurück. Niemand meldet sich freiwillig. Dies würde anscheinend als „Überheblichkeit" eingeschätzt werden. Durch die Zurückhaltung wird dagegen „Bescheidenheit" symbolisiert. Nach der Lesung geht es dann um die Verteilung des Gerichts oder des Tees. Auch hier herrscht eine Statuslosigkeit (vgl. Hüttermann, 2002, S.197). Alle „Brüder" packen an und servieren.

Die Anzahl der Teilnehmer ist sehr verschieden. Sie variiert von Stadt zu Stadt und kann nicht genau ermittelt werden[77]. Dies wird von den Teilnehmern als klares Vorteil gesehen: *„Unsere Stärke liegt darin, dass unsere Tür für jeden offen ist. Jeder kann kommen. Wir fragen nicht 'Wieso bist du gekommen?' oder 'Welcher Gruppe gehörst du an?' Das ist nicht so wichtig. Man muss nicht Nurcu sein, um an den Lesungen teilzunehmen. Aber wir rufen Mitglieder anderer Moscheen nicht explizit zu unseren Lesungen. Das machen wir aus Höflichkeit nicht. Wenn, dann kommen sie selber"* [P.E.]. Es gibt keine Exklusivität in den Lesungen. Das heißt, es wird niemand ausgeschlossen. So nehmen auch Anhänger anderer islamischer Gruppen

---

[77] Die Einschätzung Zarcones (2004, S.286) auf 5-6 Millionen Teilnehmer im Jahre 2003 in der Türkei halte ich für sehr fragwürdig.

an den Lesungen der Nurculuk Bewegung teil[78]. Öfters bringen die Nurcus neue Personen mit zu einer Lesung. Falls neue Teilnehmer anwesend sind, gibt es vor der Lesung eine Vorstellungsrunde, in dem jeder Teilnehmer sich kurz vorstellt. Überall da, wo es Nurcu Gruppen gibt, gibt es mindestens jeden Samstag eine Lesung. Dass dies überall auf der Welt so ist, gibt ihnen ein relatives starkes Konsensgefühl. Die Lesungen werden so zu einer gemeinschaftlich durchgeführten Zeremonie. Der Ort der Lesungen spielt keine Rolle. Die Interviewpartner berichteten von zahlreichen Orten und Situationen, an denen Lesungen gemacht werden können: Im Bus auf dem Weg zur Schule oder zur Arbeit, im Hotel während des Urlaubs, in den Pausen jeglicher Aktivitäten, in Freizeitparks usw.

Die Sprache der Lesungen ist in Deutschland mehrheitlich türkisch. Nur wenige Medresen bieten Lesungen in deutscher Sprache an. Besonders Nurcus, die in Deutschland geboren und sozialisiert sind, sind bestrebt darin, deutsche Lesungen in Deutschland einzuführen. Denn die neue Generation der Muslime in Deutschland fühlt sich als Deutscher mit deutscher Identität. Von Said Nursi selbst gibt es keine Anweisungen, wie eine Lesung abzulaufen hat. Es haben sich allerdings innerhalb der Gruppen zwei Stile herausgebildet:

---

[78] Dies ist eine Eigenheit des Islam: „Die islamischen Gemeinden sind, anders als christliche Kirchen und Sekten, keine exklusiven Organisationen. Man mag unterschiedliche Meinungen haben – aber man teilt die religiösen Rituale und kann deshalb prinzipiell in jeder Moschee beten" (Schiffauer, 2000, S.149).

- Bei den Fallbeispielen, die ich oben genannt habe, handelt es sich um die Leseform, in der frei über die Passagen der Risale-i Nur diskutiert wird. Allerdings liest immer nur eine Person aus der Risale. Mitdiskutieren können alle Anwesenden. Die Yeni Asya und Nesil Gruppe haben sich in dieser Form spezialisiert.

- Die zweite Form ist durch den unmittelbaren Schüler Said Nursis, Mustafa Sungur, entstanden. In dieser Form liest jeder Anwesende nacheinander eine Passage. Das Buch wird dabei immer dem nächsten weitergegeben. Es finden keine Diskussionen oder Interpretationen statt.

Interessant ist auch die Gestaltung der Diskurse in den Lesungen[79]. Beim Argumentieren stehen der Koran und die Tradition des Propheten an vorderster Stelle. Dies ist auch nicht anders zu erwarten, zumal dies in allen islamischen Gruppen der Fall ist. Gleich danach kommt aber nicht die Risale-i Nur, sondern Geschichten von Gefährten des Propheten (Sahabes) aus dem „Goldenen Zeitalter"[80] (Asr-ı Saadet). Immer wieder werden Geschichten aus diesem Zeitalter oder große islamische Erzählungen aus dem Leben von

---

[79] Eine Diskursanalyse würde den Rahmen dieser Arbeit sprengen. Deshalb wird dies hier nur kurz und knapp wiedergegeben.
[80] So wird die Zeit genannt, in der der Prophet lebte. Wortwörtlich übersetzt hieße es „Zeitalter des Wohlergehens".

174

verschiedenen wichtigen Persönlichkeiten als Argumente wiedergegeben. An letzter Stelle folgt letztendlich die Risale-i Nur. Peinlich genau kennt man die 6000 Seiten. Für jemanden, der genau weißt, wo etwas steht, ist dies im Diskurs von besonderem Vorteil[81]. Auf diese vier Argumentationsketten hat man sich innerhalb des Diskursfeldes geeinigt. Weiterhin behält dadurch, dass durch die Werke eine Antwort auf die Probleme der Gegenwart gesucht wird, der islamische Diskurs seine Bedeutung für das alltägliche Leben der Menschen (Agai, 2004, S.66). Aufrechterhalten wird der islamische Diskurs bei den Nurcus durch rationale Kategorien und moderne Kommunikationsmittel. Welche Funktion die Teilnahme an den Lesungen für jeden Einzelnen im Netzwerk hat, wird im nächsten Kapitel behandelt.

6.2 Netzwerkarbeit

Bevor nun analysiert wird, wie die Netzwerkarbeit funktioniert, muss geschaut werden, welche Gruppen es in Deutschland gibt. Darauf aufbauend, wird im Anschluss daran die Netzwerkfrage beantwortet. Als Fallbeispiele dienen dann die Gruppen Yeni Asya und Nesil.

---

[81] Tatsächlich war es in den Interviews so, dass entweder direkt von Said Nursi zitiert wurde oder gleich aus einem seiner Werke vorgelesen wurde.

6.2.1 Die Gruppen in Deutschland

Auch in Deutschland gibt es verschiedene Nurcu Gruppen. Es sind Ableger der türkischen Gruppen. Besonders Yeni Asya, Nesil und die Meşveret Gruppe sind in Deutschland sehr aktiv. Die anderen Gruppierungen treten nicht in die Öffentlichkeit, existieren entweder gar nicht oder in kleinen Gruppen, die sich den größeren Gruppen anschließen. Die Kommunikation unter den Gruppen ist in Deutschland besser als in der Türkei. Rüstem Ülker beschreibt dies: *„Ende der 90er waren die Gruppen sehr weit voneinander entfernt. Doch der Punkt, an dem man nun angekommen ist, ist sehr gut. Es spielt keine Rolle, welcher Gruppe eine Medrese angehört. Man geht in jede Medrese, macht gemeinsam Unterricht und Programme. In manchen Städten werden sogar die Medresen gemeinsam unterhalten. So ist es nicht mehr einfach, die Gruppen strikt voneinander zu trennen"* [R.Ü.]. Wie schon erwähnt, hatten die Spaltungen in der Türkei keinen großen Einfluss auf Deutschland. Da die Nurcus in Deutschland zu einer Minderheit gehören, war ihr Zusammengehörigkeitsgefühl zu groß um sich extrem zu spalten. Auch waren die Nurcus nicht so verbreitet und hatten nicht in jedem Dorf eine Medrese, so dass eine Trennung in vielen Städten keinen Sinn ergab. Eine Said Nursi Gedenkveranstaltung am 24.3.2008 in Köln ist hier von großer Bedeutung, da hier alle Nurcu Gruppen zusammenkamen.

- **Yeni Asya:**

Laut eigenen Aussagen in den Interviews gehören 36 Medresen in Europa, davon 16 in Deutschland der Yeni Asya Gruppe an. Zudem gibt es Nurcus in zahlreichen Städten, die sich für die Lesungen in privaten Wohnungen treffen und keine Medrese haben. Nach eigenen Schätzungen gehören ca. 1000 Nurcus der Gruppe an. Einflussreichste Gruppe ist die in Ahlen ansässige „Islamisches Jugendzentrum e.V." Der BMPD (Moslemischer Pfadfinder Deutschlands), welches im Islamrat verstreten ist, gehört ebenfalls zu dieser Gruppe. Auch erscheint wöchentlich eine Europaversion der Tageszeitung „Yeni Asya" mit dem Titel „Yeni Asya International" und wird durch die Gruppe in Ahlen vertrieben.

- **Nesil:**

Der Nesil-Gruppe gehören 12 Medresen an, die über die gesamte Bundesrepublik verteilt sind. Weitere Medresen sind jeweils eine in London und Rotterdam und drei in Wien. Auch hier gilt, dass in vielen Orten keine Medrese vorhanden ist und sich die Nurcus zu den Lesungen in privaten Wohnungen treffen. Die Anhängerzahl wird auf 500 geschätzt. Die Nesil-Gruppe war Anfangs recht unorganisiert und hat erst seit 2005 eine Struktur aufgebaut. Die 1979 gegründete Jama´at-un Nur in Köln gehört ebenfalls zu Nesil, so wie die von ihnen herausgegebene aber inzwischen eingestellte Zeitschrift „Nur - Das Licht". Zudem ist die Gruppe in Köln für Übersetzungen der Risale-i Nur in die deutsche Sprache für den

Verlag „Sözler" zuständig. Die Nesil Gruppe ist in der akademischen Welt aktiv. Die Gruppe organisierte 1999 das „Bonner Said Nursi Symposion", das im Haus der Geschichte stattfand. Inzwischen gab es die vierte Auflage des Symposions, zu denen deutsche Wissenschaftler und Akademiker eingeladen werden. Juli 2013 gründete die Nesil Gruppe den Dachverband „ERNA" (European Risale-i Nur Association), wo drunter sie alle ihre Medresen in Europa organisiert. Die Jugendlichen sind in der Untergruppe „ERNA Gençlik" (ehemalls „Net Nesil") organisiert.

- **Meşveret Gruppe in Deutschland:**

Die Meşveret Gruppe, also die Gruppe um Kırkıncı, Sungur und Yüksel, ist in Deutschland zahlenmäßig die größte Gruppe. U.a. gehört ihnen die 1995 gegründete „Bediüzzaman Said Nursi Kulturstiftung" mit Hauptsitz in Aschaffenburg. Insgesamt besitzen sie 18 Medresen in Deutschland. Trotz ihrer Größe ist die Meşveret Gruppe bemerkenswert passiv. Sie treten nicht in die Öffentlichkeit und sind eher verschlossen für Außenstehende. Das Lesen der Risale-i Nur Werke scheint für diese Gruppe die einzige Tätigkeit zu sein.

- **Andere Gruppen in Deutschland:**

Die anderen Nurcu Gruppen (siehe Kapitel 5.4) existieren in Deutschland kaum. Eine kleine

Gruppe in Bochum fühlt sich den Gruppen um Hüsrev Altınbaşak zugehörig. Auch der, von Alkonavi 1967 gegründete Verein, „Unabhängiger Islamischer Gemeindedienst e.V. in Berlin" hat heute kein Gewicht in der Nurcu Bewegung und ist relativ unbekannt. Anhänger von Abdullah Yeğin befinden sich jeweils in ca. 9 deutschen Städten.

6.2.2 Netzwerkarbeit

Die vielen Medresen in der Türkei arbeiten höchst intensiv miteinander. Jede der Medresen versteht sich als Teilnetzwerk der gesamten Nurculuk Bewegung. Ein Nurcu, egal in welcher Gruppe er sich befindet, kann zu jeder Zeit eine Medrese aufsuchen, sei es um dort zu übernachten oder nur um an einer Lesung teilzunehmen. „Eindrucksvoll wird beispielsweise von dem Journalisten Fred Reed beschrieben, wie er auf den Spuren Said Nursis durch die ganze Türkei reiste und hierbei in jedem nur erdenklichen Ort in den Nurcu-dershanes Aufnahme fand" (Agai, 2004, S.69; Reed, 1999). Wenn man davon ausgeht, dass es in der Türkei ca. 20000 Medresen (Turgut, 19.01.1997) gibt, eröffnen sich für jeden einzelnen Nurcu eine große Vielzahl von Möglichkeiten, die sich als soziales Kapital heraus zeichnen.

In Deutschland sind die Strukturen nicht so aufgebaut wie in der Türkei. Daher kommen manchmal Anhänger aus der Türkei zu verschiedenen Anlässen, wie z.B. Symposien, Konferenzen oder im Ramadan nach Deutschland. Sie reisen von Medrese zu Medrese und geben so den Anhängern hierzulande eine gewisse Motivation. Einer dieser Reisenden, der öfters in Deutschland war, beschreibt den Unterschied zwischen der Bewegung in Deutschland und der Türkei folgendermaßen: *„In Deutschland gibt es ein großes Problem: Die Einheit fehlt. Die Medresen hier bilden keine Einheit. Die Verbindungen untereinander sind sehr schwach. Das liegt wohl am sozialen Leben in Deutschland. Der ganze Tag ist hier geregelt. Man geht arbeiten, kommt nach Hause, ruht sich aus, isst und geht zu Bett. Am nächsten Tag passiert das gleiche. [...] Außerdem haben die Jugendlichen ein Verständnisproblem. Sie können nicht gut türkisch sprechen. Und erst recht verstehen sie die Risale-i Nur nicht. [...] Die Bewegung in Deutschland begann mit Brüdern aus Anatolien. Aber sie konnten sich hier nicht anpassen und die Bewegung verbreiten. [...] Wir haben ja keinen Anführer, ne? Deshalb haben wir ja unsere Räte. Aber auch das klappt in Deutschland nicht richtig. Da muss noch viel gearbeitet werden"* [R.B.].

Besonders die Medresen, die der Nesil Gruppe angehören, waren in Deutschland bis vor kurzem sehr entkoppelt, so dass teilweise keine Kommunikation untereinander stattfindet. Aus diesem Grund versucht die Nesil Gruppe seit 2005 eine gewisse Struktur in ihre Arbeit in Deutschland zu bringen. Ein Interviewpartner aus Istanbul hierzu: *„Die Medresen in Deutschland, die der Nesil Gruppe angehören, interessieren uns natürlich. Es ist nicht so, dass wir aus Istanbul sagen 'Leute, kommt, lasst uns ein Gremium gründen'. Die Bitte kommt von Deutschland aus. Immer wieder hören wir, dass die Zusammenarbeit in Deutschland nicht funktioniert oder* *dass unsere Brüder nicht mehr motiviert sind. Und dann haben wir vorgeschlagen, die Medresen zusammenzusammeln. Wir geben ihnen keine Anweisungen. Wir sind auch nicht deren Chef, oder so. Wir sind eigentlich nur Vermittler. Wir wollen sie nur wieder zur „Arbeit" bringen"* [Y.K.]. Die Nesil Gruppe aus Istanbul versuchte dies auf zwei Wegen. Der erste Weg war, die Medresen zur Zusammenarbeit zu motivieren. Dies machte sie, in dem sie hauseigene Autoren und Schriftsteller nach Deutschland holte: *„Es ist eine Abwechslung für uns, wenn ein geliebter Autor aus der Türkei kommt. Man hat die Bücher gelesen... und dann kommt der Autor höchstpersönlich. Er kniet genauso wie wir in der Medrese und liest Risale. Wir sind also gleich. Auf gleicher Ebene, meine ich jetzt. [...] Und dann fährt man mit dem Schriftsteller im gleichen Auto zu einer anderen Medrese und besucht die Brüder dort. Und dann zur nächsten Medrese. So etwas bringt uns zusammen. Und dann, in der Zukunft, also wenn der Autor wieder weg ist, kommunizieren wir weiterhin mit der Medrese und machen z.B. gemeinsame Lesungen. Oder wir überlegen uns gemeinsam, welcher Autor als nächstes aus der Türkei kommen soll"* [O.S.]. Zweitens versuchte sie durch ein deutsches Gremium eine Struktur einzubringen. Dieses Gremium, bestehend aus Vertretern der Medresen in ganz Europa, trifft sich alle sechs Monate. In diesen Gremien werden verschiedene Entscheidungen getroffen oder arbeitsteilig Zuständigkeiten vergeben. Allerdings werden hier keine Entscheidungen getroffen, die die lokale Arbeit der Medresen betreffen. Hier sind die Medresen autonom und entscheiden selbst. Eine Übertragung der Strukturen aus der Türkei nach Deutschland wäre problematisch.

Vor allem das Organisationsverständnis unterscheidet sich. Hinzu kommen unterschiedliche Maßstäbe, Standards und Voraussetzungen, die in Deutschland herrschen und mit türkischen Lösungsmustern nicht behandelt werden können. Um die Struktur zu verstärken wurden ein ehrenamtliches Sekretariat eingerichtet. Das Sekretariat, bestehend aus Nurcus, die in Deutschland leben, soll die Koordination ihrer Medresen in Europa organisieren. Auf diese Weise sollen gemeinsame Aktivitäten der Nesil Medresen in Deutschland besser koordiniert werden. Nach solchen Anstrengungen hat es die Nesil Gruppe letztendlich geschafft, unabhängig und organisiert tätig zu sein, so dass für einige Jahre eine Arbeitskraft eingestellt werden konnte und Juli 2013 der eigene Dachverein ERNA (European Risale-i Nur Association) gegründet wurde.

Die Yeni Asya Gruppe ist organisierter in Deutschland. Einmal im Monat findet ein großes Gremium statt, bei dem Vertreter aus allen Medresen zusammenkommen. Drei mal im Jahr findet ein Europagremium statt. Zwei mal im Jahr findet eine Vollversammlung in der Medrese in Ahlen statt, zu der hunderte Nurcus aus ganz Europa kommen. Kutlular, der Geschäftsführer der Yeni Asya Zeitung, und andere Journalisten nehmen ebenfalls an dieser Versammlung teil, in der gemeinsam Risale-i Nur gelesen wird. Die Ressourcen des eigenen Netzwerkes werden hier voll ausgeschöpft.

Die Nurcu Bewegung ist ein positiv verbundenes Netzwerk (Jansen, 2003, S.164). Das heißt, dass eine Beziehung zu einem Akteur die Beziehung zu einem anderen Akteur nicht ausschließt. Je mehr Beziehungen man hat, desto mehr Ressourcen können mobilisiert werden. **Somit lohnt es sich für die Medresen in Deutschland mit mehreren Gruppen in der Türkei zusammenzuarbeiten, als sich nur einer bestimmten Gruppe fest anzuschließen.** Für einen Nurcu heiß dies, dass er mehrere Alternativen hat. Er kann sowohl das Teilnetzwerk der einen Gruppe nutzen, als auch der anderen. *„Ich sehe mich eigentlich nicht zu einer bestimmten Gruppe angehörig. Also, das ist so. Wenn hier jetzt eine andere Gruppe (gemeint ist eine andere Nurcu Gruppe; A.d.A.) wäre, würde ich mich denen genauso anschließen und genauso zur Medrese gehen. Wäre überhaupt kein Problem für mich"* [S.D.]. Dies ist in der Nurculuk Bewegung möglich, da die Grenzen fließend sind. Es kommt sehr selten vor, dass in einer Medrese, dass zu einer bestimmten Gruppe gehört, auch tatsächlich nur Anhänger dieser Gruppe sind. Meistens ist es der Fall, dass sich verschiedene Gruppenanhänger in einer Medrese befinden. Dies wird insofern geduldet, solange man nur aus der Risale liest und keine tieferen Interpretationen, wie z.B. in Richtung der Politik, die den Unterschied der Gruppen in den Vordergrund stellen würden, macht. Dann wiederum gibt es andere, die sich bewusst für eine Gruppe entscheiden: *„Mir passt es nicht, wie die anderen Gruppen sich in die Politik einmischen. Hat doch Üstad gar nicht gemacht. Verstehe ich nicht. Deshalb bin ich hier. Und nicht dort. Klar nehme ich auch mal an ihren Lesungen teil. Aber ich bin nicht öfters dort und teile ihre Meinungen nicht"* [H.K.].

Die Treffen zu den Lesungen in der Medrese sind für die Anhänger sehr wichtig. Hier dienen Beziehungen als soziales Kapital. So baut sich jeder sein eigenes informelles soziales Netzwerk auf. Reziprozität und Vertrauensbeziehungen werden hier realisiert. Wie schon im Theorieteil erwähnt, kann Vertrauen nicht jedem gewährt werden. Eine Selektion ist notwendig (siehe Kapitel 3.3). In der Nurcu Bewegung wird denen Vertrauen gewährt, die regelmäßig an den Lesungen teilnehmen. Nur so kann sich Reziprozität einstellen und die Teilnehmer am Netzwerk haben einen Vorteil davon. Nur, wer regelmäßig teilnimmt, seine Kontakte pflegt und am sozialen Tausch wahrgenommen wird, kann ein soziales Kapital daraus schlagen. Dazu bieten sich nach den Lesungen beim gemütlichen Teetrinken Gelegenheiten, um Gleichgesinnte kennenzulernen. **Ich bezeichne diese Treffen daher als Primat von Adressen und die Medresen als Analogon zur Biertheke** (siehe Kapitel 3.3). Die „Diffusität des Möglichen" (Tacke, 2000, S.304) wird hier ganz deutlich. Da sich Menschen aus allen Schichten, Nationalitäten oder Berufsgruppen hier treffen, ist es für jeden Einzelnen eine einmalige Chance um Kontakte aufzubauen. „Aufgrund der hohen Kontaktdichte und der wechselseitigen Dienste entstehen in den Teilnetzwerken sehr feste soziale Bindungen, die für die einzelnen auch handfeste ökonomische Vorteile haben können. [...] Das Maß der Solidarität, die das cemaat-Mitglied in Anspruch nehmen darf, steigt mit der Anerkennung innerhalb der Gruppe. Diese ist an die Bereitschaft geknüpft, das eigene Leben in den Dienst der gemeinsamen Sache zu stellen, den cemaat-Diskurs anzuerkennen und multiplexe Beziehungen in der cemaat zu pflegen" (Agai, 2004, S.68). Das Netzwerk hat also praktischen Nutzen für ihre Teilnehmer. Sie bietet eine gegenseitige Hilfe, u.a. auch durch finanzielle Unterstützung. In meinen Beobachtungen konnte ich festhalten, dass Teilnehmer durch ihre weak ties (siehe Kapitel 3.3) an den Lesungen u.a. Praktikumsplätze, Wohnungen, finanzielle Hilfe für Verschuldete, Unterstützung bei gesundheitlichen Problemen oder bürokratische Angelegenheiten arrangieren konnten. Die Breite der Möglichkeiten ist sehr groß. Als Gegenleistung gab es die moralische Verpflichtung, Hizmet für die Jama'at zu leisten (siehe Kapitel 8.2; vgl. Schäfers, 2003a, S.99ff).

Einige Personen im Netzwerk nehmen die Rolle eines Brokers ein. Sie verbinden die verschiedenen Nurcu Gruppen und sorgen für die Kommunikation unter den Gruppen. Auf diese Weise sind die Gruppen immer miteinander verknüpft. Die Broker genießen wegen ihrer Zentralität einen gesonderten Status und bewegen sich in verschiedenen Teilnetzwerken. Erstaunlicherweise wird das Internet aber nicht zur Vernetzung der Gruppen in Deutschland verwendet.

Das Nurcu Netzwerk ist ein sehr dichtes Netzwerk. Die Häufigkeit der Kommunikation und der Austausch von Informationen sind sehr hoch. Daher kann man von einer hohen Beziehungsdichte sprechen. Dies führt zur Stabilität des Netzes. Zudem kann man die Beziehungen in einer Medrese als weak ties (siehe Kapitel 3.3) bezeichnen. Immer wieder trifft man in den Lesungen auf neue Personen, die einem bisher unbekannte Informationen vermitteln und damit die eigenen Möglichkeiten des Handelns erweitern. Daher ist eine regelmäßige Teilnahme an den Lesungen ein wichtiger Faktor, um das Nurcu Netzwerk positiv nutzen zu können.

Die Motive für die Teilnahme an der Nurculuk Bewegung sind vielfältig. Sie reichen von *„Meine Eltern sind Nurcus. Ich bin da reingeboren"* [T.A.] bis *„In den Risales finde ich eine spirituelle Kraft"* [J.K.]. Um eine genauere Analyse durchführen zu können, bedarf es, die gebürtigen Nurcus von den später Eintretenden zu trennen. Uns interessieren nur die Motive fürs spätere und gewollte Eintreten ins Nurcu Netzwerk. Also die Personen, die bewusst eine Entscheidung zu Gunsten der Nurcu Bewegung getroffen haben. Ein deutscher Konvertierte begründet seine Wahl folgendermaßen: *„Bei den Nurcus gibt es etwas, was ich bei anderen Jama'ats nicht finden konnte: Schura. Hier hat jeder eine Stimme. Egal, ob du Neuling bist oder schon seit 50 Jahren im 'Geschäft'. Jeder hat die gleiche eine Stimme. Hier wird jeder nach seiner Meinung gefragt. Man ist hier wichtig"* [W.A.]. Für den Konvertierten scheint die Umsetzung der Schura ausschlaggebend zu sein. In dem seine Meinung gefragt wird, gewinnt er an Zugehörigkeitsgefühl. Er gehört zur Jama'at und definiert sich mit der Zugehörigkeit zu ihr. Er muss sich den Altangesessenen nicht unterordnen. Dies ist für ihn positiv, da er zweierlei als Anfänger abgestempelt wird. Zunächst einmal, da er konvertiert ist, also ein Neuling im Islam. Zweitens, er ist neu in der Jama'at. Laut dem Interviewpartner muss er sich trotz dieser Nachteile nicht unterordnen und wird als vollwertiges „Mitglied" der Jama'at akzeptiert. Ein anderer Akteur sieht seine religiösen Bedürfnisse erst in der Nurculuk Bewegung befriedigt: *„Ich war schon in vielen islamischen*

Gruppen. Hab' sogar überall Positionen eingenommen. Ich habe also alles ausprobiert. Und irgendwann bin ich hier gelandet. [...] Ein Freund, ein Nurcu, hat mich zu ihrer Sitzung eingeladen. Ich ging da hin. Dachte, kann ja nicht schaden. Und da lasen sie von Nursi. Ein Student las. Das hat mich schon beeindruckt. Weil ich war es gewohnt, dass immer die Älteren lesen. Das ist normal, dachte ich. Außerdem konnte man ständig Fragen stellen. Alle möglichen Fragen. Auch sehr kritische. Jeder war aktiv am Unterricht beteiligt. Diese Sachen beeindruckten mich. Und dann das Thema. Das ist wichtig. Also das Thema war, glaube ich, Astronomie. Es ging um die Ordnung im Universum. Das hat mich prächtig beeindruckt. Weil das war etwas Neues. Das kannte ich nicht. Also diese zwei Sachen sind der Grund, warum ich hier blieb" [V.B.]. Dieser junge Türke war offensichtlich auf der Suche nach dem passenden islamischen Jama'at. Dies fand er in der Risale-i Nur Gruppe. Auch dient die Gruppe zur Risikoabsorption und der Herstellung von Sicherheit in Zeiten der Unsicherheit: *„Die Jama'at befreit mich von meiner Einsamkeit. Wenn ich mich schwach fühle, gibt sie mir Stärke. Sie stärk meinen İman (Glauben; A.d.A.). Wenn ich Risale lese, bekomme ich Stärke für den Alltag. Meine Probleme im Alltag werden reduziert"* [Z.B.]. Keiner meiner Interviewpartner nannte explizit Said Nursis Leben als Motivation für den Eintritt in die Nurculuk Bewegung. Immer wieder wurde Bezug auf die Werke genommen, aber nie direkt auf den Autor der Texte (hierzu mehr in den Kapiteln 8.5 und 8.6).

Die Außenstehenden, also Anhänger anderer islamischer Gruppen, argumentieren auf die gleichen Art und Weise, nur mit negativen Konnotierungen: *„Es wird immer nur gelesen. Das reicht mir nicht. Ich brauche eine Abwechslung. Wissenschaft ist zwar schön und gut, aber ich brauche auch etwas für mein Herz. Das kann ich dort (bei den Nurcus; A.d.A.) nicht finden. [...] Ein Führer, der sagt, wo es langgeht, ist schon wichtig. Das fehlt dort. Ich empfinde sie daher als eine Schafsherde ohne Hirten"* [K.A.]. Die Verknüpfung mit der Wissenschaft und das Fehlen eines Leiters, z.B. eines Scheichs, sind also für den einen Grund für den Einstieg ins Nurcu Netzwerk, und für den anderen ein Grund zum Fernbleiben. **Die subjektiven, individuellen Einstellungen der Netzwerkteilnehmer sind daher ausschlaggebend für die Zugehörigkeit zur Nurculuk Bewegung.**

6.3 Umma Engagements

Als Umma wird die weltumfassende islamische Gemeinschaft der Muslime, unabhängig von Nation oder Ethnie, bezeichnet. Sich als Teil dieser Gemeinschaft zu sehen, führt zu einer Überwindung ontologischer Unsicherheiten in der Moderne. Sie ist kein Rückfall in vormoderne Stadien, sondern eine Antwort auf die Moderne selbst (Hüttermann, 2002, S.3ff). Und Said Nursi betont stets den Gedanken der Umma: „Wir sind in der Tat eine Gemeinschaft. Und die Gemeinschaft hat in jedem Jahrhundert dreihundertfünfzig Millionen Mitglieder. Jeden Tag demonstrieren sie fünfmal den Grundsätzen dieser geheiligten Gemeinschaft entsprechend in vollkommener Ehrerbietung ihre Verbundenheit und ihre Dienstbereitschaft. [...] So sind den auch wir Mitglieder dieser goßen, heiligen Gemeinschaft" (Nursi, k.A.e, S.554; 2002c, S.403; 2000d, S.331). Auch stellt sich Nursi gegen jede Art von Nationalismus. Jede Art des Gruppenegoismus, in dem sich eine Nation, Rasse oder Ethnie über eine andere stellt, wäre unislamisch. Einzig eine gesunde Liebe zum eigenen Vaterland (Patriotismus) wäre für einen Muslim akzeptabel (2001b, S.309-314; 2004b, S.445-451; 1993, S.22). Mehmet Paksu, einer der populären Autoren unter den Nurcus übersetzt diese Meinung in die heutige Zeit: *„In Deutschland kann man kein Nurcu sein. Das geht nicht. In Deutschland muss man einfach nur den 'Islam' vertreten. Alle Gruppen müssen zusammenkommen und ihre Gruppenzugehörigkeiten vergessen. In der Diaspora kann man sich nicht in Gruppen aufteilen. Das schadet nur"* [M.P.].

Mit diesem Gedanken setzt sich die Nurculuk Bewegung in Deutschland für die Belange der Muslime ein. Sie ist u.a. Mitbegründer und Mitglied einiger muslimischer Dachorganisationen. Weiterhin ist die Bewegung in Fragen des islamischen Religionsunterrichts, der Jugendarbeit und Erwachsenenbildung aktiv. Auch waren sie Mitzeichnerin des Antrages auf Anerkennung des Islams als Körperschaft des öffentlichen Rechtes im Jahre 1979.

Obwohl die Nurcus in Deutschland keine einheitliche Dachorganisation haben und im Vergleich mit anderen islamischen Gruppen keine großen Strukturen aufgebaut haben, scheinen sie in vielen intermuslimischen Aktivitäten eingebunden zu sein. Dies kann damit zusammenhängen, dass die Nurcus viele

Intellektuelle in ihrer Gruppe beherbergen. Sie schaffen es, diese Ressource gut einzusetzen.

7.0 Organisationsstruktur

Die Organisationsstruktur der Nurculuk Bewegung ist mit anderen islamischen Gruppen nicht zu vergleichen. Während sich in den Werken Nursis keine bestimmten Hinweise auf eine Organisation finden, kam es kurz nach seinem Tode zu einer Art Institutionalisierung. Gleichzeitig wurde in den Interviews jede Art von Organisation für „unwichtig" erklärt, wie z.B. im folgenden Abschnitt: *„ Wozu? Wir brauchen keine Organisation. Wir organisieren uns 'einfach so'"* *[P.E.]*. Dass dieses „einfach so" auch eine Art der Institutionalisierung ist (siehe z.B. Yeni Asya oder Nesil), war dem Interviewpartner nicht bewusst. In der Tat gibt es Gruppen, die weit entfernt von jeglicher Struktur oder Institutionalisierung sieht (siehe z.B. die Gruppe um Mustafa Sungur), doch diese Gruppen sind marginal geblieben und haben innerhalb der Bewegung oder in der öffentlichen Wahrnehmung keinen großen Einflussbereich. Bei der Mehrheit ist zu sehen, dass die Jama´at aus den Emotionen ihrer Anhänger lebt und der (minimalen) Organisation bedarf, um zu überleben.

In den folgenden Unterkapiteln wird nun versucht, diese „minimale Organisationsweise" der Nurculuk Bewegung zu analysieren. Dabei steht die erste Fragestellung der Arbeit im Mittelpunkt.

7.1 Sufi-Orden, Jama´at, Gemeinschaft oder Gesellschaft?

Obwohl es große Unterschiede zwischen den Nurcus und den Sufi-Orden gibt, wird die Nurcu Bewegung fälschlicherweise in der Literatur den Sufi-Orden oder dem mystischen Islam zugeordnet (siehe z.B. Steinbach, Feindt-Riggers, 1997). Die traditionellen Sufi-Orden (Tarikat) unterscheiden sich von der Risale-i Nur Bewegung. Die Sufi-Orden haben rituelle İbadet (Gottesdienst)-Formen, in denen die Namen Gottes gepriesen werden (Zikir). Je nach Orden wird dies alleine oder in der Jama´at und laut oder leise gemacht. Diese sind für die Anhänder der Sufi-Orden wichtig, um den „rechten Weg zu Gott" zu finden. Jeder Orden hat einen Führer, den Scheich, und eine klare Befehlskette. Jeder Scheich ernennt einen Nachfolger, der den Orden, nach dessen Tot als neuer Scheich weiterführt. Ohne sich an einen Scheich zu binden, kann, laut den Orden, keine Vollkommenheit erreicht werden. Als Versammlungsorte haben die Orden Tekkes. Zudem haben die Orden ihre eigenen Symbole und Sinndeutungen (Aköz, Atal, 18.12.2004; Aköz, 2006). Die Nurcus dagegen haben keinen Scheich. Ganz im Gegenteil: Nursi akzeptierte nicht einmal Gäste, die ihn als „Scheich" besuchen wollten (Nursi, 2004b, S.473; 2001b, S.329; 2000d, S.420; Şahiner, 1979b, S.92). Auch hat Nursi keinen Nachfolger ernannt. Die Nurcus kennen weder die Zikir noch die Selbstaufgabe und bedingungslose Hingabe an einen Scheich wie die Sufis. Es gibt keine Sufipraktiken in der Lehre Nursis. Für die Nurcus steht das Geschriebene, die Werke Nursis, im Mittelpunkt, während für die Sufi-Orden das Gesprochene ausschlaggebend ist. Durch das Lesen der Werke erlangen die Nurcus Wissen, um sich Gott zu nähern. Nursi schreibt, dass eine Liebe zu Gott (Muhabbetullah) nur entstehen kann, wenn man Ihn durch Wissen (*Marifetullah*) kennenlernt (Nursi, 2001b, S. 218; 2004b, S.312; 1999b, S.8).

Zudem betont Nursi an einer Stelle, dass es sich bei der Nurculuk Bewegung nicht um einen Sufi-Orden handelt. Bezeichnend ist, dass er an dieser Stelle weder von einer Bewegung noch von einer Jama´at spricht, sondern lediglich die Werke anspricht: „Die Risale-i Nur ist kein Sufi-Orden" (2000c, S.156). Es werden hier also die Werke selbst zum Ausgangspunkt gemacht. In einem anderen Werk heißt es: „Alle meine Bücher in eurer Hand (gemeint sind die anklagenden Staatsanwälte; A.d.A.) sind der Beweis, dass ich mich nur mit den Glaubenswahrheiten beschäftige. In vielen Risales habe ich geschrieben, ´Die Gegenwart ist keine Zeit der Sufi-Orden, vielmehr ist es die Zeit der Aufrechterhaltung des Glaubens´ [...] Seit 10 Jahren bin ich nun in Isparta. Nicht eine Person können sie finden, der sagt, ich hätte ihm Sufi-Unterricht erteilt" (2001a, S.198).

Dann gilt es natürlich zu Fragen, wie Nursi die Gruppe selbst beschreibt. Zunächst einmal betont er ausdrücklich, dass dies keine politische Strömung ist (2001a, S.200; 2000d, S.252, 318). „Die Nurcus sind kein Gruppen-Puppen-Spiel, schon gar nicht eine politische, weltliche oder widerständlerische Vereinigung, errichtet um einem persönlichen oder gemeinschaftlichen Nutzen zu dienen, auch kein Gremium, und sie können es auch gar nicht sein" (k.A.e,

S.880; 2002c, S.517; 2000d, S.446). Den Grund für die Behauptung der Regierung, die Gruppe wäre politisch motiviert, sieht Nursi in folgendem: „Erstens: Die Tatsache, dass meine Schüler schon seit den ersten Tagen wie Brüder innig mit mir verbunden sind, erregt den Verdacht, es handle sich dabei um eine Gemeinschaft Zweitens: Einige Schüler der Risale-i Nur haben wie eine Islamische Gemeinschaft gehandelt, so wie man sie überall vorfindet und wie sie ja auch vom Gesetz der Republik erlaubt sind und nicht verfolgt werden und wurden deshalb als eine Organisation angesehen. Doch diese sehr begrenzten drei, vier Schüler hatten nicht die Absicht, irgendeine Vereinigung zu gründen, sondern nur einander aufrichtig im Glauben zu dienen und sich gegenseitig im Dienst für das Jenseits zu unterstützen. Drittens: Weil aber nun diese ungerechten Leute wissen, dass sie sich im Irrtum befinden und in die Welt vernarrt sind und weil sie einige der staatlichen Gesetze und Verordnungen als gerade passend für sich finden, denken und sagen sie sich: ʹHöchstwahrscheinlich sind Said und seine Freunde gegen uns und gegen die Gesetze der Regierung, welche uns ein (Leben) nach Bürgerlichem Recht (ermöglichen), (obwohl das eigentlich) verboten ist. Weil dies aber so ist, sind sie eine verbotene politische Parteiʹʺ (k.A.e, S.657ff; 2002c, S.392ff; 2000d, S.323) Auch die Bezeichnung „geheime Organisation" wird von ihm bestritten (2000d, S.339).

Nach diesen Erklärungen, was die Gruppe nicht ist, kommt die Beschreibung, was sie ist: „Wir sind in der Tat eine Gemeinschaft. Und die Gemeinschaft hat in jedem Jahrhundert dreihundertfünfzig Millionen Mitglieder. Jeden Tag demonstrieren sie fünfmal den

Grundsätzen dieser geheiligten Gemeinschaft entsprechend in vollkommener Ehrerbietung ihre Verbundenheit und ihre Dienstbereitschaft. [...] So sind denn auch wir Mitglieder dieser großen, heiligen Gemeinschaft, und unsere besondere Aufgabe ist es, die Gläubigen auf eine zuverlässige, durchdachte Weise die qur'anischen Glaubenswahrheiten zu lehren und so sie und uns selbst vor einer Hinrichtung auf ewig und einer immer währenden Einzelhaft zu bewahren. Wir haben absolut keine Verbindung mit irgendwelchen weltlichen, politischen oder revolutionären Organisationen oder Geheimbünden und erniedrigen uns nicht zu derartigen Dingen" (Nursi, k.A.e, S.554; 2002c, S.403; 2000d, S.331). "Vier Gerichte haben dies bis ins kleinste Detail untersucht und uns daraufhin freigesprochen" Nursi, 2000d, S.331; Ü.d.A.). Hier wird die Bewegung nicht als eine besondere Gruppe herausgehoben. Es gäbe lediglich nur eine Gemeinschaft; nämlich die Gemeinschaft der Muslime[82] (Umma). Die Schüler des Risale-i Nur sind demnach Mitglieder dieser großen Gemeinschaft und sind keine eigenständige Organisation. An einer anderen Stelle wird allerdings von den Zielen dieser Gruppe gesprochen: „Wir sind in der Tat eine Gemeinde. Unser Ziel und unser Programm ist es, zunächst einmal uns selbst und dann die ganze Nation vor einer Hinrichtung auf ewig und vor einer immerwährenden Einzelhaft im Kerker des Zwischenreiches zu retten, unsere Gefährten vor einer Anarchie und Lumpenherrschaft zu bewahren und auch uns selbst durch die stählernen Wahrheiten der

---

[82] Hier wird der Panislamismus von Nursi deutlich (siehe auch Nursi, 1995b, S.97), während wir z.B. bei Fethullah Gülen die Synthese zwischen Türkentum und Islam haben.

Risale-i Nur gegen den Atheismus zu schützen, durch den beide Leben (im Diesseits wie im Jenseits) zerstört werden" (k.A.e, S.647; 2002c, S.387; 2000d, S.319). Nursi benutzt also die Begriffe Cemiyet und Jama´at zur Beschreibung der Bewegung.

Der am 2. April 1971 verstorbene unmittelbare Schüler Said Nursis, Zübeyir Gündüzalp, betrachtet die Nurculuk Bewegung nicht als eine eigenständige Richtung innerhalb des Islams, sondern als eine Bewegung, die auf den Koran und die Traditionen des Propheten Muhammed weist (Bilgi, 2012).

Auch schreibt Nursi, dass in der Gegenwart einer alleine nicht in der Lage ist, soziale Änderungen zu vollbringen. Dies ist deckungsgleich mit Durkheims "Alchemie der Kraft". Durkheim geht davon aus, dass Individuen innerhalb einer Ansammlung zu Gefühlen und Akten fähig sind, die sie alleine nicht ausüben könnten (1981, S.289ff). Nur in der Jama´at, so Nursi, durch die Bildung einer kollektiven Identität (şahs-ı Manevi), könne man erfolgreich werden: „Ja, glücklich ist derjenige, der, um Zugang zu einem großen Teich Süßwasser zu erhalten, welches aus der Quelle des Korans gefiltert ist, seine Persönlichkeit und seinen Egoismus – die wie Eisblöcke sind – in den Teich wirft und schmelzen lässt" (2001c, S. 36; siehe auch 2000c, S.88, 106; 2000f, S.213, 227; 2007, S.176, 195). Dies wäre sehr wichtig, da der Egoismus um sich greifen würde: „Heutzutage regiert ein schrecklicher Egoismus, der aus der Achtlosigkeit und aus der Liebe zu dieser Welt herrührt. Die Leute der Wahrheit müssen daher Egoismus und Selbstsucht aufgeben, selbst in seiner erlaubten Form. Da die Anhänger des Risale-i Nur ihren Egoismus, der wie ein Eisblock ist, im gemeinsamen Teich ihrer gemeinschaftlichen Eigenschaften auflösen, werden sie, so Gott will, von diesem Sturme nicht erschüttert werden. [...] Da die Anhänger des Risale-i Nur den Weg der Liebe und der Brüderlichkeit und des "Aufgehen im Bruder" genommen haben, so werden sie, so Gott will, diese wohl erprobte Strategie vereiteln" (2004a, S.364; 2000d, S.282). Um eine kollektive Identität zu bilden, sollen sich zudem die Nurcus von Streitigkeiten und Diskussionen fernhalten (2000d, S.284; 2000f, 219ff; 2002a, S.23, 2004a, S.366; 2007, S.184ff). Denn dieser Kollektivismus wäre zugleich eine geistliche Firma (şirket-i Manevi), in der jeder Einzelne einen Verdienst durch die Aktivitäten der anderen Anhänger verdienen würde (2000c, S.205, 207; 2000d, S.264, 273, 276, 280, 420, 429, 434; 2001c, S.57, 145, 166, 208, 408).

Nun werden diese sehr oberflächlichen und nicht genau definierten Ziele und die Bezeichnung der Bewegung von den heutigen Gruppen auf ihre eigene Art und Weise interpretiert. Hier nun zwei Fallbeispiele:

Fallbeispiel 1: Die Gemeinschaft in Hannover (Jama´at-un Nur Hannover, k.A.)

In der Selbstdarstellung ist von „islamischer Gemeinschaft" die Rede. Bis zum Kauf der Hinterhofmoschee soll das „Gemeindeleben" in angemieteten Wohnungen stattgefunden haben. Als Ziele der Gemeinschaft werden u.a. islamischer und interreligiöser Dialog, Anlaufstelle für Informationen rund um den Islam und Bestrebungen für deutschsprachiges Religionsunterricht angegeben.

Fallbeispiel 2: Gesellschaft des Lichtes in Köln (Jama´at-un Nur Köln, k.A.)

In dieser Selbstdarstellung wird die Gruppe als Gesellschaft bezeichnet. Die Gesellschaft des Lichtes hätte u.a. die Ziele, die Moderne mit dem Islam zu versöhnen, das Arbeiten mit den Werken Said Nursis, geistliche Betreuung der Muslime in der Diaspora und bewusster Dialog mit verschiedenen Religionen.

Während also Hannover die Bezeichnung Gemeinschaft verwendet, benutzt Köln den Begriff Gesellschaft. Sicherlich muss man hier auch vermerken, dass die Wahl dieser Begriffe nicht bewusst ist, sondern mit großer Wahrscheinlichkeit aus dem türkischen Verständnis der Begriffe, mit all ihren Bedeutungen und Semantiken, ins Deutsche übersetzt wurde, auch wenn sie nicht die gleiche Bedeutung wiedergeben. In den Interviews wurden die Begriffe „Gemeinschaft“, „Gesellschaft“, „Bewegung“ oder „Gruppe“ als Synonyme mit gleichen Bedeutungen verwendet. Übersetzt man also diese Begriffe ins Türkische, ist immer das gleiche Wort gemeint: Jama´at. Hieraus kann man schlussfolgern, dass für den Begriff Jama´at kein Synonym im deutschen existiert. Daher muss Jama´at unverändert übernommen werden. In der Literatur fallen indes folgende Begriffe: Karabaşoğlu (2003) verwendet die Begriffe „Community“ und „Movement“. Salim Abdullah (1981a; vgl. 1981b, S.103-108) benutzt den Begriff der „Bewegung“. Allerdings benutzt Abdullah im gleichen Text auch die Bezeichnung „ordensähnliche Vereinigung" (1981a, S.11), was wiederum ein Wiederspruch ist (siehe meine Ausführungen oben). Yavuz (2004) bezeichnet die Gruppe als Glaubensbewegung oder Studienzirkel und verweist auf das Studieren der Lektüren. Akgündüz beschreibt die Bewegung als Jama´at (1995, S.159).

7.2 Mitglieder

Nursi teil seine „Besucher und Gäste" in drei Gruppen auf: Freunde, Brüder und Schüler:

- **Freunde:** „Die Eigenschaften und Voraussetzungen eines Freundes sind folgende: Er sollte ein ernsthafter Anhänger unseres Dienstes sein, soweit es „Die Worte" und „Die Lichter" des Korans betrifft, er sollte weder die Ungerechtigkeit, die Erneuerungen (Gebräuche, die unislamisch sind, aber dem Islam zugerechnet werden; A.d.A.) noch die Fehlleitung unterstützen" (2004b, S.473; 2001b, S.329; 2000b, S.163).

- **Brüder[83]:** „Die Eigenschaften und Voraussetzungen eines Bruders sind folgende: Er sollte in aufrichtiger Weise ernsthaft zur Verbreitung der „Worte" beitragen, fünfmal am Tag das Gebet verrichten und sich der sieben

---

[83] Im Türkischen wird der Begriff „Kardeş" verwendet, welcher geschlechtsunspezifisch ist.

Großen Sünden enthalten" (2004b, S.473; 2001b, S.329; 2000b, S.163).

- **Schüler:** „Die Eigenschaften und Voraussetzungen eines Schülers sind folgende: Er sollte als jemand hervorgehen, der empfindet, als wären „Die Worte" sein eigenes Gut und entstammten seiner eigenen Feder und er sollte als die wichtigste Aufgabe seines Lebens ihre Verbreitung und den Dienst an ihnen sehen" (2004b, S.473; 2001b, S.329; 2000b, S.163).

Diese oberflächlichen Differenzierungen sind allerdings theoretische Überlegungen Nursis, die in der Praxis keine Umsetzung finden. Die Anhänger der Bewegung verwenden die Kategorien „Freund" und „Bruder" in der Praxis nicht und bezeichnen sich selbst als „Schüler des Korans", „Nur Schüler" oder „Risale-i Nur Schüler". Umgangssprachlich nennt man sie allerdings „Nurcu". Diese Fremdbeschreibung wird aber nur ungern von den Schülern selbst verwendet. Hierzu ein Interviewpartner: *„Das Wort gibt es nicht. Wenn man 20 Leute fragen würde, was 'Nurcu' heißt, würde man 20 verschiedene Antworten bekommen" [S.A.].* R.B. vertieft dies: *„Es gibt keine Nurcus. Es gibt nur Risale-i Nur Schüler. [...] Said Nursi ist für uns nur zweitrangig. Seine Schriften sind uns wichtig. Seine Persönlichkeit nicht so sehr. [...] Jeder, der die Korankommentare liest und es als sein eigenes auffasst und dafür arbeitet (gemeint ist der aktive Dienst in der Bewegung; A.d.A.) ist meiner Meinung nach ein Risale-i Nur Schüler, oder eben 'Nurcu', wie es andere nennen. Es wäre egoistisch zu sagen, 'Der ist ein Nurcu und der andere nicht'. Nein,* *dazu habe ich kein Recht. Und lesen kann die Risale ja jeder. Egal, welcher Nation, Jama'at man angehört. Die Bücher, die vom Glauben erzählen kann jeder lesen. Die Bücher aber, die die Art und Weise des Dienstes zeigen, lesen nur die Schüler"* [R.B.].

Der Interviewpartner nimmt hier Bezug auf verschiedene Themen aus den Werken von Nursi. Man kann diesen Abschnitt in drei Bereiche aufteilen:

1. **Said Nursi und die Kommentare:** R.B. stellt heraus, was Nursi in seinen Werken des Öfteren wiedergibt. Es geht um die Zurückhaltung der eigenen Person und der Stellung der Werke ins Zentrum der Bewegung. Somit wird den Werken eine außerordentliche Stellung gegeben (siehe Kapitel 8.6). Das Lesen dieser Werke und der Hizmet (Dienst) für die Bewegung werden zum İbadet (Gottesdienst) nach islamischer Auffassung.

2. **Risale-i Nur Schüler:** R.B. sagt, dass Derjenige ein Risale-i Nur Schüler ist, der *„die Korankommentare liest und es als sein eigenes auffasst und dafür arbeitet"*. Das gleiche sagt auch H.M.: *„Es ist einfach ein Nurcu zu sein. Mann muss nur die Risale lesen und für seine Verbreitung arbeiten."* Diese Definitionen sind nicht aus der Luft gegriffen und führen direkt zu Said Nursi zurück (siehe oben). R.B. gibt exakt die Bedeutung des Risale-i Nur Schülers wieder,

die wir in den Schriften von Nursi wiederfinden. So wird in der Konstruktion der Jama'at und den Außenstehenden, immer wieder dieser Kontext aufgegriffen. Wer die Risale liest, es verinnerlicht und es als Lebensphilosophie aneignet, erlangt die Zugehörigkeit eines Risale-i Nur Schülers. Eine solche Person gilt dann, vor allem für Außenstehende, als Nurcu.

3. **Zwei Arten von Büchern:** Zur ersten Gruppe gehören Bücher, die die Glaubenswahrheiten erklären. Diese Bücher werden von allen Muslimen gelesen. In den Büchern der zweiten Gruppe wird erklärt, wie der Dienst zu leisten ist. Dies sind hauptsächlich die Briefsammlungen „Emirdağ", „Kastamonu" und „Barla", welches nur von Risale-i Nur Schülern gelesen werden. Die, die diese zweite Gruppe von Büchern lesen, sind Diejenigen, die man als „Nurcu" bezeichnen kann. Kenan Demirtaş bezeichnet diese zweite Gruppe als „Fußnoten" der ersten Gruppe: *„In ihnen (gemeint ist die zweite Gruppe der Bücher; A.d.A.) erlernt man, wie Hizmet geleistet werden muss. Sie gibt die Praxis, die Umsetzung wieder. Diese Bücher sind außerdem 'Fußnoten' der Korankommentare"* [K.D.].

Desweiteren werden diejenigen Schüler, die zu Lebzeiten Said Nursis mit ihm in Kontakt waren, von den anderen als Bruder (Ağabey oder Abi) bezeichnet. Einer dieser Brüder, Mehmet Fırıncı, beschreibt Nurculuk sehr oberflächlich, so wie es Nursi auch tat: *„Nurculuk ist eigentlich eine Politik der Ausbildung von gläubigen Generationen"* *[M.F.]*. Jeder, der sich für dieses Ziel einsetzt, wäre demnach ein Nurcu. Auch hier sind wieder keine Grenzen erkennbar.

„Mitglieder", nach dem organisationssoziologischen Verständnis, hat die Bewegung nicht. Die Bewegung ist eine flexible und fluktuierende Gruppe. Es werden keine Listen oder Zahlen geführt. Zudem gibt es keine speziellen Aufnahmeformalitäten und keine Registrierung. Eine statistische Erhebung ist nicht möglich. Weder in der Türkei noch in anderen Ländern existieren quantitative Studien über die Anzahl der Anhänger. Auch meine Interviewpartner konnten mir keine genauen Zahlen geben. Die folgende Passage gibt dieses Problem am Besten wieder: *„Wie soll ich Ihnen sagen, wie viele Mitglieder wir haben? Oder wie viele Nurcus es auf der Welt gibt? [...] Hab' doch keine Zahlen. Bei uns macht jeder mit. Jeder ist willkommen. Mal kommt ein Bruder von Milli Görüş. Manchmal welche von Tarikat. Die Tür ist offen. Mal sitzen wir hier (in der Medrese; A.d.A.) mit 5 Personen, mal mit 30. Aber wir zählen nicht ab"* *[C.M.]*. Auch konnte ich, mit Ausnahme von Ahlen, in keiner Medrese eine Mitgliederliste sehen. Generell hängen in fast allen Moscheen in Deutschland Mitgliederlisten[84]. Die Liste in Ahlen war eine Liste

---

[84] Moscheen sind keine Institutionen wie Kirchen. Es gibt keine formalen Mitgliedschaften. Daher ist der Mitgliederbegriff hier nicht zu verwechseln mit dem kirchlichen Begriff. In der Moschee ist „Mitglied" ein Synonym für „Zahlt monatlich Spende". Man kann in

derjenigen, die monatlich einen bestimmten Anteil spenden und hing deshalb, weil die Medrese in Ahlen gleichzeitig als Moschee fungiert. Es war also auch keine Liste der Anhänger. Dadurch ist es schwer, eine quantitative Erhebung zu machen.

Said Nursi selbst legte keinen Wert auf „Mitgliederzahlen". An zahlreichen Stellen schreibt er, dass die Quantität (Kemiyet) keine Bedeutung hinsichtlich der Qualität (Keyfiyet) hat (2000c, S.61, 76; 2000d, S.424; 2000f, S.122; 2001a, S.402, 424, 507ff; 2001b, S.48, 430; 2001c, S.66, 345; 2004b, S.82; 2007, S.80ff). Daher ist die Nurculuk Bewegung nicht auf Massenwachstum ausgerichtet.

Allerdings gibt es viele Schätzungen, was die Zahl der Nurcus angeht: In den 50ern war die Bewegung mit geschätzten 500000 Anhängern quantitativ die größte islamische Strömung in der Türkei (Sitembölükbaşı, 1995, S.110). Yavuz (2004, S.144) schätzt aktuell die Zahl der Anhänger in der Türkei auf 5 Millionen. So auch Kazım Güleçyüz (2006), der Chefredakteur der Zeitung Yeni Asya. Hüttermann (2002, S.114) vermutet die Zahl der Nurcu Anhänger in Deutschland auf ca. 5000 – 9000. Pohl schätzt die Zahl der Nurcus in Deutschland auf 5000 (2004, S.13). An Hand meiner eigenen Daten schätze ich die Zahl der Nurcus in Deutschland auf höchstens 4000 ein. Lemmen (1997) geht von 10 Millionen Anhängern in ca. 100 Ländern der

---

mehreren Moscheen Mitglied sein. Auch in Moscheen, in denen man noch nie zuvor war. Die Angebote der Moschee sind somit allen offen, egal ob man als Mitglied eingetragen ist oder nicht.

Erde aus. Während meiner Recherchen stoß ich auf einen Brief aus den 70ern, der von den Kölner Nurcus verfasst wurde (leider aber ohne Angabe des genauen Datums und des Empfängers), in dem von 1,5 Millionen Anhängern weltweit die Rede ist. Wie hier deutlich wird, lässt sich eine zuverlässige Zahl nicht ermitteln.

7.3 Offene Struktur

Durch die „Schüler - Bruder - Freund" (siehe Kapitel 7.2) Konstellation ergibt sich eine offene Struktur. Das lockere, wandelbare und offene Gemeindemodell der Bewegung wird in einem Abschnitt der „Kastamonu Briefe" deutlich: „Das Risale hat nicht nur einen Bereich, sondern viele Klassen, wie konzentrische Kreise. Die Klassen setzen sich zusammen aus Pfeilern, Besitzern, Auserwählten, Verbreitern, Studenten und Befürwortern. Einer, der der Pfeilerklasse nicht würdig ist, sollte nicht aus dem Bereich des Risale verstoßen werden, es sei denn, er unterstützt die gegnerische Bewegung. Jemand, der die Eigenschaften der Auserwählten nicht besitzt, kann zu den Studenten gehören, unter der Bedingung, dass er nicht etwas Gegenteiliges in Angriff nimmt. Jeder, der im Einklang mit den Neuerungen handelt, kann ein Freund sein, solange er sie nicht aus ganzem Herzen unterstützt. Schließe daher niemals jemanden wegen eines kleinen Fehlers aus, damit er sich nicht den Reihen der Feinde anschließt" (Nursi, 2000c, S.192ff). Auch hier nennt Nursi wieder Begriffe (Pfeiler, Besitzer, Auserwählte, Verbreiter, Student und Befürworter), deren Inhalt er nicht füllt. Die heutigen Nurcus verstehen diese und die

Begriffe Schüler, Bruder und Freund so, dass Nursi durch seine Offenheit keine Grenzen der Bewegung festlegen wollte. Es wird kein Gewicht auf diese Bezeichnungen gelegt. Da es zudem keinerlei Aufnahme- oder Austrittrituale gibt, erschwert dies, die Grenzen zu bestimmen. Während man durch die Mitglieder die Grenzen einer Organisation bestimmen kann, ist dies also in diesem Fall nicht möglich. Daher kann man die Nurculuk Bewegung als eine Gruppe mit einer offenen Struktur bezeichnen.

Vor allem die Gruppe „Freund" ist ein deutliches Beispiel einer offenen und flexiblen Gemeindestruktur in der Vision Nursis: „This flexible definition expands the sphere of the Risale community so that it embraces a fairly large part of Turkish society and the Muslim world" (Karabaşoğlu, 2003, S.275). Der „Freund" muss weder ein Leser der Risale-i Nur sein, noch muss er das islamische Pflichtgebet, auf das Nursi so viel Wert legt, praktizieren. Vom Freund wird nur eine aufrichtige Befürwortung der Bewegung verlangt, ohne wirklich selbst aktiv oder praktizierend zu sein. Wie leicht erkennbar, kann in diese Kategorie fast jeder fallen. Daher kann man nicht genau bestimmen, ab wann man zu der Bewegung „dazu" gehört. Die Grenzen der Nurculuk Bewegung sind also fließend (vgl. Agai, 2004, S.67). Dieses Merkmal war Mitte des 20. Jahrhunderts in der Türkei, in einer Zeit, in der verschiedene islamische Strömungen ihre Türen für Außenstehende verschlossen, sehr wichtig. Nursi machte es möglich, Anhänger einer Bewegung zu sein, ohne etwas dafür tun zu müssen. Hier wird wieder das Bestreben Nursis deutlich, eine Einheit unter den Muslimen zu bilden.

7.4 Hierarchie

Eine Besonderheit, dass diese Bewegung von anderen islamischen Strömungen unterscheidet, ist, dass sie keinen Führer hat. Auch Said Nursi ist nicht in der Position eines Führers, vielmehr in der eines Lehrers (Nursi, 2002a, S.34; 2004c. S.70-71; 2000f, S.224; 2001b, S.66; 2004b, S.108; 2007, S.191). Er schreibt: „Ich bin für euch ein Bruder; ich halte mich nicht für einen spirituellen Führer und ich bin auch nicht der Meister. Im Gegenteil, ich bin euer Studiengefährte" (2001c, S.71). Da kein Scheich da ist, ist auch kein Nachfolger zu bestimmen. Dies ist einer der Gründe, warum es nach Nursis Tode zu so vielen Trennungen und Spaltungen kam. In dem Nursi die charismatische Führerschaft auf die Werke verlagerte, wurden die Bücher zum Ausgangspunkt der Bewegung. Er ernannte daher auch keinen Nachfolger. Konsequenterweise gibt es auch heute keinen Führer der Bewegung. Jede Gemeinde agiert lokal und autonom mit einem eigenen Rat (Schura), das alle Entscheidungen trifft. Für die Aufgaben und Funktionen in einer Medrese melden sich die Nurcus freiwillig. Es wird niemandem eine bestimmte Rolle auferlegt. Die meisten Besucher der Medresen haben keinerlei Funktion. Da in den Medresen hauptsächlich nur gelesen wird, gibt es keine großen Aufgabenbereiche.

Fälschlicherweise wird öfters die Konstellation Freund-Bruder-Schüler (siehe Kapitel 7.2) als Hierarchie verstanden (siehe z.B. Spuler, 1981). Dies ist aber weder eine innere noch eine äußere Hierarchie. Keiner der

Nurcus wird in diese drei Gruppen aufgeteilt und nimmt nach dieser eine bestimmte Position oder Rolle in der Bewegung ein. Vielmehr ist dies nur eine theoretische Überlegung Nursis, wer zur Bewegung „dazugehört": „Die Grundlage unseres Weges ist die Brüderlichkeit. Nicht so wie zwischen Vater und Sohn, oder Scheich und Anhänger. Es ist die wahre Brüderlichkeit. Höchstens ein Lehrmeister (Üstad) kann dazwischentreten. Unser Weg ist die engste Freundschaft. Diese Freundschaft erfordert, der engste Freund zu sein, der aufopferndste Gefährte, der dankbarste Kamerad, der edelste Bruder. Das Wesen dieser Freundschaft ist wahre Aufrichtigkeit" (Nursi, 2002a, S.34; 2004c. S.70-71; 2000f, S.224; 2007, S.191). Dies hat in der Praxis jedoch keine Gewichtung, da die Grenzen flüssig sind. Daher stehen die Nurcus in der Medrese nebeneinander und sind keiner Hierarchie untergeordnet. Die Rolle des Lehrmeisters, dass Nursi anspricht, nahm bisher nur er selbst ein.

An anderer Stelle betont Nursi noch einmal, dass es unter den Nurcus auch keine Ränge gibt, um die die Nurcus konkurrieren könnten: „Meine Brüder! Unser Weg im Dienst des Korans ist die Realität und Brüderlichkeit. Die wahre Bedeutung der Brüderlichkeit ist es, die eigene Persönlichkeit in der der Brüder aufgehen zu lassen und ihre Triebseelen der eigenen vorzuziehen. Rivalität aus dem Wunsch nach Rang und Namen sollte deshalb nicht erweckt werden. Es widerspricht unserem Weg völlig. [...] Ja, wäre es unser Weg, uns einem Scheich zu unterwerfen, dann gäbe es einen einzigen Rang; oder begrenzte Ränge, und zahlreiche Fähigkeiten wären diesen zugeordnet. Es hätte Neid und Selbstsucht geben können. Doch unser Weg ist die Brüderlichkeit. Es kann nicht die Stellung eines Vaters unter Brüdern geben, und sie können auch nicht die Position eines spirituellen Führers annehmen. Der Rang in der Brüderlichkeit ist breit; er kann nicht die Ursache neidischen Streits sein. Wenn überhaupt, dann hilft ein Bruder dem anderen; er erfüllt seinen Dienst" (Nursi, 2002a, S.40ff; 2004c. S.84ff; 2000f, S.227ff; 2007, S.195ff). Hier wird deutlich, dass Nursi den Konkurrenzgedanken innerhalb der Bewegung ausschalten will. Neid und Selbstsucht würde die Aufrichtigkeit der „Brüder" zerstören.

Jedoch besitzen die unmittelbaren Schüler Nursis einen gesonderten Status. Sie haben ein charismatisches Kapital, oder von Bourdieu als symbolisches Kapital bezeichnet (1985, S.11; 1976, S.335; vgl. Hüttermann, 2002, S.241). Dieses Kapital haben sie, da sie Said Nursi persönlich getroffen haben und es ihnen angerechnet wird, dass sie am Besten wissen, wie Hizmet (Dienst) funktioniert. Daher werden sie stets in allen Angelegenheiten zur Rate gezogen. Der Status eines unmittelbaren Schülers ist logischerweise ein exklusiver Status, den man mit dem Tode Nursis nicht mehr bekommen kann. Dieser Status ist aber kein hierarchischer Status, der von einer Führung vergeben wird, sondern eine zugeschriebene Stellung. Die Nurcus zeigen ihren Respekt gegenüber den unmittelbaren Schülern Said Nursis und sehen sie als Orientierungspunkte. In den Gremien der Medresen haben sie jedoch keine gesonderte Stellung und sind hinterfragbar. Ihre Autorität begrenzt sich auf Erzählungen aus dem Leben mit dem großen Meister

Nursi. Daher kann die Bewegung auch ohne ihre Existenz auskommen (Duran, 2007, S.58)[85].

Eine von außen auferlegte hohe Stellung kann einem Jama´at-Angehörigen für seine rege Teilnahme an den Lesungen auferlegt werden. „Die Stellung einer Person in der cemaat wird durch die Gruppe selbst definiert und ergibt sich aus der Kompetenz im cemaat-Diskurs, der Teilnahme an den cemaat-Aktivitäten sowie ihren Beziehungen zu wichtigen Personen im Netzwerk" (Agai, 2004, S.77). Einem Nurcu, dem angerechnet wird, dass er sehr oft die Risale liest und das Leben Said Nursis bis in seine Einzelheiten kennt, wird eine besondere Aufmerksamkeit geschenkt. Diese Personen sind es dann letztendlich, die, zwar keine explizite hierarchische oder organisatorische Funktion besitzen, jedoch wegen, der ihnen von außen projizierten Rolle, einen gesonderten Status genießen. Sie sind die abis (großen Brüder), die man in allen Problemlagen zu Rate ziehen kann.

7.5 Zentrum

Die Bewegung hat kein Zentrum, sondern ist konsequenterweise dezentral organisiert. Sie hat keine Verwaltungsbürokratie. Dies erschwert die empirische Erfassung. Es gibt keine zentrale Leitung, die Organisation und Finanzen leitet. Die lokalen Gemeinden sind autonom. Jede lokale Gruppe muss die eigene Jama´at erst aufbauen. Dies gibt ihnen die nötige

---

[85] In der Tat gibt es Nurcu Gruppen, in denen keine unmittelbaren Schüler Nursis tätig sind.

Identität. Zudem finanziert sich jede lokale Jama´at selbst. Wenn in einer lokalen Jama´at keine finanziellen Ressourcen mobilisiert werden können, verzichtet die Jama´at auf eine Medrese und trifft sich für die Lesungen in den privaten Wohnungen. Da es weder ein Zentrum noch eine Leitung gibt, an die man sich unterordnen müsste, kann zu jeder Zeit und an jedem Ort der Welt eine Nurcu Gruppe, die mit den anderen Gemeinden organisatorisch nicht zusammenhängt, entstehen. Jedoch gibt es bestimmte Medresen (in der Türkei Istanbul und Ankara und in Deutschland Ahlen, Hannover und Köln), die wegen besonderen Leistungen eine angesehene Stellung besitzen. Wie schon in Kapitel 6.2.2 beschrieben, werden diese Medresen um Rat und Hilfe gebeten. Die Kooperation zwischen den Medresen erfolgt durch Broker, die Verbindungen zu verschiedenen Medresen haben.

Besondere Einrichtungen, wie z.B. Moscheen, die charakteristisch für die Bewegung sein könnten, gibt es nicht. Die Wohnungen, die gemietet werden, um gemeinsam die Risale-i Nur zu lesen, also die Medresen, sind die einzigen Einrichtungen. Und auch diese Einrichtungen kommen nur zu Stande, wenn die privaten Wohnungen nicht ausreichen. Das heißt, die Bewegung kommt völlig ohne jegliche Einrichtungen aus. In der Tat gibt es in vielen Städten Deutschland Nurcu Gruppen, die seit Jahren keine Medrese haben und sich immer nur in den privaten Wohnungen treffen und die Werke Nursis lesen.

7.6 Schura (Rat, Gremium)

Said Nursi schreibt in seinen Werken, dass der folgende Koranvers: „Ziehe sie zu Rate in den Angelegenheiten" (Der Koran: 3, 159) die Muslime dazu verpflichtet, in allen Angelegenheiten einen Wissenden zu Rate zu ziehen. So schreibt er: „Laut diesem Befehl (gemeint ist der Vers; A.d.A.) muss ich meine Brüder zu Rate ziehen" (2001c, S.23). Er nimmt diesen Vers so ernst, dass er davon ausgeht, dass die Rückständigkeit Asiens darin liegt, dass sie diesen Befehl nicht einhalten (1995b, 65ff). Daher empfiehlt er seinen Schülern in verschiedenen Angelegenheiten einen Rat (Schura) zu bilden, um eine Entscheidung bezüglich der Werke zu treffen (2000c, S.95, 183; 2001c, S.125). Er selbst sei nicht zu bevorzugen und hätte auch nur eine Stimme, genau wie die Brüder (2001c, S.195). Und er freut sich auf Briefe seiner Schüler, in denen sie von diesen Räten berichten (2000c, S.94). Die Nurcus in der Gegenwart beherzigen dies, daher lautet z.B. das Motto der Zeitung Yeni Asya, dass der Erfolg Asiens von der Schura abhängig ist.

Heute bilden die lokalen Nurculuk Gruppen Räte. Sie treten zusammen, wenn Entscheidungen getroffen werden müssen. Auf diese Weise wird die Autorität reduziert und zugleich auf die Schultern aller oder vieler verteilt. In den meisten Fällen kann jeder an einem Rat in der Medrese teilnehmen. Es wird niemand ausgeschlossen. Alle Nurcus, die während einer Entscheidung in der Medrese sind, gehören direkt zum Rat und haben eine Stimme. Damit wird die Autorität auf verschiedene Personen verteilt, so dass niemand bevorzugt wird. Allerdings ist es so, dass es Personen gibt, die bei jeder Entscheidung anwesend sind. Dies sind Personen, denen mehr Wissen zugestanden werden. Der Rat funktioniert nach dem Prinzip einer Basisdemokratie. Hierzu Kenan Demirtaş: *„Schura ist für uns sehr wichtig. Wir können nicht darauf verzichten. [...] In einer Schura sind die persönlichen Meinungen nicht so wichtig. Wichtig ist, was die Gesamtheit entscheidet. Wenn man also die Meinung x vertritt, aber die Mehrheit die Meinung y vertritt, dann muss man die Meinung y so akzeptieren, als wäre es die eigene Meinung"* [K.D.].

Auch hier sollen zwei Fallbeispiele wiedergegeben werden:

Fallbeispiel 1: Schura in der Türkei
Ein Rat trifft sich je nach Notwendigkeit mehrmals im Monat. Manche Medresen haben einen bestimmten Zeitrhythmus, in dem sie sich treffen. Alle, die zum Zeitpunkt der Schura in der Medrese sind, sind automatisch stimmberechtigt. Jeder hat eine Stimme. Man trifft sich für jede noch so triviale Angelegenheit. Als ich an einer Sitzung der Räte in einer Medrese in einem kleinen Dorf in Ankara teilnahm, ging es um Themen wie die Anschaffung eines Bücherregals für die Medrese oder das Organisieren eines gemeinsamen Picknicks. Zunächst sagten einige Teilnehmer ihre Meinungen. Es wurde darüber offen diskutiert. Später wurde offen abgestimmt und die Mehrheitsmeinung wurde zur Umsetzung akzeptiert und protokolliert. Nachdem eine Entscheidung getroffen war, ging man über zu einem anderen Thema. Jeder der Teilnehmer kann ein Anliegen vortragen oder ein Thema

vorschlagen. Daher konnte ich keine geregelte Tagesordnung feststellen. Andere Medresen in der Umgebung hatten ebenfalls Räte. Einmal im Monat trafen sich die Räte der verschiedenen Medresen in der gleichen Umgebung in einer der Medresen und bildeten einen großen Rat. Jede Medrese schickte dazu zwei Vertreter. Die Vertreter wurden in den eigenen Räten wieder durch Abstimmung auserwählt. Es traf sich also einmal im Monat ein größerer Rat mit Vertretern aus mehreren Medresen, die in der gleichen Region waren. Einmal in drei Monaten traf sich ein noch größeres Gremium, mit Vertretern aus den Räten der Medresen, die in der gleichen Stadt sind. Und zweimal im Jahr trafen sich Vertreter aus den Medresen aus ganz Türkei zu einem großen Treffen. In diesem großen Treffen erzählen die Medresen von ihren lokalen Projekten. Dieser große Rat, der das ganze Land umfasst, trifft sich seit 1975. Allerdings werden weder hier im „Landesrat", noch im „Stadtrat", Entscheidungen über die lokalen Angelegenheiten der einzelnen Medresen getroffen. Diese können nur lokal vor Ort gemacht werden. In den größeren Räten bespricht man Themen, die die ganze Bewegung (wohlgemerkt geht es hier nur um eine Gruppe der Nurculuk Bewegung) interessieren, wie z.B. das Internationale Said Nursi Symposium in Istanbul.

Fallbeispiel 2: Schura in Deutschland

In Deutschland läuft es nicht so professionell ab wie in der Türkei. Die Räte sind nicht so eingespielt. Auch hier tritt der Rat einer Medrese in unregelmäßigen Abständen zusammen. Allerdings gibt es hier nur wenige regionale Räte, die zusammenkommen. Dafür gibt es zu wenig Medresen in Deutschland. Jedoch, wie in der

Türkei, gibt es größere Räte. Wie schon in Kapitel 6.2.2 beschrieben, trifft sich die Nesil Gruppe zweimal im Jahr und die Yeni Asya Gruppe jeden Monat zu einem größeren Gremium. Der Ablauf ist exakt so, wie in der Türkei, so dass hier eine erneute Beschreibung nicht notwendig ist. Stattdessen soll hier ein diskutiertes Thema wiedergegeben werden. Anlass für die Diskussion war der Vorschlag eines in Deutschland geborenen Nurcus, ein einheitliches Logo für die Jama'at in Deutschland zu kreieren. Zu diesem Thema fielen Argumente, wie z.B. „Wir haben ja keine Dachorganisation", „Da jede Gruppe von uns unabhängig von der anderen arbeitet, können wir doch kein einheitliches Symbol nehmen" oder „Das können wir nur machen, wenn wir eine geschlossene Gruppe bilden". Da die Mehrheit sich gegen ein einheitliches Symbol entschied, wurde der Vorschlag zurückgewiesen. In diesem Punkt werden die strukturellen Probleme der Nurculuk Bewegung in Deutschland deutlich. Fehlende Organisation erschwert die gemeinsame Arbeit der Medresen.

8.0 Sinnbildung und Merkmale der Bewegung

Wie im Theorieteil dieser Arbeit beschrieben (siehe Kapitel 3.2) verleiht der Nomos einen bestimmten Sinn für die sinnlos gesehene Welt. Zudem dienen bestimmte Muster und Techniken der Risikoabsorption und der „Herstellung ontologischer Sicherheit des von Kontingenz bedrängten Selbst" (Hüttermann, 2002, S.4). Akteure bringen Strukturen hervor, „die auf sie selbst zurückwirken und ihnen sowohl als Individuen als auch als Gruppe einen charakteristischen Stempel aufdrücken" (Hüttermann, 2002, S.5). Ein Individuum bedient sich bestimmter Muster, um die scheinbare Unsicherheit zu bewältigen. Said Nursi versuchte die Unsicherheit zu beheben, in dem er dem Individuum eine sinngebende Struktur für die Beschreibung der komplexen Welt anbot. Mit diesen Strukturen sollte der gelebte Islam die Komplexität reduzieren. Die Strukturen sollten der Risikominderung und der Kontingenzbewältigung dienen. In diesem Kapitel werden einige dieser Strukturelemente, mit Blick auf die dritte Fragestellung der Arbeit näher erläutert. In diesem Kapitel wird der Gedankenmuster der Bewegung verständlich werden. Vor allem die nachfolgenden vier Begriffe (İhlas, Hizmet, Uhuvvet, müsbet Hareket) sind ständige Begriffe, die im Diskurs eine gewichtete Rolle spielen. Welche Wirkung diese auf den Alltag der Nurcus haben, wird ebenfalls untersucht.

8.1 İhlas (Aufrichtigkeit)

İhlas bedeutet „Aufrichtigkeit". Gemeint ist die Aufrichtigkeit Gott gegenüber. In seinem Werk „Die Aufrichtigkeit" schreibt Nursi: „Dieser Lichtblitz („Die Aufrichtigkeit" wird auch als „20. und 21. Lichtblitz" bezeichnet; A.d.A.) sollte mindestens einmal alle vierzehn Tage gelesen werden" (2002a, S.27; 2004c. S.55; 2000f, S.221; 2007, S.187). Dadurch betont er die Wichtigkeit dieses Begriffes. Für Nursi bedeutet Aufrichtigkeit das Streben nur nach Gottgefallen. Die Betonung liegt auf dem Wort „nur". Denn der Mensch soll nur die Aufmerksamkeit seines Schöpfers suchen. Ist der Schöpfer zufriedengestellt, „dann macht es nichts aus, wenn selbst die ganze Welt unzufrieden ist. Akzeptiert Er eine Tat, und jeder andere lehnt sie ab, dann hat ihre Ablehnung keine Auswirkung" (Nursi, 2002a, S.26; 2000f, S.222; 2007, S.188). Die Rettung sei nur in der Aufrichtigkeit zu suchen. Eine kleine aufrichtige Haltung wäre einer großen heuchlerischen Haltung vorzuziehen (Nursi, 2000i, S.146).

Ein Interviewpartner erklärt İhlas mit eigenen Worten: *„Wenn jemand seine Taten nur wegen Gottes Willen macht, also nicht um zu Prahlen oder um ein Status zu erwerben, der hat İhlas. Daher ist İhlas ganz wichtig. Es geht letztendlich immer um das Streben nach İhlas. Deswegen lesen wir immer diesen Teil der Risale. Alle zwei Wochen sagt Üstad"* [A.F.]. Um die Wichtigkeit von İhlas zu betonen, vergleicht Kenan Demirtaş diese Prinzipien mit dem Gesetzbuch: *„Die İhlas-Prinzipien, über die Nursi schreibt, sind für uns*

Gesetze. Die einzelnen Punkte im 21.Lichtblitz sind für uns wie Paragraphen des Gesetzbuches" [K.D.].

Dieser Begriff hat eine besondere Funktion in der Risikobewältigung, was im folgenden Interviewabschnitt deutlich wird: *„Also ich ärgere mich nicht, wenn jemand, den ich 50mal einlade, nicht zu unseren Lesungen kommt. Ist ja seine Sache. Weil ich lade ihn nicht ein, damit er kommt. Also meine Absicht ist nicht, mich selbst zufrieden zustellen, weil er durch meine Einladung gekommen ist. Verstehen Sie, was ich meine? Mein Ego soll nicht prahlen, weil jemand durch mich zur Medrese gekommen ist. Ich mache das allein Gottes wegen. Das nennen wir İhlas"* [G.S.]. Ein Nurcu versucht also, seine Handlungen in der Gesellschaft „durch das Auge Gottes" zu sehen. Handlungen, die seiner Meinung nach, Gottesgefallen finden, führt er aus. Um die Ergebnisse dessen kümmert er sich nicht. Allein die Absicht, Gott zu gefallen steht im Zentrum: *„Wenn ich jemanden zur Lesung rufe, habe ich meine Aufgabe erledigt. Ob der Eingeladene nun kommt oder nicht, ist seine eigene Sache. Gott wird mich [im Jenseits; A.d.A.] nur fragen, ob ich meinen Kollegen gerufen habe"* [G.S.]. Auch finden wir derartige Formulierungen direkt in den Texten Nursis, der schreibt, dass das Endresultat einer Tat bei Gott liegt und die Absicht, Gutes zutun, für das Individuum wichtig ist (2000i, S.144ff; 2001a, S.402). Diese Sicht Nursis begründet sich auf seinem *Tauhid* (Einheit, Einzigartigkeit und Einheitlichkeit Gottes) Verständnis. Laut Nursi gibt es keinen schöpfungsfreien Raum. Der Muslim befinde sich stets in Seiner Gegenwart und müsse daher İhlas zeigen (2000f, S.225ff; 2007, S.192ff). **Das entscheidende Element der**

islamischen Kontingenzbewältigung ist daher der *Tauhid* im radikalen Monotheismus. Laut Weber würde man also Said Nursi und die Nurcus als Gesinnungsethiker beschreiben. Gesinnungsethiker handeln „Gottgewollt" und überlassen den Erfolg Gott (Weber, 1992, S.70ff).

8.2 Hizmet (Dienst)

Was bedeutet das schon mehrmals gefallene Wort Hizmet? Hizmet bezeichnet den Dienst an der Risale. S.D. beschreibt, was den Dienst ausmacht: *„Hizmet ist, dass man selber persönlich die Risale liest, an der Lesung in der Medrese teilnimmt, an der Verbreitung der Risale mithilft"* [S.D.]. Der Dienst wird zur Lebensphilosophie. *„Die Richtlinien in der Risale decken sich mit den Handlungen unseres Propheten. Deshalb kann man sich ohne Probleme nach der Risale richten. Üstad schreibt nur das, was im Koran und beim Propheten vorkommt. Was anderes gibt es in der Risale nicht. Die Quelle ist immer gleich"* [S.D.]. Hizmet ist immer verknüpft mit İhlas: *„Man muss Hizmet mit İhlas machen, sonst erfüllt es seinen Zweck nicht. Ein positives Ergebnis bei Hizmet gibt es nur mit İhlas"* [T.A.].

Zur *„Verbreitung der Risale"* sagt T.A.: *„Es geht um das Jenseits. Wir werden geprüft durch Gott. Nur wer (an die Existenz Gottes; A.d.A.) glaubt, verwandelt sein Jenseits zur ewigen Freude. Und die Risale fördert dieses Glauben. Es appelliert an den Verstand. Glauben wird zur Logik. Deswegen verbreiten wir die Risale. Aber in erster Linie geht es nicht um Risale, sondern um den*

Glauben." Man kann laut dieser Aussage davon ausgehen, dass die Werke Mittel zum Zweck sind. Ziel ist die Stärkung des Glaubens. **Für die Risale-i Nur Schüler stärkt das Lesen der Risale ihren Glauben.** Daher entwickelt sich eine ganze Jama'at von Lesenden, die sich nach außen durch das Lesen unterscheidet.

Welche Bedeutung hat nun Hizmet für den Alltag? Genau wie İhlas und der nachfolgende Begriff Uhuvvet ist der Begriff Hizmet sinnstiftend. Der Nurcu versucht in seinem Alltag Wege und Möglichkeiten zu finden, in denen er einen Dienst leisten kann. Schon das Lesen eines Risale Werkes im Bus oder in den Schulpausen wird als Hizmet angesehen. Dies gibt dem Nurcu einen Sinn für seine Handlungen im Alltag. Jede noch so kleine Handlung wird so zu einem İbadet (Gottesdienst) umgewandelt.

8.3 Uhuvvet (Brüderlichkeit)

Nursis Appell an die Brüderlichkeit unter den Muslimen ist außerordentlich wichtig. Der Abschnitt „Brüderlichkeit" wird nicht nur von der Nurcu Bewegung gelesen, sondern auch von Sufi-Orden oder Milli Görüş. In diesem Teil der Risale schreibt Nursi über die außerordentliche Wichtigkeit der Brüderschaft und des Zusammenhalts der Muslime: „Streit und Uneinigkeit unter den Gläubigen, Parteilichkeit, Sturheit und Neid, welche zu Groll und Hass Anlass geben, sind aus Sicht der großartigen Menschlichkeit, das heißt aus der Sicht des Islams wie auch aus Sicht des individuellen des gemeinschaftlichen und spirituellen Lebens hässlich und zu verdammen, sie schaden und sind ungerecht und ein Gift für das menschliche Leben" (Nursi, 2004b, S.365ff; 2004e, S.8). Auch schreibt er, dass es gegenwärtig sehr wichtig ist, dass Muslime weltweit eine Union bilden (1978, S.67).

An anderer Stelle schreibt er, dass die Nurcus sich nicht mit „Fehlern" anderer Beschäftigen sollen und auf keinen Fall mit anderen islamischen Gruppen in ein Konkurrenzverhältnis fallen sollen (2000f, S.213; 1995c, S.63; 2007, S.176). In den „Emirdağ Briefen" schreibt Nursi, dass die Werke gegen die zwei wichtigsten Gefahren der Türkei vorgehen. Das erste sei die Anarchie und das zweite die Uneinigkeit der (damals) 350 Millionen Muslime auf der Erde. Die Risale-i Nur werde auf diese Uneinigkeit mit Brüderlichkeit antworten (2001c, S.111).

Bezeichnend für Nursi ist auch folgende Textstelle: „Wenn du deinen Weg und deine Gedanken als wahr annimmst, so hast du das Recht zu sahen: 'Mein Weg ist richtig oder sogar schön.' Aber du besitzt nicht das Recht, zu sagen: '**Nur** mein Weg ist der rechte.'" (2004b, S.368; 2004e, S.17; H.d.A.; vgl. 2001b, S.460; 2004b, S.618). Nursi lässt also Meinungsverschiedenheiten zu. Er benutzt die Vielfalt als Möglichkeit des Ideenaustauschs und verbindet so die verschiedenen islamischen Gruppen. So können Nurcus auch aktiv in anderen muslimischen Gruppierungen sein. Und die Werke von Nursi können in anderen Gruppen gelesen werden. Ein Milli Görüş Anhänger sagte mir, als er von der vorliegenden Arbeit hörte, folgendes: *„Die Nurcus glauben immer, dass die Risales nur ihnen allein* *gehören. Das ist nicht richtig. Die Risale-i Nur gehört allen Muslimen"* [N.E.]. Diese erstaunliche Erkenntnis deckt sich mit der Aussage von Said Nursi: „Da die Risale-i Nur jedem gehört, kann es sich nicht einer bestimmten Seite unterordnen" (2001c, S.140). **Das heißt konsequenterweise, dass die Nurcus kein Exklusivrecht auf die Werke Nursis erheben dürfen.** Da dies jedoch durch den später institutionalisierten Charakter der Jama'at gemacht wurde, wird das Studium, ja das bloße Lesen der Werke als „Eingangskriterium" in die Jama'at aufgefasst. Sowohl intern (Selbstzuschreibung) als auch extern (Fremdzuschreibung). Dies schreckt viele Außenstehende ab und führt dazu, dass sie die Werke Nursis nicht lesen, um sich nicht als Nurcus deklarieren zu lassen. Verstärkt wird dies durch die gängige Meinung, dass Personen, die in ihren Texten Nursi zitieren, zur Jama'at der Nurcus gehören. Aus diesem Grunde werden öfters Nursis Zitate ohne Quellenangaben widergegeben. Falls er in den Moscheepredigten erwähnt wird, erfolgt dies so gut wie nie mit seinem Namen, sondern mit Bezeichnungen wie z.B. „Ein großer Gelehrter" oder „Ein Gelehrter unserer Zeit".

Dass es unter den Nurcus trotz dieser „Brüderlichkeit" zu Spaltungen kam, ist ein Paradox. Die Nurcus versuchen dieses Paradox mit einem Gleichnis zu bewältigen: *„Also es gibt ja ganz viele islamische Gruppen. Und alle von ihnen führen zu Gott. Sie sind alle richtig. [...] So ist das bei uns auch. Es gibt viele Nurcu Gruppen. Aber wir sind doch eins. Also unser Prophet sagt ja auch, dass Vielfalt gut ist. Und Üstad schreibt das auch im 22. Brief (gemeint ist der Abschnitt*

„Brüderlichkeit"; A.d.A.)" [C.M.]. Der angesprochene Ausspruch des Propheten lautet: „Die Meinungsvielfalt in meiner Gemeinde ist eine Gnade" (Acluni, 1932, S.66-68; Münavi, 1972, S.210-212). Said Nursi interpretiert diesen Hadith folgendermaßen: „Die Meinungsvielfalt, die im Hadith gemeint ist, ist eine positive. Das heißt, jeder strebt danach, seine Schule zu verbreiten und bekannt zu machen. Er möchte nicht die anderen zerstören oder abschaffen, sondern sie vervollständigen und verbessern. Aber eine negative Meinungsvielfalt, eine triebhafte und feindliche, die darauf abzielt sich gegenseitig zu zerstören, ist aus Sicht des Hadith zurückzuweisen. Denn wer sich gegenseitig schädigt, kann keine positive Bewegung ausüben" (Nursi, 2004b, S.372; 2001b, S.259). Demnach glauben die Nurcus, dass ihre Trennung in Gruppen eine positive Trennung ist, da sie sich gegenseitig die Legitimität nicht abstreiten. Sie sehen ihre Teilung als Arbeitsteilung (siehe Kapitel 5.4). Auf diese Weise entsteht ein Diskurs, in dem vielfältige Meinungen aufeinander treffen und die alle gleichzeitig als richtig gelten.

8.4 Müsbet Hareket (Positives Handeln)

Nursi erklärt sich gegen jede Art von Anarchie (2001c, S.27, 111). „Ein wahrer Muslim, ein aufrichtiger Gläubiger (mu'min) wird niemals für Anarchie und Gesetzlosigkeit Partei ergreifen. Was die Religion (din) auf äußerste verbietet, ist Aufruhr (fitnah) und Anarchie. Denn eine Anarchie respektiert überhaupt kein Recht. Der Ehrenwerte Qur'an weist darauf hin, dass am Ende der Zeiten der Mensch, sein Charakter, seine kulturellen

Errungenschaften und seine Zivilisation den Charakter reißender Tiere annehmen" (2001a, s.566; k.A.b, S.937). Denn die Aufgabe der Nurcus sei nicht Zerstörung, sondern Aufbau (2000c, S.52; 2001c, S.455). „Demgegenüber ist es unser Weg, sich positib zu verhalten und auch danach zu handeln. Er erlaubt uns nicht, mit anderen zu streiten, ja noch nicht einmal in Gedanken" (2000c, s.188; k.A.c, S.222). Es gehe in der Bewegung nicht nur um die Stärkung des eigenen Glaubens, sondern auch um die der Gesellschaft (2000c, S.154). Auch hat er keine Rachegefühle gegenüber seinen Gegnern. Er schreibt, dass seine Gegner glaubten, er würde sich mit Gewalt an ihnen rächen: „Sie irren sich. Unsere gesamte Stärke setzen wir gegen die Anwendung von Gewalt und Anarchie ein" (2001c, S.30). Er vergibt denen, die ihn verurteilten: „Wenn die Beamten des Gesetzes, die das Risale-i Nur mit der Absicht studieren, es zu kritisieren, ihren Glauben durch das Schriftenwerk stärken und retten, so seid Zeuge, dass ich ihnen vergebe. Denn wir sind hier um zu dienen. Wird sind verpflichtet, dem Glauben zu dienen, ohne zwischen Freund und Feind zu unterscheiden, ohne parteiisch zu sein" (2000d, S.341; 2004a, S.456). An anderer Stelle heißt es: „Wenn diejenigen, die mich zum Tode verurteilt haben aufgrund der schweren Schläge des Risale-i Nur, welches nach Ankara gesandt wurde, wenn diejenigen ihren Glauben durch das Risale-i Nur bewahren und vor der ewigen Vernichtung bewahrt werden, so seid ihr Zeugen dafür, dass ich ihnen mit meinem Leben und meiner Seele vergebe!" (2000d, S.258; 2004d, S.334).

An anderer Stelle wird dies noch einmal deutlich: „Alles Materielle und Immaterielle, was ich besitze, habe ich geopfert. Ich habe jede Qual ertragen müssen. Jeder Folter bin ich mit Geduld begegnet. Auf diese Weise verbreiteten sich die Glaubenswahrheiten (gemeint sind seine Werke; A.d.A.) in alle Ecken. Hunderte, vielleicht Millionen Schüler wurden dadurch ausgebildet. Diese Schüler werden nun in dem Dienste des Glaubens weitermachen. Und sie werden sich nicht von meinem Prinzip, alles Materielle und Immaterielle zu opfern, trennen. Sie werden nur für den Schöpfer arbeiten. Ich möchte nicht, dass meine Schüler auch nur die kleinste Spur von Hass oder Rachegefühlen gegen die Leute tragen, die mich gefoltert und gequält haben. Stattdessen empfehle ich ihnen Loyalität und Standhaftigkeit gegenüber der Risale-i Nur" (2001c, S.318). Doch nicht nur mit den Gegnern soll nicht gestritten und gekämpft werden, sondern auch nicht mit geistlichen Führern, die sich, aus welchem Grund auch immer, gegen die Bewegung stellen (2000d, S.280; 2001c, S.116; 2004a, S.361). Für den Frieden des Volkes, insbesondere der Kinder, der alten, kranken und armen Menschen, ist Nursi bereit, sein Leben einzusetzen (2001c, S.29; Berk, 1972, S.52). Er ist fest davon überzeugt, dass eine Gesellschaft stets zusammenhalten muss: „Gegenseitige Unterstützung in einer Gesellschaft sorgt dafür, dass der Stillstand zu Aktivität wird, während gegenseitiger Neid alle Aktivität zum Stillstand bringt. Wenn eine Gemeinschaft nicht eins und ganz, eine ungeteilte Zahl ist, macht eine Addition sie schwächer wie das Multiplizieren von Brüchen" (2001b, S.459; 2004b, S.618).

Ähnlich wie Sokrates, ist Nursi über die Tatsache, dass ihm die Todesstrafe verhängt wird, nicht besorgt: „Da das der Fall ist, sage ich nicht zum Gericht hier, sondern zu jenen ungerechten Männern: keine zwei Groschen gebe ich für die härteste Strafe, die ihr über mich verhängt; sie hat gar keine Bedeutung. Denn ich bin fünfundsiebzig Jahre alt und stehe mit einem Fuß im Grab. Ein oder zwei Jahre des unschuldigen Lebens in Verfolgung gegen den Rang des Märtyrertums einzutauschen wäre das größte Glück für mich. Dank der tausenden Beweise des Risale-i Nur glaube ich mit äußerster Gewissheit, dass für uns der Tod unser Entlassungspapier ist. Selbst wenn der Tod äußerlich die Hinrichtung ist, so wäre für uns eine einstündige Not der Schlüssel zur ewigen Wonne und Gnade. Aber was euch anbelangt, ihr versteckten, grausamen Feinde, die ihr Justizwesen wegen des Atheismus verwirrt und die Regierung grundlos mit uns beschäftigt! Dessen seid gewiss und zittert! Ihr seid zur ewigen Vernichtung und andauernden Einzelhaft verdammt. Wir sehen, dass Rache an euch genommen wird. Wir bedauern euch sogar. Ja, die Realität des Todes, die diese Stadt einhundert Mal entleert hat, hat Forderungen, die größer sind als das Leben. Einen Weg zu finden, vor dieser sicheren Hinrichtung befreit zu sein, ist das größte Bedürfnis des Menschen, wichtiger als alles andere. Jene, die mit simplen Vorwänden den Anhängern des Risale-i Nur Schuld geben, die diesen Weg für sich selbst gefunden haben; jene, die dem Risale-i Nur Schuld geben, obwohl das Schriftenwerk jenen Weg mit tausenden Beweisen liefert --- wie schuldig sie selbst sind in den Augen der Wahrheit und Gerechtigkeit, das würden selbst Verrückte verstehen" (2000d, S.323; 2004a, S.427ff).

Nursis einziger Slogan lautet daher: „Wir sind die Vertreter der Liebe. Für Hass haben wir keine Zeit" (1978, S.49; 1995b, S.92ff). „Bei Nursi treffen wir weder auf einen islamischen Populismus, der das Ziel hätte, den Staat zu kontrollieren, noch auf einen Islam, der dem Staat leicht als Rechtfertigung für seine Unterdrückungspolitik zur Kontrolle der Gesellschaft dienen könnte. Auch handelt es sich nicht um einen Islamismus, eine nationale Befreiungsbewegung. Nein, Nursis Projekt war eine auf dem Glauben basierende Bewegung mit dem Ziel, ein ethisches System wiederherzustellen" (Yavuz, 2004, S.129). Es war ihm bewusst, dass dieses ethische System nur ohne Gewalt entstehen konnte. Deshalb appelliert er ständig auf Freiheit und Unabhängigkeit: „Ohne Brot kann ich leben, aber ohne Freiheit nicht" (2001c, S.18). Die Gedankenfreiheit sei das Schwert der Zivilisation und die Quelle aller kreativen Kräfte (2001a, S.54-68; h.z.n. Yavuz, 2004, S.130). Nur durch die Freiheit könne man den höchsten Rang des Glaubens erreichen[86].

Die Risale-i Nur Schüler versuchen diese Eigenschaft Nursis weiterzuführen, in dem sie sich z.B. nicht mit Gewalt gegen den Staat richten, auch wenn der gegen sie ankämpft. Mehmet Fırıncı, einer der Schüler Said Nursis zu dessen Lebzeiten, vergleicht in diesem

---

[86] Der Freiheitsgedanke spielt bei Nursi eine bedeutende Rolle. Diese, hier in dieser kurzen Arbeit aufzunehmen, würde den Rahmen dieser Arbeit sprengen. Siehe Nursi, 1995d, S.40 oder 1978, S.56-70.

Fall die Nurculuk Bewegung mit einer Non Government Organization (NGO): *„Heutzutage würde man uns eine NGO nennen. Natürlich können wir von Zeit zu Zeit den Staat kritisieren, das gehört ja zu einer NGO. Aber den Staat von Grund aus ändern, oder gegen den Staat kämpfen? Nein, das hat Bediüzzaman uns Schülern verboten!"* [M.F.]. Weiterhin betont Fırıncı, dass die Nurcus nicht zur Waffe greifen: *„Die Risale-i Nur Schüler haben niemals eine Waffe zur Hand genommen. Wir haben uns nie an den Studentenaufständen beteiligt. Üstad war niemals gewalttätig. Er hat versucht Gewalt und Krieg zu verhindern, z.B. beim Scheich Said Aufstand."* Hierfür gibt Fırıncı eine kleine Anekdote aus dem Jahre 1979, als es in der Türkei zu Studentenaufständen kam, wieder: *„Unsere Studenten wurden an einem Tag von den Linken verprügelt. Einen Tag später von den Rechten. [...] Sie kamen zu uns und fragten, 'Was sollen wir tun? Jeden Tag gibt es Massenschlägereien. Können wir nicht wenigstens um die Leute abzuschrecken, Waffen tragen?'. Wir haben es ihnen strikt verboten. 'Wenn es nötig ist, brecht euer Studium ab. Wenn die Aufstände vorbei sind, könnt ihr wieder in die Universität. Aber greift auf keinen Fall zur Waffe', haben wir geraten. Es war nicht leicht, sie davon abzuhalten, aber es klappte"* [M.F.]. Lemmen (1997) hebt diese Besonderheit der Gruppe hervor: „Gewaltsame, aggressive und revolutionäre Ideen sind nach Auffassung der Nurculuk Bewegung nicht geeignet, Freiheit im wohlverstandenen Sinne zu gewähren, zu garantieren und zu schützen." Dr. Coşkun Konya, Psychologe aus Rotterdam, erläutert dies: *„Wir (gemeint sind die Nurcus; A.d.A.) wollen keinen Streit. Wir wollen zusammenkommen. Ich respektiere dich (gemeint sind*

„die Anderen"; A.d.A.). Und du solltest mich respektieren. So können wir ins Gespräch kommen. Mit Gewalt erreicht man nichts" [C.K.].

Für T.A. ist die Ablehnung Nursis gegenüber dem Aufstand von Scheich Said (siehe Kapitel 5.2.2) grundlegend: *„Nursi hätte mitmachen können. Aber er tat es nicht. [...] Für ihn ist der Frieden unter dem Volk das wichtigste. Also, so handeln wir dann auch. Immer für den Frieden. Damit es nicht zu Ausschreitungen kommt usw. Da handeln wir wie Üstad"* [T.A.]. Dies betont auch Mustafa Sungur, einer der Schüler Said Nursis: „Bevor Üstad starb, hinterließ er uns ein Erbe: Positives Handeln. Er sagte uns, handelt immer positiv, nicht negativ. Gegen jedes Problem müssen wir mit „Geduld" antworten, damit Frieden in der Gesellschaft herrscht. Die Nur-Schüler sind dazu verpflichtet" (Aköz, Atal, 16.12.2004). Ein weiterer Schüler Said Nursis, Mehmet Kırkıncı hierzu: „Bediüzzaman hat eine Jama´at gegründet. [...] Eine Jama´at, die nicht einmal auf eine Ameise tritt. Sie (die Mitglieder der Jama´at; A.d.A.) sind gegen Anarchie und Zwietracht. Wie Üstad es sagt, sind sie die Vertreter der Liebe. Für Hass haben wir keine Zeit. Mit Hass schadet der Mensch sowohl sich selbst als auch anderen Menschen" (Aköz, Atal, 17.12.2004).

8.5 Heiligenkult

Nursi selbst distanzierte sich von allen ihm gegebenen hohen Positionen. Er sagte, dass die wahre Aufrichtigkeit es ihm nicht erlaube, einen materiellen oder immateriellen Status einzunehmen oder Berühmtheit zu erlangen (Nursi, 2001c, S.67). Es wäre fatal, die Quelle einer ewigen Wahrheit bei einem vergänglichen Menschen zu suchen (Nursi, 2001c, S.63). Abermals betonte er, dass er weder ein Scheich noch ein anderer Führer sei (2001b, S.66; 2004b, S.108; Şahiner, 1979b, S.92). Er baute seine Bewegung nicht auf seinem Charisma auf, sondern verlagerte es auf die Werke. Von den Lesern der Werke verlangte er, dass sie sagen: „Wir sind Studenten des Risale-i Nur. Auch Said ist ein Student wie wir. Die Quelle und die Basis des Risale-i Nur ist der Koran. [...] Was auch immer Said, der Übersetzer und ein Diener des Risale-i Nur tut, selbst wenn er - Gott sehe dem vor - sich gegen das Risale-i Nur wenden sollte, so Gott will wird unsere Loyalität und unser Interesse nicht erschüttert werden" (Nursi, 2001c, S.109). In den „Kastamonu Briefen" z.B., verweist er seine Schüler darauf, ihm keine heilige oder hohe Stellung zu geben. Stattdessen sollten sie Loyalität, Treue und Aufrichtigkeit gegenüber dem Dienste zeigen (2000c, S.61).

Nursi distanzierte sich nicht nur von einer ihm auferlegten „Heiligkeit". Auch schreibt er, dass bloße Berühmtheit und Ruhm wie ein Gift sind, die die Aufrichtigkeit (İhlas) zerstören (2000c, S.108; 2000i, S.71; 2001c, S.169ff, 225). Auch solle man für Hizmet (Dienst) weder materielle noch immaterielle Güter von außenstehenden als Belohnung akzeptieren. Seinen Schülern rät er, nicht nach Ruhm zu streben: „Beachte, dass die Aufmerksamkeit der Menschen nicht verlangt werden kann, sondern gegeben wird. Wenn sie gegeben wird, dann sollte man sich daran nicht erfreuen. Wenn man sich daran erfreut, dann geht die Aufrichtigkeit verloren und Heuchelei tritt an ihre Stelle. Wird die Aufmerksamkeit der Menschen vom Wunsch nach Ruhm und Ehre begleitet, dann ist dies nicht eine Belohnung oder ein Preis, sondern ein Vorwurf und Strafe für den Mangel an Aufrichtigkeit. Diese Aufmerksamkeit der Menschen, der Ruhm und die Ehre, schaden der Aufrichtigkeit, dem Lebensborn aller guten Taten. [...] Deshalb sollte man nicht die Aufmerksamkeit der Menschen begehren, sondern davor fliehen und sich fernhalten" (2000f, S.211; 2002a, S.8; 2007, S.174). Denn Ruhm und die Aufmerksamkeit der Menschen würde im Grab nicht weiterhelfen (2001b, S.402).

Zu erwähnen wäre auch, dass Nursis Genealogie auf den Propheten Muhammed zurückgeführt wird. Doch in seinen Werken verschweigt er diese Tatsache. In einer Gerichtsverhandlung in Denizli sagte er aus, dass er nicht wüsste, ob er aus der Prophetenfamilie kommt (2001c, S.232). Seine Schüler jedoch berichten, dass Nursi ihnen dies in verschiedenen Anlässen berichtete (Badıllı, 1990, S.36; Şahiner, 2005, B.1, S. 240, B.3, S.116, 201), aber die Verbreitung dieser Information nicht wollte (Şahiner, 2005, B.3, S.238)[87]. Die Genealogie zum Propheten ist im islamischen Kontext, vor allem im Diskurs, ein wichtiger Aspekt. Das Privileg zur „Familie des Propheten" zu gehören, erbringt einen argumentativen Vorteil gegenüber anderen und ist ausschlaggebend für die eigene Legitimität. Für die Anhänger von Nursi ist dies ein Grund für die Erstellung einer Hagiographie. Die

---

[87] In einem Dokument, der von Islamgelehrten aus Medina, Irak und Jordanien und vom Institut, dass alle Prophetenverwandte vernetzt, wurde nachgewiesen, dass Said Nursi aus der Prophetenfamilie stammt (siehe Anhang 10; Akgündüz, 2014).

Tatsache, dass Nursi, unverheiratet war, bestärkt seine Stellung im Diskurs, da dies als Aufopferung des weltlichen Lebens bewertet wird.

Die Distanzierung Nursis vom Heiligenkult ist aber kein Grund für die Bewegung Said Nursi nicht als eine wichtige Persönlichkeit anzusehen. Die Intellektuellen der Bewegung fordern jedoch eine kritischere Haltung gegenüber den Werken: *„Üstad ist ein Mensch wie jeder andere. Auch er kann Fehler machen. Er ist doch kein Prophet. [...] Man sollte ihm keine übernatürlichen Kräfte zuschreiben, nur um ihn zu würdigen. Das braucht man nicht. Seine Werke sind völlig ausreichend dafür"* [T.A.]. Kenan Demirtaş, ein einflussreicher Nurcu, lehnt die Bezeichnung „heilig" ganz ab: *„Said Nursi oder seine Werke sind nicht heilig. Im Islam sind nur Propheten heilig"* [K.D.]. Es ist kennzeichnend, dass sich schon zu Nursis Zeiten eine Gruppe bildete (sieh e Yazıcılar in Kapitel 5.4), die sich ganz klar gegen eine Entscheidung Nursis wandte und die Werke Nursis trotz alldem als ihr Grundwerk nutzte. Hier wird deutlich, dass tatsächlich angenommen wird, dass Nursi nur Mittel zum Zweck für die Entstehung der Risale-i Nur war. Hier kann man eindeutig von einer Sakralisierung der Werke sprechen. Die Gewichtung Said Nursis fällt auf eine sekundäre Stelle. Hier ist Nursi nicht ganz unschuldig, da er, das ihm zugeschriebene Charisma, auf seine Werke transportiert.

8.6 Verschiebung des Charismas

Wie schon erwähnt lehnte Nursi eine Heiligenposition für sich ab: „Wenn er (Said Nursi; A.d.A.) darüber hinaus selbst noch das Wohlwollen seiner engsten Mitbrüder zurückweist und seine aufrichtigen Mitbrüder (auf diese Weise) kränkt, wenn er auch in seinen Briefen, die er ihnen als Antwort schreibt, alles Lob und jedes übertriebene Wohlwollen, das sie ihm in ihren Briefen entgegenbringen, zurückweist, alle Ehrerbietung und Wertschätzung ablehnt und stattdessen alle Ehrerbietung allein der Risale-i Nur, die ein Kommentar zum Koran ist, und damit indirekt auch der geistigen Körperschaft ihrer Schüler zuwendet, als deren einfacher Diener er sich versteht" (k.A.b, S.795; 2001a, S.455, 484). Den Stellenwert der Risale-i Nur Werke hob er besonders hervor[88]. So schreibt er, dass die einzige Quelle der Werke der Koran sei (2000b, S.225ff; 2000e, S.86; 2000g, S.12; 2001b, S.27, 340; 2001c, S.170; 2004b, S.55ff, 490), dass die Werke eine Art Wunder des Korans seien (2000c, S.12, 28ff, 120, 156; 2000d, S.185; 2001b, S.362; 2001c, S.219; 2002b, S.21; 2004b, S.514), dass die Werke Schlüssel zum Verständnis des Korans seien (2001b, S.412) oder dass sie eine „wahrhaftige" Interpretation des Korans seien (2000d, S.582; 2001b, S.413; 2004b, S.490). Somit legitimiert er die Werke. Ein Kapitel des Buches „Die Briefe" trägt den Titel „Die Antwort auf eine vertrauliche Frage". Die vertrauliche

---

[88] Siehe u.a. 1995b, S.16, 23; 2000b, S.225ff; 2000c, S.12, 28ff, 120, 156; 2000d, S.75, 185, 582, 594, 612; 2000e, S.86; 2001b, S.27, 53, 340, 362, 365, 412ff; 2001c, S.92, 170, 198 219; 2002b, S.21; 2004b, S.55ff, 90, 490, 514, 519.

Frage ist die Frage nach der „Macht und Wirksamkeit" der Werke. Nursis Antwort auf diese Frage lautet: „Die Worte (gemeint sind die Werke allgemein; A.d.A.), die geschrieben wurden, waren keine Einbildung, keine Unterwerfung, sie sind Glauben, sie sind nicht mystisches Wissen, sondern Bezeugung und Zeugenschaft. Sie sind keine Nachahmung, sondern Bestätigung der Wahrheit, sie sind keine Verpflichtung, sie sind Vernunft, sie sind keine Mystik, sondern die Wahrheit. Sie sind keine Behauptung, sondern ein Beweis in der Behauptung" (2004b, S.519; 2001b, S.365). Als Grundlage für die ontologische Konstruktion der Werke verweist Nursi also direkt auf den Koran (vgl. Karabaşoğlu, 2003, S.271). „Nursi establishes an important connection between the Qur´an, as a sacred text, and between his own text, as a human text. He argues in a manner reminiscent of the great Muslim saints that his sayings or writings do not constitute an autonomous theological quality. Their validity is derived from the Qur´an alone" (Abu-Rabi, 2000; h.z.n. Karabaşoğlu, 2003, S.296). An folgenden Stellen betont Nursi noch einmal die Bedeutung der Werke: „Die Risale-i Nur ist keine Tarikat, sondern eine Hakikat (Wirklichkeit; A.d.A.)" (2001c, S.61). „Es ist ein Licht, das aus den Versen des Korans emaniert und weder aus der Weisheit des Orients, noch aus den Wissenschaften des Westens abgeleitet wird" (2000d, S.594).

Die Werke ersetzen daher die autoritäre Funktion eines Leiters. Aber Nursi geht nicht soweit, um seine Werke als von Gott inspiriert zu sehen oder als einizige Quelle, um den Koran zu verstehen. Auch seine Anhänger vertreten diese Ideen nicht. Fälschlicherweise

234

wirft Spuler jedoch Nursi vor, den Koran und die Risale-i Nur auf einer Stufe zu betrachten (Spuler, 1973, S. 131ff; vgl. Tezcan, 2005, S.513). Dies ist aber weder aus den Werken Nursis herauszulesen noch aus den Interviews. Richtiger ist es, wie Yavuz bemerkt, dass Nursi die Werke für am Koran ausgerichtete geistige Arbeiten (Sünuhat[89]) hielt (2004, S.124). Hierzu Nursi: „Es handelt sich nicht um göttliche Offenbarung. Und es handelt sich, allgemein gesagt, auch nicht um Inspiration. In den meisten Fällen wird es meinem Herzen durch die Auslegung des Korans eingegeben und von ihm unterstützt, und es ist vom Koran abgeleitet" (Nursi, 2000d, S.615). „So wurden auch alle diese verschiedenen Risale, die doch nur nach sehr gründlichen Untersuchungen und Studien hätten zu Stande kommen können, trotz dieser belastenden, bedrückenden und beengenden Umstände, da ich doch Mühe hatte, meine Gedanken und meine Eindrücke zu ordnen, in dieser so außerordentlichen Geschwindigkeit geschrieben, was wiederum ein Werk der Gnade Gottes und ein Geschenk des Herrn ist" (2001b, S.362). „Achtzig Prozent der Menschheit gehört nicht zu den, so dass sie in die Wahrheit eindringen und Wahrheit auch als Wahrheit erkennen und anerkennen könnte. Vielmehr nehmen sie der Form nach an und stützen sich in ehrlicher Überzeugung auf das, was sie von anerkannten und vertrauenswürdigen Menschen gehört haben. Ja, sie werden sogar eine starke Wahrheit als schwach ansehen, wenn sie sich in der Hand eines schwachen Mannes befindet und eine wertlose Sache als wertvoll betrachten, wenn sie sich in der Hand eines wertvollen Menschen

---

[89] Dies ist etwas, was man bei vielen anderen islamischen Gelehrten ebenso findet.

befindet. Deshalb also sage ich, so unwert und schwach ich in meiner Armseligkeit bin, während sich in meinen Händen die Wahrheiten des Glaubens und der Wert des Koran befindet und weil es notwendig ist, dass sie nicht den Blicken der meisten Menschen entschwinden, mit aller Klarheit: Wir werden ohne unser Wissen und ohne unser Zutun zum Dienst geführt. Es gibt da Einen, der uns eine wichtige Arbeit tun lässt, ohne dass wir es wissen. Dies ist unser Zeugnis: Auch wenn wir uns dessen nicht bewusst sind, so erhalten wir doch ganz ohne unser Zutun manche Hilfe und wird uns vieles leicht gemacht. Das ist es, weshalb wir diese Gnadengaben mit lauter Stimme ausrufen müssen" (2001b, S.359). Daher gehen seine Anhänger davon aus, „dass Gott ihn (Nursi; A.d.A.) bei seinen Schriften stets inspiriert habe[90]" (Yavuz, 2004, S.124). Trotzdem schreibt Nursi offen, dass man seine Werke kritisieren soll und er verlangt dies gar ausdrücklich (2000g, S.96).

Ein charismatischer Führer zeichnet sich dadurch aus, dass er, zumindest für seine Anhänger, eine Ordnung nach einem Chaos ins gesellschaftliche Leben bringt. Dies trifft auch auf Said Nursi zu. Jedoch weist er diese Funktion von sich ab und verlagert sein Charisma auf seine Werke. „Despite his charismatic personality, Nursi deliberately avoided forming a movement based on his personal charisma" (Karabaşoğlu, 2003, S.279). Die Bewegung sollte also nicht auf seinem persönlichen Charisma beruhen. Allein der Text sollte im Vordergrund stehen. In den „Barla Briefen" schreibt er: „Meine lieben Brüder! Euer Üstad [Meister] ist nicht unfehlbar. Es ist

---

[90] Auch dies ist etwas, was man von anderen Islamgelehrten ebenfalls kennt.

236

ein Fehler, ihn für fehlerfrei zu halten. Ein verfaulter Apfel in einem Obstgarten schadet dem Garten nicht. Und eine abgenutzte Münze in einer Schatztruhe stellt nicht deren Wert in Frage. Werden gute Punkte zehnfach gezählt, und schlechte Punkte einfach, dann ist es angesichts der guten Punkte nur fair, wenn man sich wegen eines schlechten Punkts nicht aufregt und ärgert. [...] Versteht dies, meine Brüder und Mitschüler! Ich begrüße es, wenn ihr mir sagt, wenn ihr Fehler in mir entdeckt. Selbst wenn ihr mir damit einen Schlag auf den Kopf versetzt, so werde ich sagen: Möge Gott mit euch zufrieden sein! Um die Wahrheit zu bewahren mag manches geopfert werden" (Nursi, 2000g, S.97). Seine „Fehler" sollen nicht zu den Werken übertragen werden, denn sie, die Werke, seien nicht aus seiner niederen Persönlichkeit entstanden, sondern kämen aus der Quelle der Koransonne (2001c. S.198). Durch diese Verschiebung des Charismas wird auch das Problem der Veralltäglichung (Weber, 1995, S.271ff; siehe Kapitel 3.2) gelöst[91]. Die Nurcus konnten sich dadurch mehr auf die Risales konzentrieren und eigene, neue Wege einschlagen.

Seinen Anteil an den Werken beschreibt Nursi folgendermaßen: „Was auch immer Schönheit und Wirksamkeit in meinen Schriften gefunden wird, sie sind nichts als ein Aufleuchten der Gleichnisse des Koran. Mein Anteil daran waren allein mein großes Bedürfnis und meine Suche, meine außerordentliche Schwäche und

---

[91] Die Gülen Bewegung konnte diese Verschiebung nicht realisieren. Das Charisma dieser Bewegung liegt ausschließlich auf Fethullah Gülen.

mein Flehen zu Gott. Die Krankheit ist meine, die Arznei gehört dem Koran" (Nursi, 2004b, S.520; 2001b, S.365; siehe auch 2001b, S.358; 2000g, S.12; 2000e, S.202; 2001a, S.25ff, 175). Daher werden die Leser, laut Nursi, nicht zu seinen Schülern, sondern zu Schülern des Korans (2001b, S.413). Loyalität und Standhaftigkeit sollen daher nicht gegenüber ihm selbst als Person sondern nur gegenüber den Werken gezeigt werden (2000c, S.61, 88; 2001C, S.109, 318). Laut Karabaşoğlu (2003, s.275ff) verdeutlicht dies die Struktur der Bewegung, „which takes the text, not the person, as its foundation." Denn Nursi ist der Meinung, dass nach seinem Tode die Risale-i Nur diese Bewegung noch viel weiter verbreiten wird, als wenn die Bewegung seiner Person angehaftet wird (2001c, S.174ff). Da er die Werke nicht als sein eigenes Produkt ansieht, sei es erlaubt, dass jeder – auch ohne Quellenangabe – Teile der Werke publizieren darf (2001c, S.225).

Diese Unterscheidung, Nursi – Nursis Werke, hat ein gewisses Konfliktpotential in der Bewegung. Die Intellektuellen der Bewegung, wie oben schon erwähnt, fordern eine kritische Betrachtung der Werke Nursis. Außerhalb der Nurculuk Bewegung legen andere islamische Gruppen den Fokus eher auf Said Nursis Person als auf seine Werke. Die Gewichtung liegt hier eindeutig bei Nursi. **Erst wenn man die Werke Nursis liest, verlagert sich die Priorität auf seine Werke selbst.** Die Persönlichkeit von Nursi oder einer anderen autoritären Person in der Jama´at ist aber nicht ausschlaggebend für das Wachstum der Bewegung. Vielmehr sind es seine Ideen und der daraus resultierende Diskurs, die die Jama´at tragen.

Als Ismail Mutlu, ein Anhänger der Bewegung, 1996 in seinem eigenen Verlag („Mutlu Verlag") die Risale-i Nur Werke in einer vereinfachten Sprache publizierte, gab es große Diskussionen innerhalb der Nurculuk Bewegung. Die überwältigende Mehrheit der Nurcus verurteilte diese Art der Publikation und bestand auf dem Originaltext. Auch Fethullah Gülen und Abdullah Aymaz, ehemaliger Chefredakteuer der Zeitung Zaman, welches der Gülen Bewegung gehörte, publizierten einige von Said Nursis Werken in vereinfachter Sprache. Die Schüler Said Nursis protestierten auch gegen diese Veröffentlichungen. Als dann im Februar 2012 ein Verlag aus den Reihen der Gülen Bewegung systematisch die Gesamtwerke Said Nursis in vereinfachter Sprache publizierte und diese mit einer großen Werbekampagne breit streute, wehrte sich die gesamte Nurculuk Bewegung gegen diese Vorgehensweise (Misawa, 2012). Die Anhänger der Nurculuk Bewegung argumentierten, dass dies keine Vereinfachung der Sprache wäre, sondern eine Interpretation der Werke, missbraucht für eigene Zwecke. Doch der Verlag der Gülen Bewegung druckte weiterhin, unbeeindruckt die vereinfachten Werke Said Nursis. Daraufhin suchten die Schüler Said Nursis ein Gespräch mit Fethullah Gülen, doch Gülen lehnte ab. Latif Erdoğan, der innerhalb der Gülen Bewegung eine wichtige Funktion hatte, beschrieb später, dass es Gülens Ziel war, die Authentizität der Risale-i Nur zu untergraben. Denn solange die Risale-i Nur ihre Authentizität bewahren würde, würden die Werke Gülens in dessen Schatten stehen (Erdoğan, 2016, s. 89). 2014 wurde der Streit zum Türkischen Kultusministerium getragen (Misawa, 2014). Dieser entschied, dass die Werke Said Nursis Kulturgüter sind und eine Publizierung in jeglicher Form nur noch durch Genehmigung stattfinden kann (siehe Anhang 13). Die türkische Religionsbehörde Diyanet erhielt daraufhin die Rechte an den Werken Nursis. Juni 2015 entschied das Verfassungsgericht, dass es rechtswidrig ist, die Rechte an Diyanet zu vergeben.

8.7 Vergesellschaftung

Jede gesellschaftliche Öffnung zwingt zur mentalen und sozialen Bewältigung der Veränderungen, die mit der Modernisierung einhergehen. Diese, durch gesellschaftliche Veränderungen provozierte Auseinandersetzung kann zu einer Aktivierung religiösen Bewusstseins führen und zu einer gesteigerten Bereitschaft zur Organisation in Namen der Religion (Seufert, 1997, S.127). Nursi versuchte dies mit einem Modell zu bewältigen.

Lemmen (1997) beschreibt dieses Modell als Nur-Modell: „Das Nur-Modell geht davon aus, dass die heutige Gesellschaft sich in einer ideologischen Krise befindet und daher einer fundamentalen Veränderung und inneren Stabilität bedarf. Diese Veränderung zu bewirken, ist nach Auffassung der Nur-Schule die eigentliche Mission des Islam in der heutigen Zeit." Die Voraussetzungen dafür seien:

- „die Stärkung des Glaubens durch Gewissensschärfung;

- die Verlagerung der islamischen Arbeit von Einzelpersonen in die Verantwortung von Gruppen (Said Nursi vertritt die Auffassung, dass gesellschaftverändernde Leistungen nur in Teamarbeit bewältigt werden können. Es ist allerdings notwendig, dass die einzelnen Gruppen sich gegenseitig anerkennen, respektieren und zusammenarbeiten. Seine Regel: Du magst das Recht haben, zu sagen, dass deine Methode der bessere Weg oder richtiger sei. Du hast aber nicht das Recht zu behaupten, dein Weg sei der einzig richtige und nur dein Weg sei gangbar);
- Verwirklichung des Einheitsgedankens unter den Muslimen, in den Beziehungen der islamischen Staaten untereinander, schließlich in der Kooperation mit anderen Religions-Gemeinschaften und hier insbesondere mit den Christen" (1997).

Durch dieses Modell bot Nursi den Muslimen eine neue weltliche und moderne Ethik an, in dem er mehr Zusammenhalt, Toleranz und Hilfsbereitschaft in der Gesellschaft verlangte (2000j, S.49; 2004f, S.52ff). Der Muslim konnte und sollte seine Religiosität nicht vor der Öffentlichkeit verstecken, sondern sie offen und modern ausleben können. Die Welt solle man auf Grund der Religion lieben (1995b, S.97). Ohne sich mit dem Herzen dem Weltlichen zu binden, solle man auch nicht vor dieser flüchten (2000i, S.106ff) und sie im Namen der Risale-i Nur betrachten (2001c, S.33). Also weder **für** noch **im Namen** des Weltlichen (Weber, 2005). Denn für Nursi gibt es den „Anderen" nicht. Konsequenterweise ist die Öffentlichkeit nicht der Raum des „Anderen". Der Muslim hätte das gleiche Recht, sich in der Öffentlichkeit zu „zeigen". Dies könne aber nur gelingen, wenn jedes Individuum gleichen Zugang sowohl zur Moderne als auch zur eigenen Religion hat. In der Hand der wenigen oder der Gelehrten, würde die Religion zum Einschlafen verdammt sein.

Deshalb ging es für Nursi darum, dass jeder Einzelne den Sinn des Korans versteht. Bloßes Auswendiglernen der Koranverse ist für Nursi nur nebensächlich. Das gleiche Prinzip finden wir auch bei der Praktizierung der Tradition des Propheten. Wie für alle Muslime spielt diese Tradition für die Nurcus eine große Rolle. Jedoch stellen auch hier die Nurcus den Sinn der Praktiken in den Vordergrund als die Praxis selbst. Daher wird man kaum Nurcus finden, die sich äußerlich (Kleidung etc.) absondern[92]. Viel wichtiger ist es für Said Nursi, dass jeder einzelne Gläubige in jeder Situation und in jeder sozialen Lage seine Religion ausleben kann, unabhängig von Ort, Aussehen oder anderen Persönlichkeiten. Auf diese Weise versuchte er die Religion zu Vergesellschaften und Zugänglich für jedes Individuum zu machen. Ali Ulvi Kurucu, ein islamischer Gelehrte aus Medine, schreibt hierzu: „Die geistigen Eroberungen, die 900 Jahre früher Ghazali im

---

[92] Wenn überhaupt, konnte ich nur vier äußerliche Merkmale ausfindig machen: 1. Die Nurcus tragen keinen Bart. Wie Said Nursi haben sie einen türkischen Schnurbart. 2. Die Nurcus sind erklärte Nichtraucher. Ich traf nur wenige Nurcus, die rauchten. 3. Beim freiwilligen Gebet (Dua) drehen sie an bestimmten Stellen ihre Hände in Richtung Boden um (dies ist auf eine Sunna des Propheten Muhammed zurückzuführen). 4. Beim rituellen Gebet (Namaz; Salah) legen sie sehr viel Wert auf das Aufsetzen einer Takke (Gebetsmütze). Auch dies gehört zur Tradition des Propheten.

Bereich der Moral und Tugend gemacht hat, hat Bediüzzaman in diesem Jahrhundert auf dem Gebiet des Glaubens und der Aufrichtigkeit (im Pluralismus) erfolgreich errungen. [...] Er hat in seinem Gesamtwerk Risale-i Nur alle wichtigen religiösen, sozialen, moralischen, literarischen, juristischen, philosophischen und mystischen Themen behandelt und wurde auch in allen in einer außergewöhnlichen Weise erfolgreich. Der Punkt, der die Menschen in Staunen versetzt, ist, dass er die schwierigsten Themen, in denen viele Gelehrte gefährliche Wege eingeschlagen haben, in einer sehr klaren Form und in einer sehr exakten Weise gelöst hat. Er selbst hat aus den abgründigen Tiefen durch das Befolgen des erleuchteten Weges des Islam im Sinne der Sunna die Küste des Friedens und Rettung für sich selbst erreicht und lässt sie die Leser seiner Werke erreichen" (Nursi, 2001a, S.15, 18).

Dies galt auch für seine eigenen Werke. Nursi „disclaims the idea that truth is the province of the elect or the elite. Any human being who believes in God has access to truth. Nursi does not attribute the disclosure of the truth to a certain region, ethnic group, or social class. By birth, all men are noble" (Karabaşoğlu, 2003, S.276). Auf diese Weise begrenzt er seine Zuhörerschaft nicht auf die Bürger, die innerhalb der Grenzen eines bestimmten Nationalstaats leben, einer besonderen sozialen Klasse, ethnischen Gruppierung oder Altersgruppe angehören. Hierdurch ergeben sich laut Karabaşoğlu drei Vorteile für die Bewegung: „First of all, it makes the Risale accessible to all. Nursi desired the Risale to be thus. Second, it has protected the Nur movement from being just a youth movement, and turned the Risale itself to something widely applicable. Third, this approach, which is based on compassion, gives the Risale a humanistic edge" (Karabaşoğlu, 2003, S.276ff).

Zum gesellschaftlichen Modell Nursis gehört auch die Einstellung zur Arbeit. Nursi vertrat die These, dass der Mensch arbeiten muss um zu überleben und nicht andersherum. Arbeit sei notwendig, damit die Gesellschaft in Takt bleibt. Zwei Gedanken würden diesem Modell schaden: 1. „So lange ich satt bin, was geht es mich an, wenn andere an Hunger leiden." 2. „Du erleidest Not, so kann ich gut leben, du arbeitest, so kann ich essen."[93] Laut Nursi würden diese Gedankenwege die Gesellschaft zerstören und wären die Ursprünge aller Verderbnisse und die Auslöser und Quelle der schlechten Moral (1995b, S.124; 2001b, S.456; 2001d, S.648; 2004b, S.614ff). Der Mensch müsse stattdessen ständig Forschen. Die Wunder der Propheten würden uns die Grenzen der Wissenschaft zeigen. Bis diese Grenzen erreicht sind, muss der Mensch nach Wissen streben (1995b, S.39). Dieses Streben und allgemein Arbeiten sei ebenfalls ein Gottesdienst (1995b, S.146; 2001a, S.405; 2001d, S.27, 29, 247; 2002e, S.47, 49, 350ff). Denn Arbeitslosigkeit und Faulheit würde sowohl dem Menschen selbst, als auch der Gesellschaft schaden (1995b, S.138, 155-158; 2001b, S.463). Dieser kalvinistische Geist erinnert sehr an Webers „Protestantische Ethik" (2005).

---

[93] An anderer Stelle kommt ein dritter Satz hinzu: „Wenn ich auf Grund von Durst sterbe, soll es nie wieder regnen. Wenn ich keinen Frieden finde, soll die Menschheit verderben" (Nursi, 1995b, S.63ff).

Auch lehnen Nurcus sogenannte „Wunder" ab (vgl. Tezcan, 2005, S.512), da dies den Zugang zur Religion für „Normalsterbliche" erschweren würde. Sie setzen sich bewusst gegen die Verbreitung von übernatürlichen Phänomenen oder Mythen ein und sehen diese als Beleidigungen für den Islam. Ein Interviewpartner aus Ankara hierzu: *„Alles ist ein Wunder Gottes. Wir brauchen keine Bienen, die den Namen Gottes mit Honig aufzeichnen oder Tomaten, auf denen Sein Name steht. Wenn wir unseren Kopf erheben, sehen wir überall, die Natur, die Bäume, das Universum... einfach alles ist ein Wunder Gottes"* [H.A.]. Ein in Deutschland lebender Nurcu sieht dies genauso: *„Wunder braucht nur jemand, dessen Glauben sehr schwach ist. Durch diese Wunder hat er etwas, woran er sich klammern kann. Ich glaube an solche irrationalen und meist manipulierten Wunder nicht. Sie sind in meinen Augen keine Wunder. Wahre Wunder sind die Zeichen Gottes, die überall zu sehen sind"* [C.M.]. Bei beiden Interviewpartner wird deutlich, dass sie die Schöpfung Gottes (Natur, Universum, "Alles") als das größte Wunder ansehen. Diese Denkweise führt direkt auf Nursi zurück, der versuchte, die Schöpfung Gottes wie ein Buch zu lesen (siehe Kapitel 8.8.). Und er las es mit den Mitteln der Naturwissenschaft. Die gleiche Neigung zeigen nun seine Anhänger. Dadurch wird ein jeder zu einer Autorität und Nursis Ziel, dass jeder Zugang zur Wirklichkeit hat und die Religion in die Gesellschaft integriert wird, wird wahr.

8.8 Religion und Wissenschaft

In einer Hinsicht ist die Bewegung die Umsetzung des Traumes von Nursi, eine Universität zu gründen, in der moderne Wissenschaft und Religion zusammengelehrt werden. Die Universität wurde nie gebaut, allerdings entstand die Bewegung, die diese Universität repräsentiert.

Ein entscheidendes Gespräch, welches dieses Gedankengut zeigt, führte Nursi 1936, als er nach Kastamonu verbannt wurde: „In Kastamonu kam eine Schar von Gymnasiasten zu mir, und sie sagten: ´Erzähle uns von unserem Schöpfer, unsere Lehrer sprechen nicht über Gott.´ Da sagte ich zu ihnen: ´Alle Wissenschaften, die ihr studiert, sprechen beständig von Gott und machen den Schöpfer bekannt, jede Wissenschaft mit der ihr eigenen besonderen Zunge. Hört nicht auf eure Lehrer, hört auf die Wissenschaften´" (Nursi, 2002b, S.96; Nursi, 2000a, S.23). Said Nursis Annahme, dass jede Wissenschaft die Existenz Gottes zeigt und dass u.a. die Naturgesetze das System Gottes (Sünnetullah) sind, lieferte eine moderne Interpretation des Korans, die dem Wissenschaftszeitalter entsprach. Der Alltagsmuslim konnte also Physiker und gleichzeitig auch Imam (Prediger) werden. Dies ist eine der Gründe, warum sich viele Wissenschaftler der Bewegung anschlossen. Sie, die Bewegung, bot eine Alternative zum säkularen Staat, der indirekt forderte, „Entweder Physiker oder Imam". Die präsenten islamischen Gruppen forderten das gleiche. Mit Hilfe der Risale konnte dies nun aufgebrochen werden. Der israelische Religionswissenschaftler Yehezkel Landau beschreibt diesen Zustand in einem

Interview folgendermaßen: „Ein Wissenschaftler sagt, 'Ich brauche die Religion nicht'. Einige Geistliche sagen 'Alles, was ich wissen muss, steht in meinem heiligen Buch'. Nursi sagt, 'Nein, das stimmt nicht. Sowohl das heilige Buch, als auch die Wissenschaft sind von Gott gesandte Offenbarungen. Beides sind Wege um den Schöpfer zu verstehen" (Akman, 2004). So konnte Nursi den Bruch zwischen den esoterisch-subjektiven Mystikern und den intellektuell-objektiven Philosophen, der in der Gründungszeit der Türkischen Republik zustande kam, beenden (Karabaşoğlu, 2003, S.269).

Ähnlich wie der Heilige Augustinus, Paracelsus, İbn-i Arabi oder R. Boyle bezeichnete Nursi den Kosmos als „Heiliges Buch Gottes", das erforscht werden muss. Die Natur sei, neben Koran und dem Propheten Muhammed, die dritte Offenbarungsquelle Gottes (Nursi, 2000i, S.21). Die Welt ist in Nursis Augen ein Koran, der gelesen und verstanden werden muss. Die Wissenschaft ist die Brille, um die Verse des Welt-Korans zu verstehen. Somit wurden das Forschen und die Aneignung nach Wissen selbst zum İbadet (Gottesdienst)[94]. Je mehr man die Welt versteht, desto gläubiger wird man, laut Nursi. Wissen ist demnach im religiösen Weltbild immer verbunden mit der Erkenntnis des Göttlichen (Seufert, 1997, S.384). Daher legte Nursi viel wert auf die Erforschung der Naturgesetze, die er als Gesetze Gottes (Sünnetullah oder sünnet-i İlahiye) bezeichnete (2000f, S.176; 2000i, S.138, 211; 2001b, S.463; 2004b, S.622; 2007, S.142, 350ff). Die Natur und die Ordnung im Kosmos werden von Nursi als Beweise

---

[94] Dies ist nicht erst seit Nursi so. Jedoch hat dies erst wieder durch Nursi an Leben gewonnen.

für die Existenz eines Schöpfers beschrieben. Er schreibt über Bäume, Pflanzen, Blumen, Tiere, Fliegen und Käfer, die alle laut ihm Kunstwerke eines Schöpfers sind. Laut Mehmet Kutlular, wird die Tatsache, dass Nursi von Fliegen und Käfern schreibt, spottisch belächelt: *„Ein paar Ex-Kommunisten, die jetzt elhamdülillah (Gott sei Dank; A.d.A.) Nurcus sind, haben mir einmal folgendes erzählt: In den 70ern sagten ihnen ihre Lokalführer: 'Diskutiert nicht mit den Nurcus'. Diese fragten zurück: 'Woher sollen wir denn wissen, wer ein Nurcu ist?'. Daraufhin kam die Antwort: 'Das sind die, die ständig über Bienen, Käfer und Fliegen reden!'"* [M.K.].

Zudem wehrte sich Nursi gegen die Instrumentalisierung des Positivismus für den Atheismus und versuchte auf die gleiche Art und Weise die Methodik des Positivismus zu benutzen, um die Existenz Gottes zu beweisen. So strebte er nach einer Synthese zwischen Glauben und Vernunft, in dem er die Naturgesetze dafür benutzte, um die Allmacht eines Schöpfers zu erklären (Yavuz, 2004, S.124ff). Er war davon überzeugt, dass der unbewusste und imitierte Glaube (iman-ı Taklit) durch den bewussten Glauben (iman-ı Tahkik) ersetzt werden musste. Blinden Gehorsam oder einen unwissenden Glauben lehnte er ab. Erst die Verbindung zwischen Wissen und Glauben führe zum iman-ı Tahkik. Dabei muss angemerkt werden, dass Nursi die Koranverse nicht auf wissenschaftliche Erkenntnisse reduzierte oder die Wissenschaft auf einer Ebene mit dem Koran sah, sondern die Wissenschaft als Mittel dafür benutzte, um Koranverse zu bestätigen. Er bot also eine alternative und aktualisierte Koraninterpretation an, ohne dessen Fundament zu verändern. Sein Spruch, „Wenn die Zeit älter wird, wird der Koran jünger. Seine Zeichen werden offenbar" (1995b, S.132; 2004b, S.618; 2001b, S.460) und die seines engsten Schülern Zübeyir Gündüzalp, „Eins der größten Wunder des Korans ist es, dass es immer jung und frisch bleibt. Und es ist jedes Jahrhundert so, als wäre es gerade offenbart worden, da es genau die Probleme des jeweiligen Jahrhunderts löst" (Nursi, 2001d, S.706), zielen auf die These, dass je weiter die Wissenschaft voranschreitet, desto besser die Wahrheiten der Offenbarung bestätigt und besser verstanden werden. Dies manifestiert er an einer anderen Stelle: „Was den Islam kontinuierlich manifest werden lässt und dafür sorgt, dass er sich gemäß den Fortschritten des Denkens weiterentwickelt, ist die Tatsache, dass er auf Realität gegründet ist und mit den Grundlagen der Weisheit konform geht, die von Ewigkeit zu Ewigkeit aneinander gebunden sind" (Nursi, 2000h, S.43). Wissenschaft ist demnach Mittel zum Zweck, den Koran in seiner Göttlichkeit zu bestätigen. Deshalb rufen die Nurcus die Muslime dazu auf, „den Koran im Lichte der Vernunft zu interpretieren und die Wissenschaft ernst zu nehmen" (Yavuz, 2004, S.130). Man kann dies auch als Muslimisierung der Wissenschaft sehen, so wie es Mehmet Kutlular im Interview beschrieb: *„ Wenn man mich fragen würde, was die Risale-i Nur ist, würde ich antworten, `Es ist die Muslimisierung (so die wortwörtliche Übersetzung von „ müslümanlaştırmak"; A.d.A.) der Wissenschaft'"* [M.K.].

Der Wortschatz Nursis ist zudem auffällig von der Naturwissenschaft, besonders des Bereichs Elektrizität, beeinflusst. Nur bietet er eine andere Lesart dieser

Wissenschaft an. Er „muslimisiert" sie, in dem er Begriffe wie Atom, Kosmos, Universum, Licht, Strom oder Zelle dazu benutzt, um Koranverse zu interpretieren. Oftmals dienen ihm die Theorien der Naturwissenschaft als Beispiele seiner Erläuterungen. Mit diesem intellektuellen Rüstzeug liest er wiederum den Koran. Nursi war aber kein reiner Rationalist. Er sprach auch das Herz der Leser an. In seinen Briefen betont er selbst, dass in der Risale sowohl das Herz als auch der Verstand angesprochen werden (2000c, S.13).

Auch die Sprache der Philosophen war ihm ein Instrument. „He argued that he established Islamic truths on rational proof in the method of philosophers debating with his opponents and with the opponents of Islam. Nursi resorted to explaining Islamic ideas by way of philosophical concepts as, for example, he did with the concept of 'justice' using Plato's theory of the four virtues – chastity, courage, wisdom, and justice – and also using Aristotle's theory on the concept of 'virtue' as a means between excess and permissiveness" (Abdel Rahman, 2003, S.200). Nursi bediente sich exzellent der drei Prinzipien der Philosophie Beobachtung, Hinterfragen und Beweis. Die Beweisführung bezeichnet er als ein Grundprinzip der Risale (2001c, S.80). Dominant waren bei ihm Sinnfragen, die ebenfalls im Zentrum der Philosophie stehen. Während der Erste Said versuchte, Weisheit und Philosophie zu vereinen, trennte sie der Neue Said, in dem er die Philosophie der Weisheit unterordnete und es in dessen Dienst stellte (Abdel Rahman, 2003, S.201, 208ff).

Die Werke sind zudem sehr von Analogien und Vergleichen gekennzeichnet. Wenn Nursi etwas verständlich machen möchte, gibt er einen Vergleich aus dem Alltag. Dies begründet er folgendermaßen: „Die Gründe, weswegen ich die Erzählungen in diesen Abhandlungen in der Form von Metaphern und Parabeln schreibe, sind, die Auffassungskraft zu steigern und zu zeigen, wie vernünftig, angemessen, gut begründet und zusammenhängend die Wahrheiten des Islam sind. Die Bedeutungen der Erzählungen führen zu ihren schlussfolgernden Wahrheiten. Die Erzählungen deuten in ihrer Anspielung auf die innewohnenden Wahrheiten. Daher sind sie nicht allein bloße Phantasieerzählungen, sondern wirkliche Wahrheiten" (2002f, S.10; 2001d, S.52). Er schmückte also seine Ausführen mit alltäglichen Beispielen, um es verständlicher zu machen. So machen es auch seine Anhänger, die immer wieder in den Lesungen Beispiele aus ihrem eigenem Leben wiedergeben, um das Gelesene verständlicher zu machen.

Nursi selbst war von neuen Technologien begeistert. So lobt er in seinen Schriften die Erfindung des Radios, sieht es als Geschenk Gottes (Şahiner, 2005, B.3, S.92) und meint, dass dieser Hizmet im Namen des Islams leisten wird (Nursi, 2000c, S.46). Der Audiorecorder sei ein schöner Risale-i Nur Leser, der die kompletten Werke auswendig gelernt hätte (Şahiner, 2005, B.3, S.73). Als er ein Flugzeug fliegen sah, sagte er seinen Schülern, dass er stolz auf die Menschheit sei (Şahiner, 2005, B.4, S.48; vgl. Cebeci, 2006). Er würde für die Piloten beten (Şahiner, 2005, B.3, S.259). An anderer Stelle ernennt er die Druckmaschine, mit der die Risales gedruckt werden, zu einem „Risale-i Nur

Schüler", also zu einem Nurcu (2001c, S.155). Jegliche Art von Kommunikationsmittel und Technik waren für ihn Mittel um die Risale-i Nur zu verbreiten. Kutlular hierzu: *„Said Nursi benutzte die Technologie mit dem Ziel den Glauben zu beweisen"* *[M.K.].*

Die heutigen Nurcus führten Nursis Tradition, Wissenschaft und Religion zu verbinden, weiter. Mitte der 70er wurde von Yeni Asya eine Serie von Büchern mit dem Übertitel „Wissenschaft und Technologie" publiziert. Diese Veröffentlichungen waren akademische Arbeiten (meist naturwissenschaftliche). Zudem gab es Zeitschriften, wie z.B. Köprü, Zafer oder Sızıntı (die deutsche Version heißt Fontäne), die wissenschaftliche Arbeiten abdruckten. Hinzu kamen die Errichtung eines Forschungszentrums in Istanbul, eines Instituts in den Vereinigten Staaten, die Publikation eines englischsprachigen Magazins mit dem Titel „Nur - the Light" (die deutsche Ausgabe hieß „Nur – Das Licht"; siehe Kapitel 6.0), die Übersetzung des Risale ins Englische und Deutsche, und das Herstellen von Kontakten zu Akademikern und Denkern. Durch diese Arbeiten erreichte die Bewegung nun ein neues, breiteres und vor allem jüngeres Publikum. Laut Karabaşoğlu haben besonders Mehmet Fırıncı und Mehmet Kutlular das Bedürfnis nach wissenschaftlichen Arbeiten gestillt, da sie deren Fehlen erkannten und die Bewegung in diese Richtung lenkten (2003, S.284, 294).

Allerdings wurde ein höchst eingeschränkter Wissenschaftsbegriff vertrieben, weil allein die Ingenieur- und Naturwissenschaften als Wissenschaft gesehen wurden. Die Geistes- und Sozialwissenschaften wurden komplett ausgelassen. Diese Tatsache wir auch heute noch eingestanden. Mehmet Fırıncı hierzu: *„Was wir Nurcus und die islamische Welt dringend brauchen, sind Soziologen"* [M.F.].

8.9 Politik

Said Nursis Einstellung zur Politik ist die meist diskutierte Problematik der Nurcu Gruppen untereinander und anderer islamischer Bewegungen, wenn sie über Said Nursi und Politik sprechen. Nicht die Staatsform ist das Problem. Anlass des Problems ist, dass sich Nursi in seinen drei Lebensabschnitten unterschiedlich gegenüber der Politik äußerte. Während sich der Erste Said intensiv in die Politik einmischte, verabschiedete sich der Neue Said ganz von der Alltagspolitik. Der Dritte Said wiederum kehrte aus der Abschottung und Einsamkeit zurück und versuchte die Politik direkt zu beeinflussen. Dabei unterstützte er u.a. die NATO und die Demokraten in der Türkei.

Nursis politische Sicht wird im folgenden Abschnitt deutlich: „Sie fragten mich dort (1935 vor Gericht in Eskişehir; A.d.A.): 'Was denkst du über die Republik?' Ich antwortete: 'Meine Biographie, die ihr vor euch liegen habt, beweist, dass ich ein religiöser Republikaner war, lange bevor ihr, mit Ausnahme vielleicht des Vorsitzenden des Gerichts von Eskişehir, geboren wurdet. Eine Zusammenfassung dessen ist Folgendes: wie jetzt lebte ich damals als Einsiedler in einer abgelegenen Türbe. Jemand brachte mir Suppe, und ich gab den Ameisen Brotkrumen. Ich pflegte mein Brot mit der Suppe zu essen. Einige Leute hörten davon und fragten mich danach, und ich sagte ihnen: ʹdie Nationen der Ameisen und der Bienen sind Republiken. Ich gebe der Ameise die Brotkrumen aus Respekt für ihren Republikanismus.ʹ So sagten sie: ʹDu bist gegen die frühen Führer des Islams.ʹ Ich entgegnete: ʹDie rechtgeleiteten Kalifen waren sowohl Kalifen als auch Präsidenten der Republik. Abu Bakr der Wahrhaftige, die Zehn, denen (vom Propheten) das Paradies versprochen wurde und die Gefährten des Propheten waren wie Präsidenten der Republik. Aber nicht als ein leerer Name und Titel, sie waren Anführer einer religiösen Republik, die den Sinn wahrer Gerechtigkeit und Freiheit im Einklang mit der Scharia trug.ʹ Herr Staatsanwalt und Mitglieder des Gerichts! Ihr beschuldigt mich, eine Idee zu verfolgen, die das Gegenteil von dem ist, was ich seit fünfzig Jahren verfolge. Wenn ihr mich zu der säkularen Republik befragt, so verstehe ich darunter, dass Säkularismus bedeutet, unvoreingenommen zu sein. Das heißt, im Einklang mit den Prinzipien der Freiheit des Gewissens bezieht sich das auf eine Regierung, die sich nicht in die Angelegenheiten der religiös eingestellten und frommen Menschen einmischt, so wie sie sich nicht mit den religionslosen und verlotterten Menschen befasst. Ich habe mich aus dem politischen und dem gesellschaftlichen Leben seit zehn, jetzt sogar zwanzig Jahren zurückgezogen. Ich kenne nicht die Situation der Regierung der Republik. Wenn sie, Gott bewahre, eine furchterregende Gestalt angenommen hat, indem sie, zugunsten der Religionslosigkeit, Gesetze verkündet, die diejenigen anzeigen, welche für ihren Glauben und das Leben im Jenseits arbeiten, so erkläre ich euch ohne jede Furcht und warne euch: Wenn ich tausend Leben besäße, so wäre ich bereit, alle für den Glauben und das Jenseits zu opfern. Macht, was immer euch beliebt. Mein letztes Wort ist 'Gott genügt uns. Welch vorzüglicher Sachwalter!' (Koran, 3:173). Angesichts dessen, dass ihr mich auf ungerechte Weise zum Tode oder zu lebenslanger Haft verurteilt, sage ich: wie das Risale-i Nur entdeckt und mit Sicherheit bewiesen hat, werde ich nicht hingerichtet, sondern aus meinen Pflichten entlassen werden. Ich werde in die Welt des Lichts und das Reich der Pracht eintreten. Was euch angeht, ihr Unglücklichen, die uns im Namen der Fehlleitung verfolgt! Da ich weiß, dass ihr zur ewigen Vernichtung und zur ewigen Einzelhaft verurteilt werdet, bin ich bereit, meine Seele mit vollkommener Leichtigkeit zu übergeben, da ich an Euch meine Rache in vollkommener Weise genommen habe. Der Gefangene Said Nursi" (2000d, S.317ff; 2004a, S.326; vgl. 2001a, S.36).

In einer anderen Verteidigungsrede vor Gericht, verdeutlicht er noch einmal, warum er die Politik meidet: „Was uns die Risale-i Nur über die Liebe, das Gewissen, Wahrhaftigkeit und Wirklichkeit lehrt, hält uns von der Politik ab. Denn Unschuldige stürzen ins Unglück. Wir aber würden ihnen gegenüber ungerecht sein. Einige Leute wollten dafür eine Erklärung hören. Ich sagte ihnen: In unserem stürmischen Jahrhundert haben Rassismus und Egoismus, wie er aus der Grausamkeit der Kolonialmächte erwuchs, und die Militärdiktaturen, die aus dem letzten Weltkrieg hervorgegangen sind, und eine Gnadenlosigkeit als Folge der Irreleitung zu einer so außergewöhnlichen Ungerechtigkeit und zu einer so außergewöhnlichen Tyrannei geführt, dass, wollten die Leute der Wahrheit ihre Rechte mit physischer Gewalt verteidigen, oder mit einer außergewöhnlichen Ungerechtigkeit, würden viele Unglückliche unter dem Vorwand, Partisanen zu sein, verbrannt werden; und in dieser Lage werden auch sie höchst ungerecht sein und besiegt werden. Denn diejenigen, welche aus den obigen Gefühlen heraus reagieren, werden unter irgendeinem primitiven Vorwand für die Fehler von ein, zwei Leuten zwanzig, dreißig schlagen und sie vernichten. Wenn aber die Leute der Wahrheit auf dem Wege von Recht und Gerechtigkeit nur den schlagen, der schlug, so besiegen sie nur den einen angesichts des Verlustes von dreißig und befinden sich so in der Position des Unterlegenen. Wollten aber die Leute der Wahrheit in Übereinstimmung mit dem ungerechten Gesetz der Vergeltung mit Gleichem gleichfalls zwanzig, dreißig Leute an die Wand stellen für ein oder zwei, die verkehrt gehandelt haben, so begingen sie im Namen der Gerechtigkeit eine fürchterliche Ungerechtigkeit. So ist denn dies nun die Wahrheit und Weisheit und der Grund dafür, dass wir es auf Weisung des Koran stets mit solchem Nachdruck, ja Abscheu vermieden haben, uns um die Politik zu kümmern und in die Regierungsgeschäfte einzumischen. Denn die Macht der Wahrheit, über die wir verfügen, ist von der Art, dass wir unser Recht ohne jede Einschränkung hätten verteidigen können. Da aber ein jedes Ding unbeständig und vergänglich ist und der Tod nicht stirbt und das Tor des Grabes sich nicht schließt, doch Leid sich in Barmherzigkeit umwandelt, werden wir sicherlich mit Geduld und in Dankbarkeit auf Gott vertrauen und schweigen. Dieses Schweigen aber unter Zwang und Druck zu brechen wäre der Einsicht in die Gerechtigkeit, dem Eifer für das Land und der Hingabe für das Volk ganz und gar konträr und entgegengesetzt." (k.A.e, S.518ff; 2000d, s.260). „Es wurde gesagt: Warum hast du dich aus der Politik zurückgezogen? Warum zeigst du dich so wenig entgegenkommend? Antwort: Vor neun oder zehn Jahren hatte sich der Alte Said einmal ein wenig mit Politik befasst. Doch der Dienst, den er dem Glauben und der Wissenschaft mit der Politik hatte erweisen wollen, erwies sich als eine vergebliche Mühe und so musste er einsehen, dass dieser Weg zweifelhaft und schwierig und für ihn ein unnötiger Weg ist, dass er für seine wichtigsten Aufgaben ein Hindernis und ein gefährlicher Weg ist. […] Zudem wird, wer sich mit der Politik beschäftigt, entweder für sie oder gegen sie sein. Wollte ich für sie sein, wäre, da ich kein Beamter oder Abgeordneter bin, die Beschäftigung mit der Politik eine nutz- und zwecklose Sache. Man benötigt mich nicht, so dass ich mich vergeblich mit ihr beschäftige. Wollte ich aber in den Reihen der Opposition Politik machen, müsste ich dies entweder in Gedanken tun, oder aber die Macht dazu haben. Täte ich es in Gedanken, so wäre ich dazu nicht vonnöten. Denn die Problematik ist allgemein bekannt. Jeder kennt sie so gut wie ich. Zweckloses Gerede aber ist zugleich auch sinnlos. Wollte ich aber mit Macht Widerstand leisten und den Lauf der Dinge herausfordern, dann bestünde die Möglichkeit, Tausende von Sünden zu begehen, um eines Zweckes willen, dessen Erreichung unsicher ist. So würden um eines Einzelnen willen viele ins Unglück gestürzt. Weil aber das Gewissen sich weigert, wegen ein, zwei Möglichkeiten unter zehn Möglichkeiten eine Sünde zu begehen und Unschuldige mit in eine Sünde hineinzureißen, hat es der Alte Said aufgegeben, zu rauchen, Zeitungen zu lesen, Politik zu betreiben, oder auch nur bei privaten Zusammenkünften über derartige weltliche Dinge wie die Politik zu reden. Ein sicheres Zeugnis dafür ist, dass ich seit acht Jahren keine einzige Zeitung mehr gelesen habe oder mir hätte vorlesen lassen. Hätte mich jemals wieder irgendeiner eine Zeitung lesen sehen, oder gehört, wie mir jemand daraus berichtete, so möge er hierher kommen und es sagen. Dagegen hatte der Alte Said vor acht Jahren noch täglich vielleicht acht Zeitungen gelesen. Außerdem wird meine ganze Lebens- und Verhaltensweise seit fünf Jahren mit großer Aufmerksamkeit unter die Lupe genommen. Wer bei mir jemals bemerkt haben sollte, ich hätte etwas anklingen lassen, was nach Politik schmeckt, der möge es sagen! Denn der Gedanke eines Menschen, der so hochempfindlich ist wie ich, der nach dem Motto: ´Der größte Betrug liegt in der Aufgabe des Betruges.´ einsam, furchtlos und alleine lebt, kann nicht acht Jahre lang, ja noch nicht einmal acht Tage verborgen bleiben. Hätte er die Lust verspürt, den Wunsch gehabt, Politik zu treiben, hätte das einen Donnerschlag gleich einem Kanonenschuss ausgelöst, ohne dass es dabei noch irgendwelche Nachforschungen oder Untersuchungen gegeben hätte" (2001b, s.64ff).

Seinen Anhängern riet er, die Demokratie voranzutreiben, weil sie für die Freiheit des Individuums kämpfen würde. Die Anhänger der Nurculuk Bewegung betrachten „die Demokratie als die Herrschaft der Millet (Volk; A.d.A.) und die Regierung samt ihrer Institutionen als deren Dienerin. Deshalb machte es auch überhaupt nichts aus, wenn ein Nichtmuslim, beispielsweise ein Christ, das Amt eines Gouverneurs bekleidete. [...] Die Nurcus sehen die Menschenrechte und Grundfreiheiten bereits im asr-ı Saadet (Goldenes Zeitalter, siehe Kapitel 6.1; A.d.A.) verwirklicht, setzen diese mit der Demokratie gleich und können deshalb auf die Entwicklung eines originär islamischen Staatsmodells verzichten" (Seufert, 1997, S.440; vgl. Güleçyüz, 1993, S.12).

In der Zeitung „Eddifa", welches in den 1950ern in Bagdad erschien, vergleicht der Journalist Isa Abdulqadir die Nurculuk Bewegung mit den Muslimbrüdern und stellt wesentliche Unterschiede fest, die aufzeigen, dass die Nurculuk Bewegung keine politische Strömung ist: „Der erste Unterschied: Die Nurcus beschäftigen sich nicht mit der Politik, im Gegenteil: sie fliehen vor ihr. Zwingt man sie, zu politischen Fragen Stellung zu nehmen, so machen sie aus der Politik einen Hebel für die Religion, so dass sie denen, die ihre Glaubenslosigkeit als einen Hebel in der Politik gebrauchen, die Heiligkeit der Religion aufzeigen können. Irgendeine politische Organisation kennen sie überhaupt nicht. Was aber die Muslimbrüder betrifft, so beschäftigen sie sich zugunsten der Religion je nach den Umständen in den verschiedenen Ländern mit der Politik und schließen sich auch zu politischen Organisationen zusammen. Der zweite Unterschied: Die Nurcus versammeln sich nicht bei ihrem Meister und werden auch nicht dazu gezwungen. Sie fühlen auch sich selbst gar nicht dazu gezwungen, sich bei ihrem Meister zu versammeln. Auch halten sie es gar nicht für notwendig, sich zum Unterricht bei ihm zu versammeln. Für sie gilt das ganze große Land als ein einziges Lehrhaus. Sobald sie Bücher der Risale-i Nur in die Hand bekommen haben, erteilen diese ihnen anstelle des Meisters den

Unterricht. Jede einzelne Abhandlung gilt bei ihnen wie ein Said. Insoweit es in ihrer Hand liegt, fertigen sie ohne Entlohnung Abschriften an. Und sie geben diese auch ohne eine Gegenleistung an die Bedürftigen weiter, damit sie sie vorlesen oder einer Vorlesung zuhören können. Auf diese Weise wird das ganze große Land zu einer einzigen Schule (Medrese). Was aber die Muslimbrüder betrifft, so treffen sie ihre Lehrer, ihre Vorsitzenden in den allgemeinen Zentren und besuchen diese, um Weisungen zu empfangen oder am Unterricht teilzunehmen. Und in den untergeordneten Zentren einer übergreifenden Organisation treffen sie sich mit ihren großen Meistern, ihren Leitern und deren Stellvertretern, um Unterricht zu nehmen und Anweisungen zu empfangen. Auch durch die Zeitungen, die in den allgemeinen Zentren erscheinen, und durch Broschüren, die sie erhalten können, wenn sie ihr Entgeld dafür entrichten, bekommen sie ihren Unterricht. Der dritte Unterschied: Die Nurcus erhalten auch an den Hochschulen (Medrese) wie die Schüler an der Darülfünun-Universität Unterricht auf dem Wege eines wissenschaftlichen Fernkurses. So verwandelt sich eine ganze Provinz in eine Schule (Medrese). Obwohl sie also einander nicht besuchen, einander nicht kennen und weit voneinander wohnen, erteilen sie doch einander Unterricht und nehmen so miteinander an einer Vorlesung teil. Was aber die Muslimbrüder betrifft, so geben sie je nach den Verhältnissen in ihren jeweiligen Ländern Broschüren und Bücher heraus und verbreiten diese an allen Enden der Erde, lernen auf diese Weise einander kennen und bekommen so ihren Unterricht. Der vierter Unterschied: Die Nurcus sind heute und zu unserer Zeit in den meisten islamischen Ländern verbreitet und bereits sehr zahlreich. Und obwohl sich die Gebiete ihrer Verbreitung über die verschiedensten Provinzen erstrecken, brauchen sie in den einzelnen Provinzen nicht um Erlaubnis nachzusuchen, wenn sie irgendwo eine Versammlung veranstalten und dort tätig werden wollen. Denn da der von ihnen eingeschlagene Weg nicht politischer oder organisatorischer Art ist, kennen sie auch keine Notwendigkeit, in den einzelnen Provinzen für sich um eine Erlaubnis nachzusuchen. Was aber die Muslimbrüder betrifft, so müssen sie je nach den entsprechenden Umständen, wenn sie einen politischen Kontakt aufnehmen, eine Organisation aufrichten wollen oder die Notwendigkeit besteht, ein unter- oder übergeordnetes Zentrum zu eröffnen, an dem Ort, wo sie sich befinden, bei der zuständigen Behörde um Erlaubnis nachkommen oder eine Genehmigung einholen. Und dabei sind sie im Gegensatz zu den Nurcus keineswegs unbekannt. Und auf dieser Grundlage eröffnen sie für sich viele allgemeine Zentren in Ägypten, in Syrien, in Lybien und in Palästina, in Jordanien, im Sudan, in Marokko und in Baghdad. Der fünfte Unterschied: Unter den Nurcus gibt es sehr viele verschiedene Schichten, angefangen von den sieben, acht Jahre alten Kindern, die in den Moscheen das »Elifbe-te-the« erlernen, um den Koran lesen zu können, bis hin zu siebzig, achtzig Jahre alten Greisen und Greisinnen, desgleichen Bauern oder Lastenträger bis hin zu einem bedeutenden Rechtsanwalt, einfache Soldaten bis hin zu einem bedeutenden Kommandanten finden sich unter den verschiedensten Bildungschichten als Nurcus wieder. All diese vielen verschiedenen Schichten unter den Nurcus haben nur ein gemeinsames Ziel und das besteht (in dem Wunsch), unter der Leitung des ruhmreichen Koran und der

Wahrheiten des Glaubens zur Erleuchtung zu gelangen. Alle Bestrebungen gehen deshalb dahin, Wissen und Erkenntnis und die Glaubenswahrheiten an die Öffentlichkeit zu bringen. Ob sie sich darüber hinaus noch mit etwas anderem beschäftigen, ist nicht bekannt. Achtundzwanzig Jahre lang haben die Gegner (der Nurcus) eifersüchtig Intrigen (gegen sie gesponnen) und abscheuliche Prozesse (gegen sie geführt). Da man jedoch außer ihrem heiligen Dienst kein anderes Ziel (dieser Bewegung) finden konnte, konnte man sie auch nicht verurteilen und (ihre Bewegung) auch nicht zerschlagen. Und diese Nurcus wissen nichts von irgendeinem Zwang, auf Kundenfang zu gehen oder neue Anhänger zu werben. Stattdessen sagen sie: 'Unsere Aufgabe ist unser Dienst. Wir suchen keine Kunden. Sie sollen kommen, um uns zu suchen und zu finden.' Auf eine Massenbewegung legen sie keinen Wert. Einem Mann, der in Wahrheit ehrlich und aufrichtig ist, ziehen sie hundert andere vor. Was aber die Muslimbrüder betrifft, so ermuntern sie in der Tat genau wie Nurcus die Menschen dazu, islamisches Wissen und islamische Kenntnisse zu erwerben und sich an den Glaubenswahrheiten festzuhalten und leiten sie auch dazu an, doch den Verhältnissen in den entsprechenden Ländern und den Kontakten mit der Politik zufolge, legen sie großen Wert auf viele Anhänger, um so eine Massenbewegung zu werden und suchen sie deshalb noch mehr Gefolgsleute. Der sechste Unterschied: Die wahrhaft aufrichtigen Nurcus legen keinen Wert auf materielle Vorteile. In gleicher Weise sind sie geradezu extrem sparsam, genügsam und bedürfnislos. Geduldig und ohne jemals irgendwelche Ansprüche an ihre Mitmenschen zu stellen, opfern sie sich ehrlich und aufrichtig für ihren Dienst am Koran, um nicht von den sehr zahlreichen und besonders hartnäckigen Leuten des Irrglaubens besiegt zu werden; die Bedürftigen laden sie zu Wahrheit und Aufrichtigkeit ein, um keinen Argwohn aufkommen zu lassen; und um des göttlichen Wohlwollens willen und um diesen heiligen Dienst für nichts anderes als Werkzeug zu missbrauchen halten sie sich auf diese Weise von allen Vorteilen des gesellschaftlichen Lebens zurück. Was aber die Muslimbrüder betrifft, so können sie, [...], aufgrund des jeweiligen Ortes, eines bestimmten Anlasses, sowie einiger besonderer Umstände nicht wie die Nurcus von den irdischen Dingen lassen. Von einer Notwendigkeit zu einer ganz außergewöhnlichen Opferbereitschaft, wissen sie nichts" (Nursi, k.A.b, S.1026-1030).

Die Nurcus sind gegen die Verbreitung von Nationalismus und empfehlen einen gesunden Bezug zur eigenen Nation. Die Errichtung eines islamischen Staates halten sie allerdings für utopisch. Denn Gott würde nicht auf die Staatsform gucken, sondern beurteile das Individuum nach dem eigenen Handeln (Nursi, 1978, S.18ff; 2001a, S.59; vgl. Agai, 2006, S.59). Nursi selbst anerkannte die Republik. Daher wenden sich die Nurcus auch nicht direkt gegen den Säkularismus (Bruinessen, 1989, S.355). Nursi bewertet den Säkularismus nicht negativ: „Wenn ihr mich zu der säkularen Republik befragt, so verstehe ich darunter, dass Säkularismus bedeutet, unvoreingenommen zu sein. Das heißt, im Einklang mit den Prinzipien der Freiheit des Gewissens bezieht sich das auf eine Regierung, die sich nicht in die Angelegenheiten der religiös eingestellten und frommen Menschen einmischt, so wie sie sich nicht mit den religionslosen und verlotterten Menschen befasst." (2000d, S.317ff; 2004a, S.326; vgl. 2001a, S.36). Die Nurcus vertreten die Meinung, dass der Koran keinen islamischen Staat vorschreibt (Tezcan, 2005, S.509). Ihrer Meinung nach ist die Umgestaltung einer Aufnahmegesellschaft durch die Errichtung eines „Islamischen Staates" nicht notwendig. Vielmehr verfolgen sie, wie ihre charismatische Autorität Said Nursi, die Idee der Demokratie.

Politikdiskussionen innerhalb der Nurculuk Bewegung haben ihre Wurzel darin, dass der Kontext des Verfassungszeitraums der Texte nicht beachtet wird:

- In den Schriften des Ersten Said haben wir enthusiastische Texte (2001a, S.47-52). Nursi scheute sich weder vor Strafen noch vor Folter und setzte sich für Freiheit und Gerechtigkeit ein. Er beteiligte sich aktiv an der Politik, bezeichnete sich als religiösen Republikaner (2000d, S.317; 2004a, S.327) und forderte ähnlich wie Muhammed İkbal, dass das Kalifat, nicht durch eine einzige Person, sondern durch mehrere Abgeordnete vertreten sein sollte (1999a, S.50; vgl. Yaşar, 1993a, S.298-302). Er schreibt, dass er zu dieser Zeit genau die gleichen Methoden wie seine Zeitgenossen nutzte: „Der Alte Said und einige Denker akzeptierten einige Grundsätze menschlicher Philosophie. [...] Sie blieben einigen ihrer Grundsätze in Form der positiven (Natur)wissenschaften unerschütterlich treu und konnten daher den wahren Wert des Islam nicht aufzeigen. Es war ganz einfach so, als wollten sie die Zweige ihrer Weisheit (und Wissenschaft), deren Wurzeln sie für sehr tief hielten, in den (Baum des) Islam einpflanzen, als wollten sie ihn damit stärken. Da aber diese Methode nur wenige Siege erbrachte und den Wert des Islam in gewisser Weise verminderte, gab ich diesen Weg wieder auf. Und ich habe in der Tat nachgewiesen, dass die Grundsätze des Islam so tief hinunter führen, dass selbst die tiefsten Grundsätze der Philosophie sie nicht erreichen können, vielmehr an der Oberfläche bleiben" (2001b, S.427).

- Der Neue Said schrieb wiederum, dass die Nurcus sich von der Politik fernhalten sollten. Er schrieb, dass die Aufrichtigkeit (İhlas) sie daran hindere, politisch aktiv zu werden (2001c, S.37). Denn hierdurch entstehe die Gefahr, dass die Werke und die Religion zu politischen Zwecken missbraucht werden (2000c, S.108; 2001b, S.53, 66; 2004b, S.90). Nursi verurteilte zudem die Parteilichkeit, da durch diese „Engel zu Teufel und Teufel zu Engel" erklärt werden, nur weil man seine eigene Partei schönreden möchte (1995b, S.52; 2001b, S.66; 2001c, S.38; 2004b, S.107ff). Diese Parteilichkeit wäre der Grund, warum er die Politik verließ (2001b, S.258; 2004b, S.371ff). Mit der Waffe der Politik könne man in der Gegenwart keine Erfolge erzielen (2000f, S.155), daher würden sich die Nurcus nicht mit Politik beschäftigen (2001c, S.140, 157). Hätten sie, die Anhänger der Bewegung, sogar 100 Hände, würden sie keine davon für die

Politik verschwenden, da sie in ihren Händen ein „Licht" halten würden und sich für positives Handeln (müsbet Hareket) einsetzen (2001a, S.402).

- Der Dritte Said räumte ein, dass er die großen Gefahren, die auf die muslimische Gemeinschaft zukamen, nicht sah, da er sich 40 Jahre von der Politik fernhielt (2001c, S.318). Daher fühlte er sich nun gezwungen und gleichzeitig verantwortlich, sich bis zu einem bestimmten Grade doch noch mit der Politik zu beschäftigen (2001c, S.423). Deshalb unterstützte er öffentlich die Idee der parlamentarischen Demokratie als das gerechteste Gesellschaftssystem (Wunn, 2007, S.96), in dem er u.a. Briefe an die Abgeordneten schrieb. Dabei verurteilte er Absolutismus und Tyrannei (1978, S.14; vgl. Muradoğlu, 23.03.2002). Er war der Meinung, dass der Islam nicht für politische Zwecke benutzt werden darf und unterstützte daher keine „Islamischen Parteien". Seine Methode war es, den Besten unter den Schlechten (Ehvenüşşer) zu unterstützen, damit das Land nicht von Tyrannen regiert wird (2001c, S.458). Doch grundsätzlich hielt er es für einen Nurcu nicht richtig, politisch aktiv in einer Partei zu werden. Vielmehr sah er es als eine wichtige Aufgabe der Nurcus an, die Politik und die Parteien mit Argumenten zu beeinflussen, so wie er es selber tat.

Hier ist also ein Paradigma-Problem zu erkennen. Während sich nun einige Nurcu Gruppen an den Ersten Said halten, hallten sich andere an den Neuen und wiederum andere an den Dritten Said. Mit Recht kann man behaupten, dass alle großen Spaltungen in der Bewegung aus der Frage der Politik kamen. Dabei ging geht es um die gleiche Frage, um die sich die Nurcus bei allen Wahlen streiten: „Wer vertritt im Moment die Demokratie?".

Prof. Dr. Bünyamin Duran, ein angesehener Intellektueller aus der Bewegung, sieht dieses Problem darin, dass bisher keine angemessenen Said Nursi Interpreten existieren. Seiner Meinung nach, wird man Said Nursi erst verstehen können, wenn große Interpreten seine Persönlichkeit analysieren werden (Duran, 1997, S.148; Albayrak, 2002, S.134ff).). So gib es wenige Intellektuelle, die eine rational kritische Herangehensweise an die Werke und die Person Said Nursi haben.

8.10 Dialog

Die Nurculuk Bewegung ist eine traditionell dialogorientierte Bewegung (Utermann, 1995, S.18). Nursi war der Meinung, dass die Muslime nicht nur unter muslimischen Mitgläubigen zusammenhalten sollten, sondern auch mit den wahrhaft Frommen und mit den christlichen Geistlichen. Sie sollten nicht auf die Meinungsverschiedenheiten eingehen und streiten. Damit meinte Nursi nicht, dass es zwischen Muslimen und Christen keine Unterschiede gibt oder diese unwichtig seien. Vielmehr meinte er, dass die „ausschließliche Konzentration auf diese Unterschiede, sowohl die Moslems als auch die Christen von ihrer noch wichtigeren Aufgabe abhalten kann, der modernen Welt eine Lebens- und Gesellschaftsvision anzubieten, in dessen Zentrum der Glaube an Gott steht und dessen moralischer Wertmaßstab der Glaube und das Suchen des Gotteswillens ist" (Michel, 2004, S.17).

Nursis Meinung nach, sollten Muslime und Christen eine Einheit gegen den Kommunismus und den aggressiven Atheismus bilden (2000f, S.213; 2007, S.176ff). Allerdings ist diese Haltung gegen den aggressiven Atheismus eine defensive Situation. Gegen den angreifenden, eben aggressiven, Atheismus wehren sich die Nurcus. Sie, Muslime und Christen, sollten gemeinsam nach Gottes Plan eine Zivilisation aufbauen. Die Zeit der Feindschaft und Feindseligkeit sei vorbei. Man hätte schon zu viel Kraft an Zweifel, Überlegenheitsgefühlen und Blutvergießen verschwendet (Michel, 2004, S.21, 32ff). Canan, ein Autor aus den Reihen der Nurcus, hierzu: „Die Christen sind nicht unsere Gegner. Es wird uns (Muslimen; A.d.A.) durch Zwang ein Hass auf die Christen gespritzt. Das gleiche gilt für das Judentum. Für uns gibt es keine religiösen Kriege, kein Vernichten von Kulturen oder die Diskriminierung von Ethnien" (Aköz, Atal, 18.12.2004). Mehmet Fırıncı fasst dies folgend zusammen: *„Für diejenigen, die an Gott glauben, ist der globale Frieden alternativlos. Wir, Risale-i Nur Schüler, streben nach diesem globalen Frieden" [M.F.]*. Auch in seiner berühmten Damaskuspredigt verkündete Nursi, dass die Zeit der Kriege vorbei sei. Die Menschheit, unabhängig von ihrer Religion, müsse an einem globalen Frieden arbeiten (1995b, S.57ff).

Der türkische Journalist Cüneyt Ülsever sieht die Nurcu Bewegung als eine Brücke zwischen der muslimischen und christlichen Welt und begründet dies folgendermaßen: „Für Nursi sind die ′anderen Religionen′ keine Feinde. Im Gegenteil, sie müssen zusammen gegen die gemeinsamen Gegner angehen. Die gemeinsamen Gegner sind: Unwissenheit, Zwang und Uneinigkeit" (Ülsever, 2004).

So wundert es nicht, dass Nursi 1950 seine Werke an den Papst Pius XII. schickte und 1953 in Istanbul den Patriarchen Athenagoras besuchte (2001c, S.303). Sein Dialogweg war vorbehaltlos, ohne gegenseitige Missionierung, und geschah vor dem Hintergrund einer Neuinterpretation des Korans aus der islamischen Tradition heraus.

Zudem setzte sich Nursi für die Rechte der Armenier und der Griechen ein. Das Recht dieser christlichen Völker auf Freiheit sei ein Gebot des Islams. Man kann diese Einstellung Nursis sicherlich auch auf seine Kindheit in Bitlis zurückführen. Wie in der Biographie beschrieben, lebten in Bitlis verschiedene Völker miteinander. Und schließlich beschuldigte Nursi die Gruppen, die diesen Völkern ihre Rechte berauben wollten, der Ignoranz. Die wahren „Feinde" seien nicht die Nichtmuslime sondern Ignoranz, Armut und Streitigkeiten. Auch war er der Meinung, dass unschuldig gestorbene Menschen, egal zu welcher Religion sie angehören, von Gott eine Art Barmherzigkeit erfahren würden (Nursi, 1995b; Michel, 2004, S.21ff, 24).

Es wundert also nicht, dass die Nurcus andere Religionen auf dem Markt anerkennen und intensiv in einen Austausch mit ihnen treten. Sie nehmen keinen Abstand von der nichtmuslimischen Mehrheitsgesellschaft, sondern engagieren sich. So gehört die Bewegung zu den Mitbegründern der Christlich-Islamischen Gesellschaft e.V. (CIG). In zahlreichen Dialogveranstaltungen, „Runden Tischen", Moscheeführungen sind Nurcus aktiv. Glückwünsche zu christlichen Feiertagen gehören zum Standard der Bewegung. Gegenseitige Glückwünsche wurden in der Zeitschrift „Nur – Das Licht" veröffentlicht. Öfters kommt es auch vor, dass die Nurcus von anderen islamischen Gruppen eingeladen werden, um in deren Namen an Dialogabenden teilzunehmen. Dies hängt damit zusammen, dass die Nurcus völlige machtpolitische Neutralität besitzen und die anderen islamischen Gruppierungen sie als neutral einstufen.

Gegner des Dialoges greifen die Nurcus in der Türkei massiv an. Sie gehen davon aus, dass Christen nur Dialog machen, um sich den Muslimen in erster Linie in bekehrender Absicht zu nähern. Safa Mürsel, ein Schriftsteller aus den Reihen der Nurcus im Interview hierzu: *„Es gibt Gruppen, die dem Bündnis zwischen Christen und Muslimen schaden wollen. Deswegen werden die Dialogarbeiten als gefährlich bezeichnet und Provokationen ausgeübt" [S.M].*

9.0 Schlussbetrachtung

Die Biographie Said Nursis, seine kompletten Werke, verschiedene Dokumente und Briefe, Beobachtungen in Deutschland und der Türkei, unmittelbare Schüler von Nursi und viele andere Interviewpartner waren Bestandteil der vorliegenden Arbeit. Aus diesen Analysen kann nun folgendes Resümee gezogen werden.

Die Risale-i Nur Bewegung begann als eine soziale Bewegung als Said Nursi im Jahre 1906 verkündete: „Ich werde der Welt verkünden und beweisen, dass der Koran eine unauslöschliche Sonne ist" (Nursi, 2001a, S.44). Als er nach Barla verbannt wurde, wurden die Samen der Bewegung gelegt. Die Leserschaft wuchs und somit auch die Anhängerschaft, die heute als Nurcu bezeichnet wird. Im Laufe der Jahre gewann die Bewegung eine organisatorische Struktur. Besonders nach dem Tode des Gründers Said Nursi wurde die Bewegung quasi institutionalisiert. Diese Institutionalisierung war einer der wichtigsten Gründe, warum es zu Spaltungen kam, da dieser Gedanke die offene Struktur der Bewegung gefährdete.

Zwischen den verschiedenen Saids gibt es etliche Unterschiede: Der Erste Said war sehr belesen. Ungewöhnlich für seine Zeit, las er westliche Literatur und „verschluckte" quasi islamische Werke. Dies liest man auch aus seinen Werken heraus[95]. Er wehrte sich

---

[95] In den Werken finden wir Parallelen zu Ibn-i Haldun (Nursi, 2000f, S.113-117), Tolstoy (Nursi, 2001d, S.38-43), Aristoteles,

gegen jede Tyrannei und scheute sich weder vor Folter noch Gefängnisstrafen. Der Neue Said suchte die Einsamkeit und Askese. Er hielt sich von der Politik und dem weltlichen Geschehen fern. Seine Angewohnheit, jedem direkt die Meinung, mindestens per Aufsatz in einer Zeitung, zu sagen, entfiel völlig. Er las keine Weltliteratur, sondern hatte nur noch den Koran. In dieser Zeit entstand die Risale-i Nur. Der Dritte Said kehrte, um es salopp zu formulieren, in die Welt zurück. Er unterstützte die Demokraten, schrieb zahlreiche Briefe an Politiker und setzte sich für den interreligiösen Dialog ein. **Wenn diese drei so unterschiedlichen Lebensstile nicht beachtet werden, ist es nicht möglich, Said Nursi und seine Werke zu verstehen.**

Die Nurculuk Bewegung ist eine textbasierte und -produzierende Bewegung. Der größte Unterschied zu anderen islamischen Gruppierungen (und der gängigen türkischen Kultur) ist, dass die Präferenz bei den Nurcus im Geschriebenen liegt und nicht im Gesprochenen. Daher hat jede Gruppe mehrere Verlagshäuser gegründet. Die Verlagshäuser sind quasi die Organisationen der einzelnen Gruppen. Alleine in dieser Arbeit konnte ich mehrere Buchverlage bestimmen, die der Bewegung zugerechnet werden. Folgend ist die Publikation von Büchern die Hauptbeschäftigung der Bewegung.

Die Bewegung unterhält weder Korankurse noch Moscheen. Medresen sind die einzigen Einrichtungen. Die Anhänger der Bewegung treffen sich für die

---

Platon, zum Pareto-Prinzip (2001b, S.47ff, 52ff, 359, 404; 2004b, S.80-83, 88ff, 510) und zahlreiche zu Sirhindi.

272

Lesestunden in den Medresen, um gemeinsam die Werke Said Nursis zu lesen und zu verstehen. Diese Risale-i Nur Lesungen stehen im Kern der Bewegung. Diese Form der Interaktion ist ihr Herzstück. Der Prozess der Lesung ist demokratisch. Alle Teilnehmer können sich daran aktiv beteiligen. Es gibt keine Exklusivität. Jeder kann an den Lesungen teilnehmen. Die Teilnehmer bezeichnen sich als „Bruder". Dies bezeugt die Gastfreundschaft und das Höflichkeitsprinzip. Weiterhin werden in den Medresen gesellschaftliche und politische Themen besprochen und mit Hilfe der Werke interpretiert.

Jede Medrese bildet einen Teil des gesamten Nurcu Netzwerks, das durch Broker verknüpft ist. Die Medresen sind allerdings autonom und treffen alle ihre Entscheidungen in den lokalen Gremien (Schura). Das Netzwerk ist ein dichtes und positiv verbundenes Netzwerk, in dem Vertrauen und Solidarität eine wichtige Rolle spielen. Durch die Treffen in den Medresen bildet sich jeder Teilnahme sein eigenes soziales Netzwerk, aus dem soziales Kapitel geschöpft werden kann. Besonders durch die weak ties werden neue Informationen gewonnen. Die Medresen sind daher nicht nur Orte des gemeinsamen Lesens, sondern sie dienen auch der Informationsbeschaffung, Identitätsbildung und sind sinnstiftend. Die Mitglieder erhalten also durch die eine Identität im Netzwerk und werden so zu Ansprechpartnern. Nur durch eine regelmäßige Teilnahme an den Lesungen kann man in diesem Netzwerk wahrgenommen werden.

Eine bestimmte regionale oder soziale Herkunft unter den Nurcus ist nicht erkennbar. Daher lassen sie sich nicht an Hand ethnischer Unterschiede unterteilen. Es ist keine bestimmte privilegierte Ethnie erkennbar; zudem findet man Angehörige aus allen Sozialschichten. Es ist also auch keine klare Schichthomogenität erkennbar. Man kann aber mit Gewissheit sagen, dass viele aus der türkischen oberen Mittelschicht stammen. Auch sticht hervor, dass der Anteil der Lehrer in der Bewegung hoch ist. Auch wenn es keine exklusive Bewegung nur für Intellektuelle ist, kann man davon ausgehen, dass die Bedürfnisse von bildungsfernen Schichten und enthusiastischen „Wundersuchern" in der Bewegung nicht gestillt werden. Die letzteren werden bei Nursi eine entzauberte und unübernatürliche Welt finden. Dies kann auch als Anzeichen einer indirekten sozialen Selektion gesehen werden.

Die Nurcus benutzen aktiv moderne Informationstechniken (Internet, DVD, Mp3, Fernsehen, Radio usw.), um ihre Ideen zu verbreiten. Die Werke Said Nursis oder aufgenommene Risale-i Nur Lesungen werden digitalisiert und durch das Internet in die ganze Welt getragen. Hierfür haben sich - gewiss ungewollt - die verschiedenen Gruppen ausdifferenziert und in unterschiedlichen Formen professionalisiert. Im Zuge dieser Ausdifferenzierung überschreiten die Gründungen der Verlage, Fernsehsender, Stiftungen, Radios, Zeitungen etc. die Infrastruktur der Medresen, ohne sie zu verdrängen; sondern verstärken diese. Hier werden die Organisationsformen der (technischen) Moderne genutzt - ganz im Sinne der Technikoffenheit von Said Nursi.

Die Werke von Said Nursi dienen den Nurcus als Methode, um den Islam und den Glauben zeitgemäß zu verstehen. Sie sind kein Koranersatz oder stehen nicht in einer gleichen Stufe mit ihr, sondern dienen lediglich zum besseren Verständnis des Korans. Der Text, die Risale-i Nur, ist konstant und für alle Nurcu Gruppen gleichermaßen zugänglich und legitim. Da es aber unterschiedliche Meinungen und Interpretationen des Textes gibt, kam es zu vielen Spaltungen. Die Untergruppen unterscheiden sich vor allem in Fragen der Politik. Diese Trennungen stehen im Gegensatz zu dem von Nursi entworfenen Prinzip der „Brüderlichkeit" (siehe Kapitel 8.3). Jedoch werden sie im Diskurs durch verschiedene Argumentationen legitimiert.

Nursi war kein Aufklärer oder Reformer und seine Bewegung ist keine Aufklärungsbewegung (vgl. (Şahinöz, 2008b). Vielmehr war Nursi darin bestrebt zu zeigen, dass Religion und Wissenschaft, Moderne und Islam sich nicht ausschließen. Es ging ihm um eine Aussöhnung von islamischer Orthodoxie und Moderne, von Glaube und Vernunft und die Ermöglichung eines vorbehaltlosen Dialogs mit Christen und Juden. Seine Werke umfassen Antworten und Themen, die den Muslim in der Moderne in seinem Glauben bekräftigen sollen. Da er sich in seinen Schriften in Themen des Glaubens vertiefte und andere Themen, wie z.B. islamisches Recht oder Streitthemen, nicht behandelte, füllte er sozusagen eine Marktlücke in der islamischen Welt, die sich eher mit den letzteren Themen beschäftigte. Er sah keinen Grund darin, den Koran systematisch zu kommentieren, sondern nur relevante Teile davon (Tezcan, 2005, S.509). Daher schrieb er über die Themen, über die die modernen Muslime in der Stadt zweifelten. Dazu benutzte Nursi die gleichen Mittel, die auch die moderne Wissenschaft für ihre Beweisführungen verwendet. Er nahm also die Methoden der Wissenschaft an und verwendete sie für seine Beweisführungen. **Dadurch „muslimisierte" er die Moderne und die Wissenschaft.**

Es ist leichter zu sagen, was die Bewegung nicht ist, als zu sagen, was sie ist. Mit all ihren unterschiedlichen Facetten und Interpretationen kann man sich aber auf folgendem Nenner einigen und somit die erste Fragestellung dieser Arbeit beantworten: **Die Nurculuk Bewegung ist eine moderne islamische Jama´at, die ihre Sinnbildung, ihren Nomos, ihren Code durch die Werke von Said Nursi erhält, die durch die Risale-i Nur eine Kontingenzbewältigung ausübt und somit einen Halt gegenüber der sinnentleerten Welt bekommt, die die modernen Technologien für die Verbreitung des Glaubens benutzt und die versucht, eine Brücke zwischen Wissenschaft und Religion aufzubauen.** Um in der bergerschen Sprache zu sprechen: Nursi versuchte eine sinnvolle Ordnung des Kosmos zu errichten (siehe Kapitel 3.2). Die Risale-i Nur ist demnach ein Kompass, um sowohl den Koran als auch die Welt zu verstehen.

Als nächstes soll die zweite Fragestellung der Arbeit beantwortet werden: **Wie konnte sich die Risale-i Nur Bewegung trotzt Widerstände (Verbote, Verfolgungen und massiver Anti-Propaganda) verbreiten?** Dies hat mehrere Gründe:

1. Die geistliche Leere konnte gefüllt werden.

Die Bewegung war keine Erwiderung auf den Kemalismus. Dies wäre eine oberflächliche Fehleinschätzung. Die Nurculuk Bewegung ist auch keine Gegenideologie zum Kemalismus, weil die Bewegung keine ideologische oder politische Identität hat. Auf Grund der fehlenden politischen Identität werden sie von anderen islamischen Gruppierungen kritisiert.

Der Grund für den rasanten Anstieg der Bewegung war vielmehr, dass die Bewegung eine Antwort auf die geistliche Leere, die zu Beginn des 20. Jahrhundert in der Türkei herrschte, anbot. In der neugegründeten Türkei füllte Nursi die Lücke der Religiosität, die durch die Reformen des Staates entstanden war. So entstand der größte Teil der Werke im Kontext des neugegründeten türkischen Nationalstaates, der die alte islamische Identität abzulegen versuchte und neue Werte integrierte. Deutlich ist aber, dass es nicht Nursis Intention war, bewusst diese Lücke zu füllen. Vielmehr führten sozio-kulturelle und –ökonomische Umstände zu dieser Tatsache. Nursi verstand schon früh, dass die Jungtürken und die Intellektuellen, die gegen Ende des 20. Jahrhunderts eine Revolution im Osmanischen Reich wollten, sich vom Islam entfernen würden, da sie die Religion als Quelle des Abstiegs sahen. Auch war ihm bewusst, dass der traditionelle Islam keine Antworten auf die Fragen der Moderne bieten würde. So entwickelte er eine moderne islamische Identität, indem er den Muslimen eine neue soziale Landkarte bot (Mardin, 2003b, S.49).

Laut Mardin (1989, S.25) war der türkische Nationalismus unfähig gewesen, ihre Sichtweise durchzusetzen. Die positivistische Sicht des Staates und die Säkularisation setzten sich in der ländlichen Türkei nicht durch. Dies führte zu strukturellen Konflikten in den Provinzen und Dörfern, da die Veränderungen und Institutionen die Bedürfnisse der Gesellschaft im ländlichen kaum stillten (Mardin, 1997, S.374, 385). So durchlebte das Volk zwischen 1930 und 1950 eine Identitätskriese. Durch die revolutionären Veränderungen in allen Ebenen der Gesellschaft verlor sie ihren Bezug zur Vergangenheit und somit auch zu ihrer eigenen Identität. Die neue Identität, die ihnen vom Staat aufgedrückt wurde, war nicht kongruent genug und entfremdete zudem die Menschen. Und hier setzte die Nurculuk Bewegung ein. Sie deckte und befriedigte die religiösen Bedürfnisse der Muslime in der Türkei. Said Nursi bot ihnen mit der Risale-i Nur Ethik eine Identität, die auf ihrer alten Identität aufbaute. So war es leicht, sich die Ideen Nursis anzueignen, ohne sich zu entfremden.

2. Religion und Wissenschaft vereint.

Said Nursi erreichte durch sein Geschick, sowohl das Herz als auch den Verstand anzusprechen, ein breites Publikum. Er schaffte es, die islamische Tradition zu modernisieren, den Muslimen ein wissenschaftliches und ethisches Rüstzeug zugeben und ein dynamisches Identitätsbewusstsein zu vermitteln (Yavuz, 2004, S.121). Er gab Antworten auf neue Fragen. Fragen, die der islamischen Welt fremd waren und erst durch die

Industrialisierung Zugang zur muslimischen Welt fanden. Der traditionelle Islam hatte keine Antworten auf diese Fragen der Moderne. **Said Nursi schlug einen neuen Weg ein und bearbeitete diese Fragen mit der gleichen Methode, wie sie gestellt wurden.** Er benutzte die gleichen Mittel wie die Moderne, um den Glauben zu legitimieren. Diese neue Art des Islams fand besonders unter Intellektuellen eine Akzeptanz. Diese schlossen sich dieser neuen modernen Bewegung an. Denn durch Nursi wurde das Streben nach Wissenschaft (wieder)[96] zum İbadet (Gottesdienst). Durch seine Arbeiten gelang ihm eine Öffnung zur modernen Naturwissenschaft. Ein Individuum konnte gleichzeitig Naturwissenschaftler und Geistlicher werden und musste sich nicht für die eine oder andere Seite entscheiden.

3. Vergesellschaftung der Religion.

Nursis Auffassung des Islams ermöglichte jedem den Zugang zum Koran. Dieser Zugang war Jahrhundertelang nur Gelehrten vorenthalten. Nursi brach diese Tradition und überlies es jedem Einzelnen, „den Islam nach seinen eigenen Umständen zu interpretieren" (Yavuz, 2004, S.127). Dadurch vergesellschaftete er die Religion und machte sie nutzbar. Er vereinfachte religiöse Themen und machte sie verständlich für die Individuen. So konnte ein jeder zur eigenen Autorität in Religionsfragen werden und die Abhängigkeit zu einem geistlichen Führer, Scheich oder Gelehrten wurde durchbrochen. Die folgenden Zeilen machen dies auch deutlich: „Wer ein Jahr diese Abhandlungen und

---

[96] Dies ist natürlich keine Erfindung Nursis, daher der Beisatz "wieder".

Lektionen liest, versteht und sie annimmt, der wird ein bedeutender, wahrhaftiger Gelehrter unserer Zeit werden. Auch wenn er sie nicht versteht, so ist dennoch in Anbetracht dessen, dass die Schüler der Risale-i Nur eine geistige Körperschaft bilden, ohne Zweifel diese geistige Körperschaft einem Gelehrten unserer Zeit gleich" (Nursi, k.A.a, S.334; 2000f, S.229). Durch die Vergesellschaftung versuchte er, das religiöse Bewusstsein in der Gesellschaft zu erwecken. Er versuchte die Religion, genauer die orthopraktische Lebensweise, in die Praxis zurückzuholen[97]. Dabei verwies er auf den Verstand. Traditionelles Denken ersetzte er durch modernes Denken, in dem er z.B. betonte, dass İbadet (Gottesdient) nicht mit dem Ziele gemacht werden darf, ins Paradies zu kommen, sondern um Gottes Gefallen zu erreichen (Nursi, 1995a, S.92ff; 2005b, S.91ff). Der Tauhidgedanke Nursis spielt hier eine große Rolle. Somit ist die Nurculuk Bewegung, keine Bewegung, die ihre Anhänger aus der Gesellschaft zurückzieht, sondern sie aktiv in die Gesellschaft zu integrieren versucht. Das Vorhaben Nursis, die religiöse Autorität plural und dezentral zu gestalten, ist allerdings ein Kennzeichen des traditionellen Islams, das wieder in der Moderne hervortritt (vgl. Casanova, 2006b, S.313).

Die dritte Fragestellung zielte auf die Merkmale der Bewegung hin. Hier ging es um konkrete Begriffe, die im Nurcu Diskurs verwendet werden und für die Anhänger einen Sinn geben. Es konnte in der Arbeit

---

[97] Hier wird wieder deutlich, dass Nursi von den Schriften des Naksibendiführers Ahmed Sirhindi beeinflusst wurde, der ebenfalls danach Strebte, den Islam wieder „in die Welt" zurückzuholen.

herausgestellt werden, dass vor allem die Begriffe İhlas, Hizmet, Uhuvvet und müsbet Hareket sinnstiftende Funktion haben. Die Nurcus gestalten ihre Bewegung und den Alltag nach diesen Begriffen. Sie sind sozusagen wichtige Codes. Als ein weiteres wichtiges Merkmal sticht hervor, dass die Nurcus Said Nursi als Person keine heilige Stellung geben. Die Mehrheit distanziert sich von einem Heiligenkult. Jedoch kann dies nicht in Bezug auf die Risale-i Nur gesagt werden. Es wurde sehr deutlich, dass die Werke kanonisiert sind. Ein Grund hierfür ist, dass Nursi sein Charisma auf die Werke verlagert und so die Bewegung vor der Veralltäglichung rettet.

Der Panislamismus Nursis kann auch als zentrales Merkmal der Bewegung angesehen werden. In seinen Werken ermahnt Nursi die islamischen Gruppierungen sich auf die Brüderlichkeit der Umma zu berufen und die Unterschiede nicht zu betrachten. An vielen Stellen geht er soweit, zu sagen, dass auch Juden, Christen und Muslime ihre Gemeinsamkeiten in den Vordergrund stellen sollen, um Einigkeit herzustellen. Daraus entsteht ein innerislamischer und interreligiöser Dialog. Der Dialog mit den Kirchen und Wissenschaftlern spielt eine wichtige Rolle. Hier kann man sogar von einer Distinktion ausgehen. Gezielt werden die Gespräche mit höheren Schichten gesucht.

Politisch und populistisch ist die Bewegung nicht. Allerdings versucht sie intensiv Einfluss in die Politik zu nehmen. Auch wenn dies in Deutschland nicht der Fall ist, ist dies in der Türkei eindeutig erkennbar. Letztendlich führte genau dieses Merkmal zu Spaltungen.

Heute ist die Nurculuk Bewegung in der Türkei, ohne eine offizielle Struktur zu haben, die wohl am schnellsten wachsende islamische Gruppe. Die Bewegung, die sich nicht auf die klassischen Sufi-Orden-Modelle beruft, hat sich zur Aufgabe gemacht, die modernen Wissenschaften mit den Glaubenswahrheiten des Islam zu vereinen. **Der Traum Nursis, eine Universität zu öffnen, in der diese beiden Elemente gelehrt werden, hat sich in Form der Nurculuk Bewegung erfüllt.**

Wie in allen Ländern der Welt, ist die Nurculuk Bewegung auch in Deutschland beheimatet. Mit den Gastarbeitern kamen die ersten Anhänger der Bewegung. Die ersten Wohnheime, Medresen und Einrichtungen wurden gegründet. Allerdings konnte sich die Nurculuk Bewegung in Deutschland wegen fehlender Strukturen keinen großen Namen machen und ist in der breiten Öffentlichkeit unbekannt.

10.0 Fazit

Luhmann (1995b, S.11) geht davon aus, dass in der zweiten Hälfte des 20. Jahrhunderts die Weltreligionen eine Wiederbelebung erfahren. Neuere Befunde zeigen, dass die „Religion" zwar nicht zunimmt, dass sie jedoch pluraler wird und besonders in Deutschland für Zuwanderer und Aussiedler ein wichtiger Identitätsfaktor wird (für die USA siehe Casanova, 2006a). Verschiedenartige Neubildungen, die sich um eine Begegnung mit den Naturwissenschaften bemühen, beschleunigen diesen Prozess. Eine solche Bewegung ist die hier behandelte Nurculuk Bewegung, die eine ausgesprochen ´religiös-intellektuelle´ und der Moderne zugewandte Bewegung ist.

Besonders Europa bewegt sich in der Globalisierungsgegenwart hin zu einer multikulturellen Gesellschaft, in der Staatsgrenzen aufgehoben werden und der Nationalitätsbezug in Zukunft nur noch eine zweitrangige Bedeutung zu bekommen scheint. Wenn man auch noch bedenkt, dass religiöse Gruppen Ländergrenzen übergreifende Integrationskraft haben, bieten sich in Zeiten der Unsicherheit und der Vorurteile gegenüber dem Islam die Ideen der Nurculuk Bewegung als Dialogpartner für Gesellschaft und Staat an. Sie bietet eine Alternative gegen den Kampf der Kulturen. Gerade Diskurse wie Integration und Toleranz können in Kombination mit den Ideen der Nurcus (siehe Uhuvvet oder müsbet Hareket) einen neuen Inhalt bekommen. Im Kontext der religiösen Pluralisierung ist Nursis Konzept des interreligiösen Dialoges ohne gegenseitige Missionierung von großer Bedeutung.

Allerdings ist hier die Frage, „**Welche** Nurcu Gruppe?" berechtigt. **So lange sich die vielen Nurcu Gruppen nicht zu einem Dachverband zusammenschließen, ist eine seriöse Partnerschaft mit dem Staat für die Zukunft unrealistisch.**

Wie eingangs schon angedeutet, sind viele islamische Bewegungen besonders in der soziologischen Literatur schon analysiert worden. Die Nurculuk Bewegung blieb dabei größtenteils unberührt. Die vorliegende, bescheidende Arbeit erhebt nicht den Anspruch erschöpfend zu sein oder diese Forschungslücke zu füllen. Vielmehr sollte man meine Ausführungen als eine Anregung für weitere Forschungsarbeiten betrachten. Es sollte ein Eindringen in ein religionssoziologisch bislang fast unbearbeitetes Feld sein. Ich hoffe hiermit meinen kleinen Beitrag für die Soziologie des Islams geleistet zu haben.

11.0 Literatur

- Abdel Rahman T.: The Separation of Human Philosophy from the Wisdom of the Qur´an in Said Nursi´s Work. In: Abu-Rabi I. (Hrsg.): Islam at the Crossroads. On the Life and Thought of Bediüzzaman Said Nursi. State University of New York Press: New York, 2003, S.199-213
- Abdullah S.: Die Nurdschuluk-Bewegung. In: Gemeindedienst Broschüre "Gastarbeiter", Mission: k.A., 1981a, S.6-17
- Abdullah S.: Geschichte des Islams in Deutschland. Styria: Graz, Wien, Köln, 1981b
- Abdullah S.: Geschichte des Islam in Deutschland. Islam und Westliche Welt. Band 5. k.A.: Graz, Wien, Köln, 1981c
- Abu-Rabi İ.: History, Method and Comprehension: How to Read Nursi´s Risale-i Nur. Vortrag anlässlich des 5. Internationalen Said Nursi Symposiums: the Qur´anic View of Man According to Risale-i Nur. Istanbul, 24.-26. September, 2000
- Abu-Rabi İ.: How to Read Said Nursi´s Risale-i Nur. In: ders. (Hrsg.): Islam at the Crossroads. On the Life and Thought of Bediüzzaman Said Nursi. State University of New York Press: New York, 2003, S.61-91

- Acluni İ.b.M.: Keşfu´l-Hafa. Daru İhyai´t-turasi´l-Arabi. Band 1. k.A.: Beirut, 1932
- Agai B.: Zwischen Netzwerk und Diskurs. Das Bildungsnetzwerk um Fethullah Gülen (geb. 1938) : Die flexible Umsetzung modernen islamischen Gedankenguts. EB-Verlag: Schenefeld, 2004
- Agai B.: Fethullah Gülen: Die größte türkisch-islamische Bildungsbewegung. In: Amirpur K., Ammann L. (Hrsg.): Der Islam am Wendepunkt. Liberale und konservative Reformer einer Weltreligion. Herder: Freiburg im Breisgau, 2006, S.55-63
- Akdoğan Y.: Siyal İslam. Refah Partisi´nin Anatomisi. Şehir Yayınları: Istanbul, 2000
- Akgün K.: Badee-uz-Zaman Said Noorsi of Turkey. k.A.: Milwaukee, 1974
- Akgündüz A.: Risale-i Nur Hareketi, Tarikat mı, Cemiyet mi, Cemaat mı? In: 3. Uluslararası Bediüzzaman Sempozyumu. Nesil: Istanbul, 1995, S.150-159
- Akgündüz A.: Arşiv Belgeleri Işığında Bediüzzaman Said Nursi ve İlmi Şahsiyeti. 2. Cild. OSAV: Istanbul, 2014
- Akman N.: Interview mit dem israelischen Religionswissenschaftler Yehezkel Landau. In: Zaman (Türkische Zeitung). 31.10.2004
- Akman N.: Interview mit Mehmet Fırıncı. In: Zaman (Türkische Zeitung). 05.09.2006

- Aköz E., Atal N.: Said Nursi´den Fethullah Gülen´e Nur Cemaati. Artikelserie in Sabah (Türkische Zeitung) vom 12.12.2004 bis 06.01.2005
- Aköz E.: Tarikat – Cemaat. In: Sabah (Türkische Zeitung). 23.06.2006
- Albayrak A.: Sosyal Değişim Sürecinde Risale-i Nur Hareketi. Nesil: Istanbul, 2002
- Anderson B.: Imagined Communities. Reflections of the origin and spread of nationalism. Verso: London, 1991
- Aras B.: Turkish Islam´s Moderate Face. In: Middle East Quarterly, September, 1998, Volume 5, Number 3, S. 23-31
- Aras B., Caha O.: Fethullah Gülen and his Liberal ´Turkisch Islam´ Movement. In: Middle East Review of International Affairs, Vol. 4, No. 4, Dezember, 2000, S. 30-42
- Aries Wolf D.: 30 Jahre Dialog – Erfahrungen einer kirchenlosen Gemeinschaft in einer kirchengeprägten Gesellschaft. In: Jama´at-un Nur (Hrsg.): Said Nursi im Spiegel westeuropäischer Diskussionen. Jama´at-un Nur: Köln, 1999, S.14-22
- Aries Wolf D.: Chronologie des Lebens von Said Nursi. In: Vahide S.: Ein Beitrag zu einer „Intellektuellen Biographie" Said Nursis. Söz Basım Yayın: Istanbul, 2004, S.65-72

- Aries Wolf D.: Ein Europäer in Barla. Unveröffentlichtes Manuskript eines Vortrages, der in Istanbul 2005 im Rahmen einer Fortbildung des Verlages Nesil gehalten wurde. Juni, 2005
- Atasoy İ.: İhlas ve Sadakat Abidesi Bayram Yüksel ve Ali Uçar. Nesil: Istanbul, 2006
- Bachmann R.: Die Koordination und Steuerung interorganisationaler Netzwerkbeziehungen über Vertrauen und Macht. In: Sydow J., Windeler A. (Hrsg.): Steuerung von Netzwerken. Westdeutscher Verlag: Opladen, 1999, S.107-125
- Badıllı A.: Bediüzzaman Said Nursi. Mufassal Tarihçe-i Hayatı. Band 1. Timaş: Istanbul, 1990
- Beck U.: Risikogesellschaft. Auf dem Weg in eine andere Moderne. Suhrkamp: Frankfurt am Main, 1986
- Beck U: Politik in der Risikogesellschaft. Suhrkamp: Frankfurt am Main, 1991
- Beck U. (Hrsg.): Perspektiven der Weltgesellschaft. Suhrkamp: Frankfurt am Main, 1998
- Beck U.: Weltrisikogesellschaft. Suhrkamp: Frankfurt am Main, 2007
- Becker F.: Netzwerke vs. Gesamtgesellschaft: ein Gegensatz? Anregungen für Verflechtungsgeschichte. In: Geschichte und Gesellschaft 30 (2004), S.314-324

- Behrendt G. M.: Die osmanischen Gräber auf dem ehemaligen Neustädter Friedhof. In: Hannoversche Geschichtsblätter 2006. Band 60, 2006, S.181-187
- Bengisu B.: Parçalandıkça Büyüyen Bir Cemaat: Risale-i Nur Şakirdleri. In: Tarih ve Düşünce Dergisi. Januar, 2001, S.16-19
- Berger P. L.: Ein Marktmodell zur Analyse ökumenischer Prozesse. In: Internationales Jahrbuch für Religionssoziologie 1, 1965, S.235-249
- Berger P. L., Luckmann Th.: Die gesellschaftliche Konstruktion der Wirklichkeit. S. Fischer Verlag: Frankfurt am Main, 1970
- Berger P. L.: Zur Dialektik von Religion und Gesellschaft. S. Fischer Verlag: Frankfurt am Main, 1973
- Berk B.: İttihamları Reddediyorum. Yeni Asya: Istanbul, 1972
- Berk B.: Türkiye´de Nurculuk Davası. 3.Auflage. Yeni Asya: Istanbul, 1975
- Berliner Stimme (Deutsche Zeitung): Islam in Berlin. 26.01.1980
- Bell D.: Die nachindustrielle Gesellschaft. Campus: Frankfurt am Main, New York: 1989
- Bilgi A. : Zübeyir ağabeyin Nurculuk açıklaması. Risale Haber, 02.04.2012
- Binder H.: Au Kurdistan: En Mesopotamie et en Perse. Maison Quantin: Paris, 1887

- Boissevain J.: Friends of Friends. Networks, Manipulators and Coalitions. Basil Blackwell: Oxford, 1974
- Bourdieu P.: Entwurf einer Theorie der Praxis auf der ethnologischen Grundlage der kabylischen Gesellschaft. Suhrkamp: Frankfurt am Main, 1976
- Bourdieu P.: Ökonomisches Kapital, kulturelles Kapital, soziales Kapital. In: Reinhard Kreckel (Hrsg.): Soziale Ungleichheiten. Sonderband 2 der Sozialen Welt. Schwartz: Göttingen, 1983, S.183-198
- Bourdieu P.: Sozialer Raum und Klassen. Leçon sur la leçon. Zwei Vorlesungen. Suhrkamp: Frankfurt am Main, 1985
- Braudel F.: Sozialgeschichte des 15-18. Jahrhunderts. Band 1: Der Alltag. Kindler: München, 1985
- Braun N.: Tausch in Netzwerken. In: Diekmann A., Voss T. (Hrsg.): Rational-Choice-Theorie in den Sozialwissenschaften: Anwendungen und Probleme: Oldenbourg: München, 2004, S.129-141
- Bruinessen M.M.: Agha, Scheich und Staat. Politik und Gesellschaft Kurdistans. WB Druck: Rieden, 1989
- Buckley P., Casson M.: A Theory of Cooperation in International Business. In: Contractor F., Lorange P. (Hrsg.): Cooperative Strategies in International

Business. Lexington Books: Lexington, 1998, S.31-53

- Casanova J.: Einwanderung und der neue religiöse Pluralismus. Ein Vergleich zwischen der EU und den USA. In: Leviathan, 34.Jhr., Heft 2, Juni, 2006a, S.182-207

- Casanova J.: Aggiornamenti? Katholische und muslimische Politik im Vergleich. In: Leviathan, 34.Jhr., Heft 3, September, 2006b, S.305-320

- Castells M.: Der Aufstieg der Netzwerkgesellschaft. Teil 1 der Trilogie Das Informationszeitalter. Leske + Budrich: Opladen, 2001

- Cebeci S.: İzmir'de iki gün. In: Yeni Asya (Türkisch Zeitung). 07.12.2006

- Coleman J.: Social Capital in the Creation of Human Capital. In: American Journal of Sociology 94, 1988, S.95-120

- Coleman J.: Foundations of Social Theory. Harvard University Press: Cambridge, 1990

- Coleman J.: Grundlagen der Sozialtheorie. Band 1. Handlungen und Handlungssysteme. R.Oldenbourg: München, 1991

- Cuinet V.: La Turquie d'Asie: Geographie Administrative, Statistique Descriptive et Raisionnée de Chaque Province de l'Asie Mineure. Band 2. Ernest Leroux: Paris, 1891

- Çayır K.: İslamcı bir sivil toplum örgütü: Gökkuşağı İstanbul Kadın Platformu. In: Göle N. (Hrsg.): İslamın Yeni Kamusal Yüzleri. Bir Atölye Çalışması. Metis: Istanbul, 2000, S.41-67
- Çetiner Y.: İnanç Sömürücüleri, Nurcular Arasında Bir Ay. Varlık: Istanbul, 1964
- Dehnbostel P.: Netzwerkbildungen und Lernkulturwandel in der beruflichen Weiterbildung. Basis für eine umfassende Kompetenzentwicklung? In: GdWZ, Heft 3, 2001, S. 104-106
- Demir A., Schmitt C.: Islam und Aufklärung. Nesil: Istanbul, 2004
- Demm E.: Zwischen Kulturkonflikt und Akkulturation: Deutsche Offiziere im Osmanischen Reich. In: Zeitschrift für Geschichtswissenschaft, Nr. 8, 2006, S.691-715
- Denffer A.: Ulum al-Quran - Einführung in die Koranwissenschaft. LM Verlag / DIDI Verlag: Karlsruhe, 2007
- Der Koran. Übersetzung von Adel Theodor Khoury. Gütersloher Verlagshaus: Gütersloh, 1987
- Deutsche Welle (Deutscher Radiosender): Kirchenfunk. Moscheen in Deutschland – Die Nurculuk-Bewegung. 08.07.1978
- Duran B.: Sekülerleşme Krizi ve Bir Çıkış Yolu Arayışı. Timas: Istanbul, 1997
- Duran B.: Postseküler toplumda İslam ve Müslüman. Unveröffentlichtes Manuskript, 2007

- Durkheim E.: Der Selbstmord. Luchterhand: Neuwied/Berlin, 1973
- Durkheim E.: Die elementaren Formen des religiösen Lebens. Suhrkamp: Frankfurt am Main, 1981
- Durkheim E.: Über soziale Arbeitsteilung. Studie über die Organisation höherer Gesellschaften. Suhrkamp: Frankfurt am Main, 1992
- Eickelman Dale F.: Qur'anic Commentary, Public Space and Religious Intellectuals in the Writing of Said Nursi. In: Muslim World. Nr.89 (3-4), 1999, S.260-269
- Erdoğan L.: Fethullah Gülen Hocaefendi. Küçük Dünyam. AD Yayıncılık: Istanbul, 1995
- Erdoğan L.: Şeytanın Gülen yüzü. Turkuvaz: İstanbul, 2016
- Ergin M.: Nurculuk Gerçeği. Yeni Asya: Istanbul, 2001
- Erkoca Y.: Genelkurmay Yanlış Bilgilendirilmiş. In: NTV MAG, 14. Oktober 2000, S.72-75
- Fortes M.: The Web of Kinship among the Tallensi. Oxford University Press: London, 1949
- Fox A.: Beyond Contract: Work, Power and Trust Relations. Faber & Faber: London, 1974
- Fuchs S.: Against Essentialism. A Theory of Culture and Society. Harvard University Press: Cambridge, 2001

- Geiersbach P.: Gott auch in der Fremde dienen. Ein Türkenghetto in Deutschland. Band 2. Berlin: Mink-Verlag, 1990
- Giddens A.: The Consequences of Modernity. Cambridge University Press: Cambridge, 1990
- Giddens A.: Risk, Trust, Reflexivity. In: Beck U., Giddens A. (Hrsg.): Reflexive Modernization. Stanford University Press: Stanford, 1994
- Goffman E.: Interaction Ritual. Essays in Face-to-Face Behavior. Aldine: Chicago, 1967
- Gondek H.-D., Heisig U., Littek W.: Vertrauen als Organisationsprinzip. In: dies. (Hrsg.): Organisation von Dienstleistungsarbeit: Sozialbeziehungen und Rationalisierung im Angestelltenbereich. Edition Sigma: Berlin, 1992, S.33-55
- Gould R.: Collective Action and Network Structure. In: American Sociological Review, 58/2, 1993, S.182-196
- Göle N.: 80 Sonrası Politik Kültür. In: Kalaycıoğlu E., Sarıbay A.Y. (Hrsg.): Türkiye'de Siyaset: Süreklilik ve Değişim. Der Yayınevi: Istanbul, 1986, S.509-511
- Göle N.: Gendered Nature of the Public Sphere. In: Public Culture Nr.10, 1997, S.61-81
- Granovetter M.: The Strength of Weak Ties. In: American Journal of Sociology, 78/6, 1973, S.1360-1380

- Granovetter M.: Economic Action and Social Structure: The Problem of "Embeddedness". In: Granovetter M., Swedberg R. (Hrsg.): The Sociology of Economic Life. Westview Press: Boulder, 1992, S.53-81
- Granovetter M.: Ökonomische Institutionen als soziale Konstruktionen – Ein Analyserahmen. In: Bögenhold D. (Hrsg.): Moderne amerikanische Soziologie. Lucius & Lucius: Stuttgart, 2000, S.199-217
- Grundwald W.: Wie man Vertrauen erwirbt: Von der Misstrauens- zur Vertrauensorganisation. In: Management Zeitschrift 64, Nr.1-2, 1995, S.73-77
- Güleçyüz K.: Din de zorlama olmamalı. In: İzlenim 2/93, S.12
- Güleçyüz K.: Nur Hareketi. In: Yeni Asya (Türkische Zeitung), 31.01.2006
- Gülen F.: Son Karakol. In: Sızıntı Dergisi, Oktober, 1980
- Gülen F.: Prizma. Cilt 1-2. Nil: Izmir, 1997
- Haddad Y.: Ghurba as Paradigm for Muslim Life: A Risale-i Nur Worldview. In: Muslim World. Band 89 (3-4). Juli – Oktober, 1999
- Gürsoy I.: Devletin Gizli Belgelerinde Said Nursi Günlügü. 2013
- Hartfiel G., Hillmann K.: Wörterbuch der Soziologie. 3. Auflage. Alfred Körner Verlag: Stuttgart, 1982

- Heimbach M.: Die Entwicklung der islamischen Gemeinschaften in Deutschland seit 1961. Klaus Schwarz Verlag: Berlin, 2001
- Hermann R.: Die drei Versionen des politischen Islam in der Türkei. In: Orient, Nr.37 (1), 1996, S.35-57
- Hobbes T.: Leviathan or the Matter, Forme, & Power of a Common-wealth Ecclesiasticall and Civil. Andrew Crooke: London, 1651
- Holzer B.: Netzwerke. Transcript: Bielefeld, 2006
- Höpp G.: Arabische und islamische Periodika in Deutschland, 1915 – 1929. In: Moslemische Revue, Heft 3, 1991, S.150-175
- Höpp G., Reinwald B. (Hrsg.): Fremdeinsätze. Afrikaner und Asiaten in europäischen Kriegen, 1914-1915. Zentrum Moderner Orient, Studien 13: Berlin, 2000
- Höpp G.: Mohammed Essad Bey oder Die Welten des Lev Abramovič Nussenbaum In: Essad Bey (Hrsg.): "Allah ist gross": Niedergang und Aufstieg der islamischen Welt von Abdul Hamid bis Ibn Saud. Matthes & Seitz: München, 2002, S.385-414
- Hürriyet: Gülen, geçmişini nasıl görüyor? 03.04.1998
- Hüttermann J.: Islamische Mystik. Ein ´gemachtes Milieu´ im Kontext von

Modernität und Globalität. Ergon Verlag: Würzburg, 2002

- Jama'at-un Nur Hannover. Islamische Gemeinschaft. Selbstdarstellung, k.A.
- Jama'at-un Nur Köln. Gesellschaft des Lichtes. Selbstdarstellung, k.A.
- Jansen D.: Einführung in die Netzwerkanalyse. Grundlagen, Methoden, Anwendungen. Leske + Budrich: Opladen, 2003
- Johanson J., Mattson L.: Interorganizational Relations in Industrial Systems: A Network Approach Compared with the Transaction-Cost Approach. In: International Studies of Management and Organization, 18 (1), 1987, S.34-48
- Jonker G.: Eine Wellenlänge zu Gott. Der Verband der islamischen Kulturzentren in Europa. Transcript: Bielefeld, 2002
- Jütte W.: Soziales Netzwerk Weiterbildung. Analyse lokaler Institutionenlandschaften. Bertelsmann: Bielefeld, 2002
- Karabaşoğlu M.: Text and Community: An Analysis of the Risale-i Nur Movement. In: Abu-Rabi I. (Hrsg.): Islam at the Crossroads. On the Life and Thought of Bediüzzaman Said Nursi. State University of New York Press: New York, 2003, S.263-296
- Khaldun Ibn: Muqaddima. F.Maspero: Paris, 1966

- Kinross P.: Atatürk: The Rebirth of a Nation. Phoenix Giant: London, 1995
- Kutay C.: Kader Bağı. Ercan Holding: Istanbul, 1986
- Lemmen T.: Die Nurdschuluk-Bewegung / Jama'at-un Nur. Im Internet: http://www.chrislages.de/nurculuk.htm. 1997. Zuletzt aufgerufen am 12.01.2008
- Leveau R.: Der Islam in Frankreich: Wandel und Kontinuitäten. In: Escudier A. (Hrsg.): Der Islam in Europa. Der Umgang mit dem Islam in Frankfreich und Deutschland. Wallstein: Göttingen, 2003, S.12-25
- Lipp W.: Stigma und Charisma. Über soziales Grenzverhalten. Reimer: Berlin, 1985
- Lipp W.: Drama Kultur. Duncker und Humblot: Berlin, 1994
- Lipp W.: Charisma. In: Schäfers B. (Hrsg.): Grundbegriffe der Soziologie. 8., überarbeitete Auflage. Leske + Budrich: Opladen, 2003, S. 45-47
- Luhmann N.: Vertrauen. Ein Mechanismus der Reduktion sozialer Komplexität. Enke: Stuttgart, 1973
- Luhmann N.: Trust and Power. Wiley: Chichester, 1979
- Luhmann N.: Soziale Systeme. Grundriss einer allgemeinen Theorie. Suhrkamp: Frankfurt am Main, 1984
- Luhmann N.: Inklusion und Exklusion. In: Soziologische Aufklärung 6.

Westdeutscher Verlag: Opladen, 1995a, S.237-264

- Luhmann N.: Die Weltgesellschaft und ihre Religion. In: Solidarität 45, Heft 9/10, 1995b, S.11-12
- Luhmann N.: Religion als Kommunikation. In: Tyrell H., Krech V., Knoblauch H. (Hrsg.).: Religion als Kommunikation. Ergon: Würzburg, 1998, S.135-145
- Luhmann N.: Vertrautheit, Zuversicht, Vertrauen: Probleme und Alternativen. In: Hartmann M., Offe C. (Hrsg.): Vertrauen: die Grundlage des sozialen Zusammenhalts. Campus: Frankfurt am Main, 2001, S.143-160
- Mardin Ş.: Religion and Social Change in Modern Turkey. The Case of Bediüzzaman Said Nursi. State University of New York Press: New York, 1989
- Mardin Ş.: Anmerkungen zu normativen Konflikten in der Türkei. In: Berler L.P (Hrsg.): Die Grenzen der Gemeinschaft. Bertelsmann Stiftung: Gütersloh, 1997, S.355-397
- Mardin Ş.: Bediüzzaman Said Nursi Olayı. İletişim Yayınları: Istanbul, 2003a
- Mardin Ş.: Reflections on Said Nursi's Life and Thougt. In: Abu-Rabi I. (Hrsg.): Islam at the Crossroads. On the Life and Thought of Bediüzzaman Said Nursi. State University of New York Press: New York, 2003b, S.45-50

- Mead G.H.: Geist, Identität und Gesellschaft. Suhrkamp: Frankfurt am Main, 1968
- Mettele G.: Eine "Imagined Community" jenseits der Nation. Die Herrnhuter Brüdergemeinde als transnationale Gemeinschaft. In: Geschichte und Gesellschaft 32, 2006, S.45-68
- Mıhçıyazgan U.: Identitätsbildung zwischen Selbst- und Fremdreferenz. Überlegungen zur Beschreibung der Identität muslimischer Migranten. In: Schreiner P. (Hrsg.): Identitätsbildung in multikultureller Gesellschaft. Beiträge eines interdisziplinären Kolloquiums. Comenius-Institut: Münster, 1994, S.31-48
- Michel T.: Christlich-Islamischer Dialog und die Zusammenarbeit nach Bediüzzaman Said Nursi. Söz Basım Yayın: Istanbul, 2004
- Milliyet: Fethullah'ı kullanıp attılar. 26.06.1999
- Misawa: Risale-i Nur'lar sadeleştirildi. Im Internet: http://forum.misawa.de/showthread.php/1 6137-Risale-i-Nur%C2%B4lar-sadelestirildi. 2012
- Misawa: Risale-i Nur ve telif hakkı. Im Internet: http://forum.misawa.de/showthread.php/1 8491-Risale-i-Nur-ve-telif-hakki. 2014
- Mısıroğlu K.: TV'de röportaj. TV Net, Gerçek, 04.02.2011

- Muradoğlu A.: Sürgünde Geçen Bir Ömür. Artikelserie in Yeni Şafak (Türkische Zeitung) vom 23.03.2002 – 26.03.2002
- Münavi: Feyzü'l-Kadir. Band 1. k.A.: Beirut, 1972
- Nursi S.: Divan-ı Harb-i Örfi. Sözler: Istanbul, 1978
- Nursi S.: Asar-ı Bediyye. k.A.: Beirut, 1979
- Nursi S.: Hutuvat-ı Sitte. Takdim: Istanbul, 1991
- Nursi S.: Sünuhat. Yeni Asya: Istanbul, 1993
- Nursi S.: Das oberste Zeichen. Sözler: Istanbul, 1994
- Nursi S.: Nurun İlk Kapısı. Yeni Asya: Istanbul, 1995a
- Nursi S.: Hutbe-i Şamiye. Yeni Asya: Istanbul, 1995b
- Nursi S.: Latif Nükteler. Yeni Asya: Istanbul, 1995c
- Nursi S.: Beyanat ve Tenvirler. Yeni Asya: Istanbul, 1995d
- Nursi S.: Sayqal al-Islam. Sözler: Istanbul, 1998
- Nursi S.: Münazarat. Yeni Asya: İstanbul, 1999a
- Nursi S.: Miftahü'l-İman. Yeni Asya: Istanbul, 1999b
- Nursi S.: Asa-yı Musa. Yeni Asya: Istanbul, 2000a

- Nursi S.: Hizmet Rehberi. Yeni Asya: Istanbul, 2000b
- Nursi S.: Kastamonu Lahikası. Yeni Asya: Istanbul, 2000c
- Nursi S.: Şualar. Yeni Asya: Istanbul, 2000d
- Nursi S.: Sikke-i Tasdik-i Gaybi. Yeni Asya: Istanbul, 2000e
- Nursi S.: Lem'alar. Yeni Asya: Istanbul, 2000f
- Nursi S.: Barla Lahikası. Yeni Asya: Istanbul, 2000g
- Nursi S.: Muhakemat. Yeni Asya. Istanbul, 2000h
- Nursi S.: Mesnevi-i Nuriye. Yeni Asya. Istanbul, 2000i
- Nursi S.: İşaratü'l-İ'caz. Yeni Asya. Istanbul, 2000j
- Nursi S.: Tarihçe-i Hayat. Yeni Asya: Istanbul, 2001a
- Nursi S.: Mektubat. Yeni Asya: Istanbul, 2001b
- Nursi S.: Emirdağ Lahikası. Yeni Asya: Istanbul, 2001c
- Nursi S.: Sözler. Yeni Asya: Istanbul, 2001d
- Nursi S.: Die Aufrichtigkeit. Sözler: Istanbul, 2002a
- Nursi S.: Die Früchte des Glaubens. Sözler: Istanbul, 2002b
- Nursi S.: The Rays. Sözler: Istanbul, 2002c

- Nursi S.: Mensch und Universum. Sözler: Istanbul, 2002d
- Nursi S.: Die Worte. Sözler: Istanbul, 2002e
- Nursi S.: Die Auferstehung und das Jenseits. Sözler: Istanbul, 2002f
- Nursi S.: Ayet´ül Kübra. Envar: Istanbul, 2003
- Nursi S.: Die Lichtstrahlen. Sözler: Istanbul, 2004a
- Nursi S.: Die Briefe. Sözler: Istanbul, 2004b
- Nursi S.: İhlas Risaleleri. Söz Basım Yayın: Istanbul, 2004c
- Nursi S.: The Flashes. Sözler: Istanbul, 2004d
- Nursi S.: Uhuvvet Risalesi. Söz Basım Yayın: Istanbul, 2004e
- Nursi S.: Signs of Miraculousness. The Inimitability of the Qur´an´s Conciseness. Sözler: Istanbul, 2004f
- Nursi S.: Tröstung für die Alten. Sözler: Istanbul, 2005a
- Nursi S.: Die erste Tür des Nur. Envar Nesriyat: Istanbul, 2005b
- Nursi. S. İçtima-i dersler. Zehra Yayıncılık: İstanbul, 2006
- Nursi S.: Die Lichtblitze. Sözler: Istanbul, 2007
- Nursi S.: Sırr-ı İnna A´tayna. Derin Tarih: İstanbul, 2016
- Nursi S.: Blitze. VFJH e.V.: k.A., k.A.a

- Nursi S.: Sein Leben und Werk. Hizmet Vakfi Yayinlari: Istanbul, k.A.b
- Nursi S.: Briefe aus Kastamonu. Hizmet Vakfi Yayinlari: Istanbul, k.A.c
- Nursi S.: Briefe aus Emirdag. Band 1. Hizmet Vakfi Yayinlari: Istanbul, k.A.d
- Nursi S.: Strahlen. Lichtverlag: Berlin, k.A.e
- Oğur Y.: Paralel devletin çekilmiş en net fotoğrafı. Türkiye Gazetesi, 15.12.2014
- Pappi F. (Hrsg.): Methoden der Netzwerkanalyse. Techniken der empirischen Sozialforschung Bd.1. Opladen: München, 1987
- Pohl R.: Islam in Deutschland. In: BRD und Dritte Welt Nr.59, Heft 6, 2004, S.1-48
- Posch W.: Islam und Islamismus in der Türkei. In: Feichtinger W., Wentker S. (Hrsg.): Islam, Islamismus und islamischer Extremismus. Landesverteidigungsakademie Österreich: Wien, 2005, S.167-187
- Powell W.: Weder Markt noch Hierarchie: Netzwerkartige Organisationsformen. In: Kenis P., Schneider V. (Hrsg.): Organisation und Netzwerk. Institutionelle Steuerung in Wirtschaft und Politik. Campus: Frankfurt am Main, New York, 1996, S.213-269
- Preisendörfer P: Vertrauen als soziologische Kategorie. In: Zeitschrift für

Soziologie, Jg.24, Heft 4, August 1995, S.263-272

- Reed F.A.: Anatolia Junction: A Journey into Hidden Turkey. Taloonbooks: British Columbia, 1999
- Ripperger T.: Die Effizienz des Vertrauensmechanismus bei der Organisation internationaler Transaktionen. In Herder-Dorneich P., Schenk K.-E., Schmidtchen D. (Hrsg.): Jahrbuch für neue politische Ökonomie. Band 18. „Globalisierung und Rechtsordnung. Mohr: Tübingen, 1999, S.257-291
- Risale Haber: Said Nursi'nin o talebeleri beni çok etkiledi. 12.12.2011
- Risale Haber: Ali Uçar'ın vefatından önceki son mektubu Kaynak: Ali Uçar'ın vefatından önceki son mektubu. 24.11.2013
- Risale Haber: Demirel′e Nur cemaatinin misin Oktay Ekşi′nin misin sorusu. 09.12.2013
- Risale Haber: Said Nursi'nin 95 yıl önceki CV'si. 03.09.2014
- Roy O.: Siyasal İslam′ın İflası. 2. Auflage. Metis: Istanbul, 1995
- Şahiner N.: Bilinmeyen Taraflarıyla Bediüzzaman Said Nursi. Yeni Asya: Istanbul, 1979a
- Şahiner N.: Said Nursi ve nurculuk hakkında Aydınlar Konuşuyor. Yeni Asya: Istanbul, 1979b

- Şahiner N.: Son Şahitler Bediüzzaman Said Nursi'yi anlatıyor. Band 1-5. Nesil: Istanbul, 2005
- Şahinöz C.: Nurculuk – Gülen Hareketi farkı. Internet: https://misawatruth.wordpress.com/2006/01/10/10-01-2006-nurculuk-guelen-hareketi-farki/. 10.01.2006
- Şahinöz C.: Das Gebetsbuch. Handbuch zum Islamischen Gebet. Nesil: Istanbul, 2008a
- Şahinöz C.: Ist eine Reformation im Islam nötig? Im Internet: http://misawatruth.wordpress.com/2008/08/31/31082008-ist-eine-reformation-im-islam-notig. 2008b. Zuletzt aufgerufen am 14.11.2008
- Şahinöz Cemil: Die Gülen Bewegung - Religionsgemeinschaft oder Geheimbund? BOD: Norderstedt, 2016a
- Şahinöz C.: Putsch der Falschinformationen. In: Huffington Post., 21.07.2016b
- Şahinöz Cemil: Nurculuk Hareketi: Sosyolojik Bir Araştırma. BOD: Norderstedt, 2018
- Salihoğlu M. L.: Cesaret ve sadakat örnekleri. Yeni Asya Gazetesi, 15.01.2007
- Schäfers B.: Gemeinschaft. In: ders. (Hrsg.): Grundbegriffe der Soziologie. 8., überarbeitete Auflage. Leske + Budrich: Opladen, 2003a, S.99-101

- Schäfers B.: Gesellschaft. In: ders. (Hrsg.): Grundbegriffe der Soziologie. 8., überarbeitete Auflage. Leske + Budrich: Opladen, 2003b, S.109-114
- Schiffauer W.: Ausbau von Partizipationschancen islamischer Minderheiten als Weg zur Überwindung des islamischen Fundamentalismus? In: Bielefeldt H., Heitmeyer W. (Hrsg.): Politisierte Religion. Ursachen und Erscheinungsformen des modernen Fundamentalismus. Suhrkamp: Frankfurt am Main, 1998, S.418-437
- Schiffauer W.: Die Gottesmänner. Türkische Islamisten in Deutschland. Suhrkamp: Frankfurt am Main, 2000
- Schiffauer W.: Muslimische Organisationen und ihr Anspruch auf Repräsentativität: Dogmatisch bedingte Konkurrenz und Streit um Institutionalisierung. In: Escudier A. (Hrsg.): Der Islam in Europa. Der Umgang mit dem Islam in Frankreich und Deutschland. Wallstein: Göttingen, 2003, S.143-158
- Schiffauer W.: Die Islamische Gemeinschaft Milli Görüş – ein Lehrstück zum verwickelten Zusammenhang von Migranten, Religion und sozialer Integration. In: Bade K., Bommes M., Münz R. (Hrsg.): Migrationsreport 2004. Fakten-Analysen-Perspektiven. Campus:

Frankfurt am Main, New York, 2004a, S.67-96

- Schiffauer W.: Vom Exil- zum Diaspora-Islam. Muslimische Identitäten in Europa. In: Soziale Welt (55), 2004b, S.347-368
- Schütz A.: „Der Fremde" u. „Der Heimkehrer". in: ders.: Gesammelte Aufsätze. Band 2: Studien zur soziologischen Theorie. Nifhoff: Den Haag, 1972, S.53-84
- Seufert G.: Politischer Islam in der Türkei. Franz Steiner Verlag: Istanbul, 1997
- Sevilgen G.: MSP'de Dört Yıl (1973-1977). İstiklal: Ankara, 1979
- Simmel G.: Exkurs über den Fremden. in: ders: Soziologie. Untersuchungen über die Formen der Vergesellschaftung. Duncker & Humblot Verlag: Leipzig, 1908, S.509-512
- Simmel G.: Soziologie. Untersuchungen über die Formen der Vergesellschaftung. Duncker & Humblot Verlag: Leipzig, 1908
- Simmel G.: Soziologie. Suhrkamp: Frankfurt am Main, 1992
- Sitembölükbaşı Ş.: Türkiye'de İslam'ın Yeniden İnkişafı. 1950-1960. İsam Yayınları: Ankara, 1995
- Smith M.: Studies in Early Mysticism in the Near and Middle East. k.A.: Oxford, 1995

- Spinner H.: Die Architektur der Informationsgesellschaft. Philo: Bodenheim, 1998
- Spuler U.: Nurculuk. Die Bewegung des „Bediüzzaman" Said Nursi in der modernen Türkei. In: Spies O. (Hrsg.): Studien zum Minderheitenproblem im Islam. Band 1. Bonner Orientalische Studien. Neue Serie Bd. 27/1. k.A.: Bonn, 1973, S.100-183.
- Spuler U.: Zur Organisationsstruktur der Nurculuk-Bewegung. In: Roemer H.R., Noth A. (Hrsg.): Studien zur Geschichte und Kultur des Vorderen Orients. Festschrift für Berthold Spuler zum siebzigsten Geburtstag. Brill: Leiden, 1981, S.423-442
- Staber U.: Steuerung von Unternehmensnetzwerken: Organisationstheoretische Perspektiven und soziale Mechanismen. In: Sydow J., Windeler A. (Hrsg.): Steuerung von Netzwerken. Konzepte und Praktiken. Westdeutscher Verlag: Opladen, 1999, S.58-87
- Steinbach U., Feindt-Riggers N.: Islamische Organisationen in Deutschland. Eine aktuelle Bestandsaufnahme und Analyse. Deutsches Orient-Institut: Hamburg, 1997
- Strauss A. (Hrsg.): George Herbert Mead on Social Psychology. University of Chicago Press: Chicago, 1956

- Sydow J., Windeler A.: Steuerung von und in Netzwerken – Perspektiven, Konzepte, vor allem aber offene Fragen. In: dies. (Hrsg.): Steuerung von Netzwerken. Konzepte und Praktiken. Westdeutscher Verlag: Opladen, 1999, S.1-24

- Sztompka P.: Vertrauen: Die Fehlende Ressource in der postkommunistischen Gesellschaft. In: Kölner Zeitschrift für Soziologie und Sozialpsychologie. Sonderheft 35, 1995, S.254-276

- Szyska C.: Reformen und Reaktionen. Wie reformresistent ist der Islam? Ein historischer Überblick. In: Kultur-Austauch, 01/2002, S.22-27

- Tacke V.: Netzwerk und Adresse. In: Soziale Systeme 6/2, 2000, S.291-320

- Talib A.: Stationen des Lebens eines türkischen Schuhmachermeisters in Deutschland von 1917 bis 1983. Kaiserreich - Weimarer Republik - Drittes Reich – DDR. Önel Verlag: Köln, 1997

- TBMM Zabıt Ceridesi, Cild 24

- Teubner G.: The Many-Headed Hydra: Networks as Higher-Order Collective Actors. In: Corporate Control and Accountability. Changing Structures and the Dynamics of Regulation. Clarendon Press: Oxford, 1993, S.41-60

- Tezcan L.: Inszenierungen kollektiver Identität, Artikulationen des politischen Islam – beobachtet auf den Massenversammlungen der türkisch-

islamischen Gruppe Milli Görüs. In: Soziale Welt (53), 2002, S.303-324
- Tezcan L.: Das islamische in den Studien zu Muslimen in Deutschland. In: Zeitschrift für Soziologie, Jg. 32, Heft 3, 2003, S.237-261
- Tezcan L.: The Problems of Religious Modernity. In: Asian Journal of Social Science. 33:3, 2005, S.506-528
- Tuksavul M.: Eine bittere Freundschaft. Erinnerungen eines türkischen Jahrhundertzeugen. Econ: München, 1985
- Turgut H: Nur Hareketi. Artikelserie in Sabah (Türkische Zeitung) vom 15.01.1997 bis 02.02.1997
- Turkisch Daily News (Englische Zeitung): Interview mit Fethullah Gülen. 18.02.1995
- Urry J.: Small Worlds and the New ´Social Physics´. In: Global Networks, 4/2, 2004, S.109-130
- Utermann C.: Türkischer Islam in Deutschland. DPA: Hamburg, 1995
- Ülken H. Z.: Türkiyede Çağdaş Düşünce Tarihi. Band 1. Selçuk: Konya, 1966
- Ülsever C.: Türkiye´nin Görevi: Said-i Nursi´yi anlamak / anlatmak. In: Hürriyet (Türkische Zeitung), 02.10.2004
- Vahide Ş.: Dschihad in modernen Zeiten. Bediüzzaman Said Nursi´s Interpretation des Dschihad. In: Jama´at-un Nur (Hrsg.): Said Nursi im Spiegel westeuropäischer Diskussionen. Jama´at-un Nur: Köln, 1999, S.24-41

- Vahide Ş.: Ein Beitrag zu einer „Intellektuellen Biographie" Said Nursis. Söz Basım Yayın: Istanbul, 2004
- Vahide Ş.: Islam in Modern Turkey. An intellectual Biography of Bediuzzaman Said Nursi. State University of New York Press: Albany, 2005
- Vámbéry A.: La Turquie d'Aujourd'hui et d'Avant Quarante Ans. P.V.Stock: Paris, 1898
- Wagner G.: Expatriates als Netzwerkarchitekten. In: Mense-Petermann U., Wagner G. (Hrsg.): Transnationale Konzerne als neuer Organisationstyp? VS Verlag: Wiesbaden, 2006, S.225-247
- Watts D.: The 'New' Science of Networks. In: Annual Review of Sociology, 30, 2004, S.243-270
- Weber M.: Wirtschaft und Gesellschaft. Grundriss der verstehenden Soziologie. 5.Auflage. J.C.B. Mohr: Tübingen, 1980
- Weber M.: Soziologische Grundbegriffe. 6.Auflage. J.C.B. Mohr: Tübingen, 1984
- Weber M.: Über einige Kategorien der verstehenden Soziologie. In: ders.: Gesammelte Aufsätze zu Wissenschaftslehre. 7.Auflage. J.C.B. Mohr: Tübingen, 1988
- Weber M.: Politik als Beruf. Reclam: Ditzingen, 1992
- Weber M.: Schriften zur Soziologie. Reclam: Ditzingen, 1995

- Weber M.: Die protestantische Ethik und der Geist des Kapitalismus. Area: Erftstadt, 2005
- Wegmann J., Zimmermann G.: Netzwerk, soziales. In: Schäfers B. (Hrsg.): Grundbegriffe der Soziologie. 8., überarbeitete Auflage. Leske + Budrich: Opladen, 2003, S.250-254
- Weinbrenner H.: Nurculuk. In: Islam Nachricht. Nr.0003, 28.03.1997
- White H.: Identitiy and Control. A Structural Theory of Social Action. Princeton University Press: Princeton, 1992
- White H.: Careers and Creativity: Social Forces in the Arts. Westview Press: Boulder, 1993
- Williamson O.: Transaction-Cost Economics: The Governance of Contractual Relations. In: Journal of Law and Economics 22, 1975, S.233-261
- Windhager G.: Leopold Weiss alias Muhammad Asad. Von Galizien nach Arabien 1900-1927. Böhlau: Wien, 2002
- Wunn I.: Muslimische Gruppierungen in Deutschland. Ein Handbuch. Kohlhammer: Stuttgart, 2007
- Yaşar İ.: Bediüzzaman. Yeni Asya: Istanbul, 1993a
- Yaşar İ.: Zamanın Sesi. Yeni Asya: Istanbul, 1993b
- Yavuz H.: Yayına Dayalı İslami Söylem ve Modernlik: Nur Hareketi. In: 3.

Uluslararası Bediüzzaman Sempozyumu. Nesil: Istanbul, 1995, S.641-666

- Yavuz H.: Die Renaissance des religiösen Bewusstseins in der Türkei: Nur-Studienzirkel. In: Göle N., Ammann L. (Hrsg.): Islam in Sicht. Der Auftritt von Muslimen im öffentlichen Raum. Transcript: Bielefeld, 2004, S.121-146
- Zarcone T.: La Turquie moderne et l'Islam. Flammarion: Paris, 2004

Anhang 1

Der Ausweis, den Nursi während seiner Flucht über
Warschau, Berlin und Wien nach Istanbul erhielt
(Nursi, 2001a, S.105).

Anhang 2

Die Ausreiseerlaubnis, die Nursi während seiner
Flucht erhielt (Nursi, 2001a, S.106).

Anhang 3

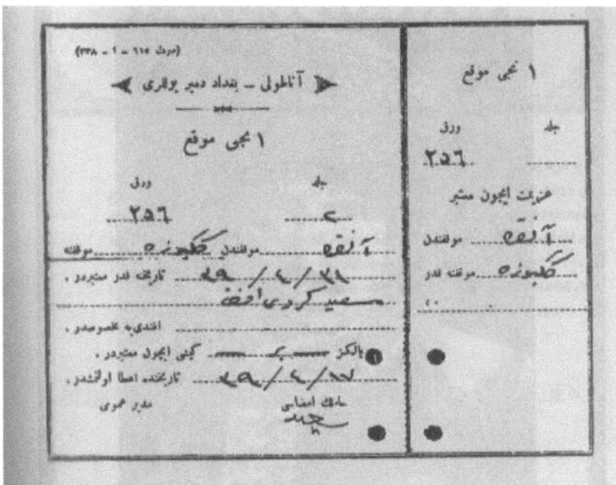

Der Zugticket, der den Alten Said in den Neuen Said
verwandelte (Nursi, 2001a, S.133).

Anhang 4

Camil Abiciğim!

Binler Selâm ve dualar
ederiz.

Uğradığımız yerler, sırasıyle şu:

Berlin, Hamburg, Bremen, Hannover, Lemgo, Ahlen, Duisburg, Mannheim, Düsseldorf, Eindhoven, Den Haag, Rotterdam, Eindhoven, Roermond, Hückelhoven, Düren, M. Gladbach, Alsdorf, Merkstein, Köln, Budenheim, Mainz, Kaiserslautern, Diedenbach, Mannheim, Stuttgart, Ludwigsburg, Aschaffenburg, München, Augsburg, Ulm, Nürnberg, Erlangen, Kaiserslautern, Budenheim, Offenbach, Wetzlar, Limburg, Budenheim, Düsseldorf, Köln, Eindhoven, Budenheim, Wien...

1. Weinacht'a, inşaallah, geleceğim.
2. Arabanın benzin kapağındaki
metal kapı çalışmıyor
3. 170 km·de gaz pedalı çok
titriyor.
4. İlmim dahilinde trafik hatası
yapmadım, ceza yok.
5. Arabayı sadece ben kullandım.
Sadece ehliyetinden emin ol-
duğum için az bir zaman
Mehmet Çiçek kullandı.
6. Araba iyi çalışıyor; benzin
doldurma yerindeki metal kap
kapanmıyor, kapanınca açılmıyor,
tek eksiklik.

Binler rah u canla teşekkür
ederim. Bayram Abinin de hu-
susi teveccühlerini nakle-
diyorum size çok dua
ediyor.

Ali Uçars letzter Brief (Risale Haber, 24.11.2013).

Anhang 5

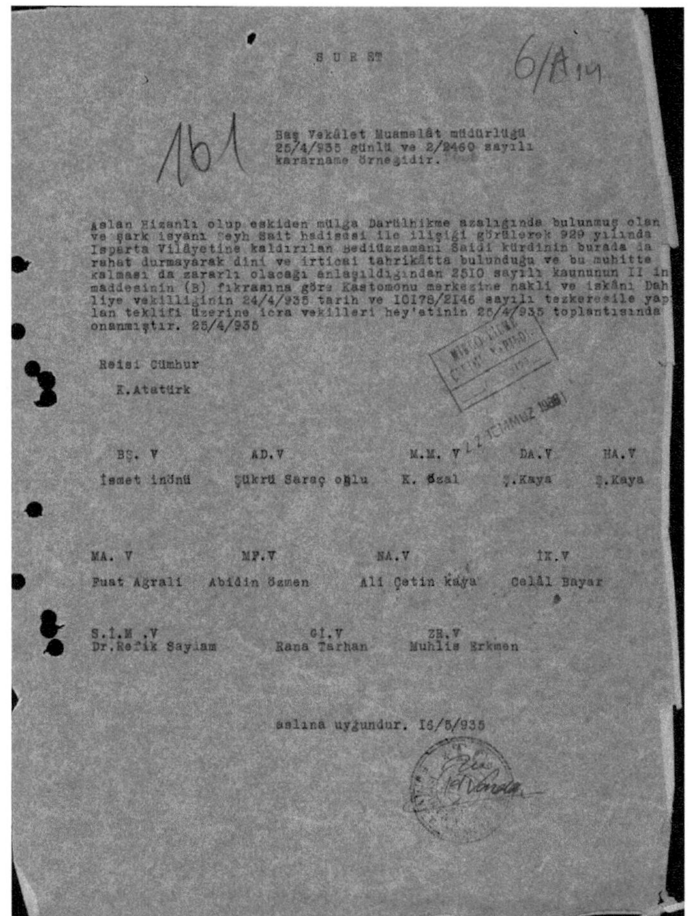

Dokument vom 25.04.1935 mit den Unterschriften
von Atatürk und İsmet İnönü (Akgündüz, 2014).

Anhang 6

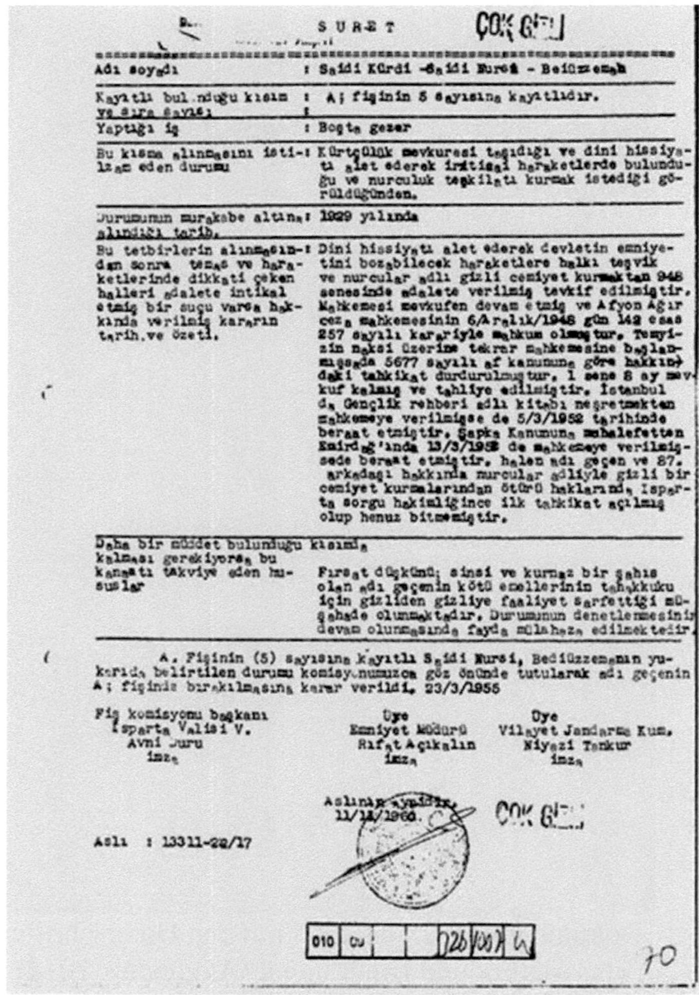

SURET   ÇOK GİZLİ

Adı soyadı	: Saidi Kürdi -Saidi Nursi - Bediüzzeman
Kayıtlı bulunduğu kısım ve sıra sayısı;	: A; fişinin 5 sayısına kayıtlıdır.
Yaptığı iş	: Boşta gezer
Bu kısma alınmasını isti-lzam eden durumu	: Kürtçülük mevkuresi taşıdığı ve dini hissiyatı alet ederek irticai hareketlerde bulunduğu ve nurculuk teşkilatı kurmak istediği görüldüğünden.
Durumunun murakabe altına alındığı tarih.	: 1929 yılında
Bu tetbirlerin alınmasın-dan sonra temas ve hareketlerinde dikkati çeken halleri adalete intikal etmiş bir suçu varsa hakkında verilmiş kararın tarih ve özeti.	: Dini hissiyatı alet ederek devletin emniyetini bozabilecek hareketlere halkı teşvik ve nurcular adlı gizli cemiyet kurmaktan 948 senesinde adalete verilmiş tevkif edilmiştir. Mahkemesi mevkufen devam etmiş ve Afyon Ağır ceza mahkemesinin 6/Aralık/1948 gün 142 esas 257 sayılı karariyle mahkum olmuştur. Temyizin naksi üzerine tekrar mahkemesine başlanmışsada 5677 sayılı af kanununa göre hakkındaki tahkikat durdurulmuştur. 1 sene 8 ay mevkuf kalmış ve tahliye edilmiştir. İstanbulda Gençlik rehberi adlı kitabı neşretmekten mahkemeye verilmişse de 5/3/1952 tarihinde beraat etmiştir. Şapka Kanununa muhalefetten Emirdağ'ında 13/3/1952 de mahkemeye verilmişsede beraat etmiştir. halen adı geçen ve 87. arkadaşı hakkında nurcular adlıyle gizli bir cemiyet kurmalarından ötürü haklarında, Ispartada sorgu hakimliğince ilk tahkikat açılmış olup henuz bitmemiştir.
Daha bir müddet bulunduğu kısımda kalması gerekiyorsa bu kanaatı takviye eden hususlar	: Fırsat düşkünü; sinsi ve kurnaz bir şahıs olan adı geçenin kötü emellerinin tahakkuku için gizliden gizliye faaliyet sarfettiği müşahede olunmaktadır. Durumunun denetlenmesinin devam olunmasında fayda mülahaza edilmektedir.

A. Fişinin (5) sayısına kayıtlı Saidi Nursi, Bediüzzemanın yukarıda belirtilen durumu komisyonumuzca göz önünde tutularak adı geçenin A; fişinde bırakılmasına karar verildi. 23/3/1955

Fiş komisyonu başkanı Isparta Valisi V. Avni Juru imza	Üye Emniyet Müdürü Rıfat Açıkalın imza	Üye Vilayet Jandarma Kum. Niyazi Tankur imza

Aslına uygundur.
11/11/1960.

ÇOK GİZLİ

Aslı : 13311-2a/17

Bespitzelungsdokument (Gürsoy, 2013).

Anhang 7

Nursis erste Zeitungskolume am 06.08.1908 in der Zeitung „Rehber-i Vatan".

Anhang 8

Dokument aus dem Türkischen Parlament, welches Said Nursis Rede vom 22.11.1922 protokolliert (TBMM Zabıt Ceridesi, c. 24, s. 457).

Anhang 9

İrticaî Olaylar Sanık Fişi. 24/69

Adı	Soyadı	Babasının adı	Anasının adı
Ziver	Gündüzalp	Mehmet	Seyyide

Doğum yeri ve tarihi	Milliyeti	Dini	Evli olup olmadığı
Ermenek ilçesi Zaviye Mahallesi 1336	Türk	İslâm	Bekâr

Yaptığı iş	Uyruğu	Olay Fiş sayısı	
Posta T.T.M. Memuru	T. C.	2	

1	Suçu	Saidi Kurdiye bağlı eşhastan
2	Suçla ilgisi	Saidi Kurdinin neşrettiği kitapları okumak
3	Adalete verildiği yer ve tevkif edildiği yer	Konya Afyon
4	Mahkeme safhaları	Mahkemesi ceryan etmektedir.
5	Mahkûm olup olmadığı	Halen Tutukludur.
6	Cezasını nerede çektiği	Afyonda
7	Şimdi oturduğu yer, evvelce oturduğu yerler	Aslen Ermenek ilçesinin Zaviye mahallesi halkından olup Konyada Tahtatepen mahallesinde oturur
8	Yabancı memleketlerde gezi yapmışsa gezdiği ve oturduğu yerler	Yapmamıştır
9	Askerlik durumu düzgünmüdür, sınıf ve rütbesi	Muhabere Çavuşu ,İyidir
10	Evvelce hüküm giymişmidir, Cezanın nevi ve miktarı	Giymemiştir.
11	Muhitinde ve kollukça nasıl tanındığı.	Mütaassip ruhlu
	Emniyet Müdür ve âmirinin bu kimse hakkındaki kanaatı	Mütaassiptir

24 TEMMUZ 1986

HATIRLATMA : Fiş doldurulurken arka taraftaki açıklama gözönünde tutulacaktır.

Said Nursis Schüler Zübeyir Gündüzalp wurde gegen
Ende der 1940er Jahre bespitzelt.

Anhang 10

In diesem Dokument, der von Islamgelehrten aus Medina, Irak und Jordanien und vom Institut, dass alle Prophetenverwandte vernetzt, wird nachgewiesen, dass Said Nursi aus der Prophetenfamilie stammt (Akgündüz, 2014).

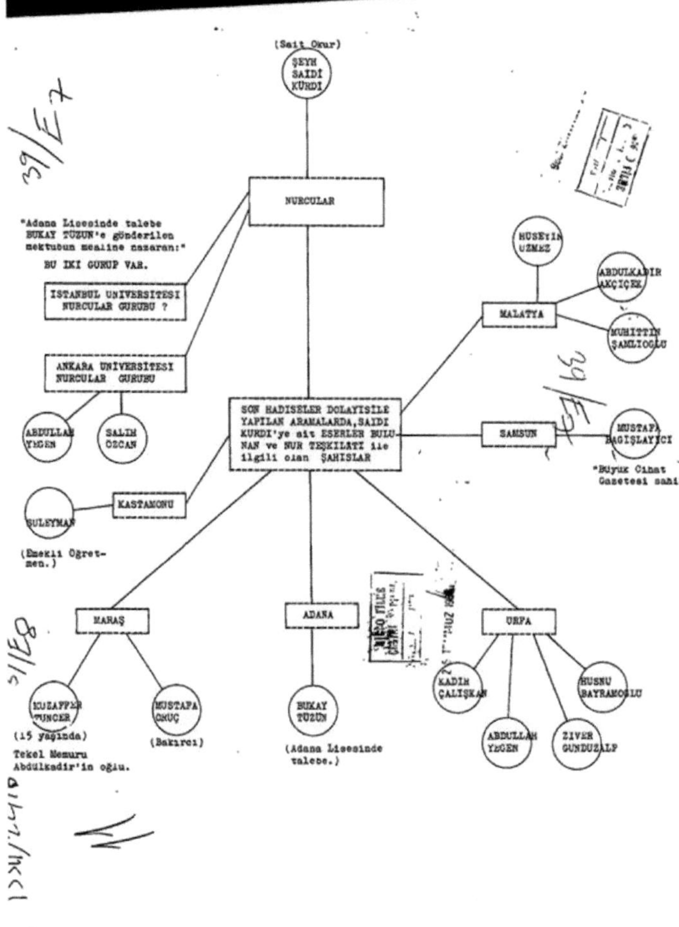

Bespitzelungsdokument aus dem Jahre 1953
(Akgündüz, 2014).

Anhang 12

Nursis Kurzbiographie, die er 1919 für den Daru´l-Hikmeti´l-İslamiye, den höchsten osmanischen Rat für Fragen der Bildung, auf Einladung schrieb (Risale Haber, 2014).

Anhang 13

BAKANLAR KURULU KARARI

Karar Sayısı : 2014/7007

Ekli "Eser Sahibi Sait Okur (Bediüzzaman Said Nursi) Olan Eserler Üzerindeki Hakların Diyanet İşleri Başkanlığı Tarafından Kullanılmasına İlişkin Karar"ın yürürlüğe konulması; Kültür ve Turizm Bakanlığının 22/10/2014 tarihli ve 202226 sayılı yazısı üzerine, 5846 sayılı Fikir ve Sanat Eserleri Kanununun 47 nci maddesine göre, Bakanlar Kurulu'nca 24/11/2014 tarihinde kararlaştırılmıştır.

Recep Tayyip **ERDOĞAN**
CUMHURBAŞKANI

Ahmet DAVUTOĞLU
Başbakan

B. ARINÇ	A. BABACAN	Y. AKDOĞAN	N. KURTULMUŞ
Başbakan Yardımcısı	Başbakan Yardımcısı	Başbakan Yardımcısı	Başbakan Yardımcısı
B. BOZDAĞ	A. İSLAM	V. BOZKIR	F. IŞIK
Adalet Bakanı	Aile ve Sosyal Politikalar Bakanı	Avrupa Birliği Bakanı	Bilim, Sanayi ve Teknoloji Bakanı
F. ÇELİK	İ. GÜLLÜCE	M. ÇAVUŞOĞLU	N. ZEYBEKCİ
Çalışma ve Sosyal Güvenlik Bakanı	Çevre ve Şehircilik Bakanı	Dışişleri Bakanı	Ekonomi Bakanı
T. YILDIZ	A. Ç. KILIÇ	M. M. EKER	N. CANİKLİ
Enerji ve Tabii Kaynaklar Bakanı	Gençlik ve Spor Bakanı	Gıda, Tarım ve Hayvancılık Bakanı	Gümrük ve Ticaret Bakanı
E. ALA	C. YILMAZ	O. ÇELİK	M. ŞİMŞEK
İçişleri Bakanı	Kalkınma Bakanı	Kültür ve Turizm Bakanı	Maliye Bakanı
N. AVCI	İ. YILMAZ	V. EROĞLU	
Millî Eğitim Bakanı	Millî Savunma Bakanı	Orman ve Su İşleri Bakanı	
M. MÜEZZİNOĞLU	L. ELVAN		
Sağlık Bakanı	Ulaştırma, Denizcilik ve Haberleşme Bakanı		

ESER SAHİBİ SAİT OKUR (BEDİÜZZAMAN SAİD NURSİ) OLAN ESERLER
ÜZERİNDEKİ HAKLARIN DİYANET İŞLERİ BAŞKANLIĞI TARAFINDAN
KULLANILMASINA İLİŞKİN KARAR

Hakların kullanımına ilişkin esaslar
MADDE 1- (1) Eser sahibi Sait Okur (Bediüzzaman Said Nursi) olan ekli listedeki eserler üzerinde, 5/12/1951 tarihli ve 5846 sayılı Fikir ve Sanat Eserleri Kanunundan kaynaklanan tüm hak ve yetkiler Diyanet İşleri Başkanlığına aittir.

(2) Ekli listedeki eserler, aslına uygun olmak kaydıyla, Diyanet İşleri Başkanlığınca ya da Diyanet İşleri Başkanlığının verdiği izin veya yetki çerçevesinde kişi ve kuruluşlarca işlenebilir, çoğaltılabilir, yayımlanabilir, temsil edilebilir veya işaret, ses ve görüntü nakline yarayan araçlarla umuma iletilebilir. Diyanet İşleri Başkanlığınca verilen izin veya yetki çerçevesinde hareket edilmediğinin ya da eserlerin aslına uygun olma koşuluna riayet edilmediğinin tespiti halinde hukuki süreç başlatılır.

(3) Ekli listedeki eserler üzerinde 5846 sayılı Kanundan kaynaklanan hak sahipliğini belgelendiren kişilere, talep edilmesi halinde, Diyanet İşleri Başkanlığınca, 5846 sayılı Kanunun 47 nci maddesi çerçevesinde münasip bir bedel ödenir. Bu bedel Kültür ve Turizm Bakanlığı ile Diyanet İşleri Başkanlığı tarafından oluşturulacak komisyon marifetiyle belirlenir.

(4) Diyanet İşleri Başkanlığınca, ekli listede belirtilen eserler üzerindeki hakların kullanılması sonucu bir gelir veya kullandırılması suretiyle telif geliri elde edilmesi halinde, bu gelirler, hak sahiplerine ödenecek münasip bedelin karşılanması için kullanılır. Ekli listede belirtilen eserler üzerindeki hakların kullanılması ve kullandırılması bakımından Diyanet İşleri Başkanlığınca bir kuruluşun yetkilendirilmesi ve bu kuruluş tarafından hakların kullanılması sonucu bir gelir veya kullandırılması suretiyle telif geliri elde edilmesi halinde, bu gelirler; ekli listedeki eserlerin basım, yayım ve tanıtımı ile eser sahibinin tanıtımına yönelik gerçekleştirilecek kültürel, sosyal ve eğitim amaçlı her türlü hizmet, faaliyet ve proje için kullanılır veya bu amaçlar doğrultusunda Diyanet İşleri Başkanlığının görüşü alınarak ilgili kişi veya kuruluşlara kullandırılır.

Yürürlük
MADDE 2- (1) Bu Karar yayımı tarihinde yürürlüğe girer.

Yürütme
MADDE 3- (1) Bu Karar hükümlerini Bakanlar Kurulu yürütür.

Beschluss, welches am 26.11.2014 veröffentlicht wurde,
über die Druckrechte der Risale-i Nur.

Anhang 14

Medresen in Deutschland.

Anhang 15

Publikationen von Said Nursi

<u>**TÜRKISCH**</u>
1899 Kızıl İcaz
1899 Tâlikat (tahminen)
1899-1906 Matematik ve fizyonomi ile ilgili iki kitabı
yangında yanıyor.
1908-1909 Reçetet-ül Avam
1909 Divan-ı Harbi Örfi
1911 Reçetet-ül Ulema veya Saykal-ül İslam
1911 Hutbe-i Şamiye
1911 Münazarat
1911 Muhakemat
1911 Teşhis-ül illet
1911 Deva's ül Ye's
1911 Nutuk-1
1914-1916 İşarat-ül İcaz
1919 Bediüzzaman'ın Tarihçe-i Hayatı
1919 Nokta
1920 Hakikat Çekirdekleri-1
1920 Sünuhat
1921 Hakikat Çekirdekleri-2
1921 Lemaat
1921 Şuaat
1921 Rumuz
1921 Tulûât
1921 Muhakemat
1921 İşârât
1921 İki Mekteb-i Musibetin Şehâdetnâmesi
(tahminen)

1922 Katre
1922 Zeyl-ül- Katre
1922 Habbe
1922 Zeyl-ül Habbe
1922 Zerre
1922 Şemme
1922 Zeyl
1923 Zehre
1923 Zehrenin zeyli
1923 Habab
1923 Zeyl-ül Habab
1922 Hutuvat-ı Sitte
1925 Sırr-ı İnnâ A'taynâ

1926-1930 SÖZLER

1926 Birinci söz
1926 İkinci Söz
1926 Üçüncü Söz
1926 Dördüncü Söz
1926 Beşinci Söz
1926 Altıncı Söz
1926 Yedinci Söz
1926 Sekizinci Söz
1926 Dokuzuncu Söz
1926 Onuncu Söz
Onbirinci Söz
Onikinci Söz
Onüçüncü Söz
Ondördüncü Söz
1933 Ondördüncü Söz'ün Zeyli
Onbeşinci Söz
Onaltıncı Söz

Onyedinci Söz
1927 Onsekizinci Söz
Ondokuzuncu Söz
1926 Yirminci Söz
1926 Yirmibirinci Söz
1926 Yirmiikinci Söz
1929 Yirmiüçüncü Söz
Yirmidördüncü Söz
1927 Yirmibeşinci Söz
Yirmialtıncı Söz
1929 Yirmiyedinci Söz ve Zeyli
Yirmisekizinci Söz
1928-30 Yirmidokuzuncu Söz
1928-30 Otuzuncu Söz
1928-30 Otuzbirinci Söz
1928-30 Otuzikinci Söz
1928-30 Otuzüçüncü Söz

1929-1934 MEKTUBAT

1929 Birinci Mektup
1930 İkinci Mektup
1930 Üçüncü Mektup
1930-31 Dördüncü Mektup
1930-31 Beşinci Mektup
1930-31 Altıncı Mektup
Yedinci Mektup
Sekizinci Mektup
1930 Dokuzuncu Mektup
Onunucu Mektup
Onbirinci Mektup
Onikinci Mektup
1929 Onüçüncü Mektup (Telif edilmedi)

Ondördüncü Mektup
Onbeşinci Mektup
1930-31 Onaltıncı Mektup
1931 Onaltıncı Mektup'un Zeyli
1930 Onyedinci Mektup
Onsekizinci Mektup
1929 Ondokuzuncu Mektup
1928 Yirminci Mektup
Yirmibirinci Mektup
Yirmiikinci Mektup
1933 Yirmiüçüncü Mektup
1928 Yirmidördüncü Mektup (Telif edilmedi)
Yirmibeşinci Mektup
1932 Yirmialtıncı Mektup
1931 Yirmialtıncı Mektup'un İkinci Kısmı
1929-1960 Yirmiyedinci Mektup (Bütün lahika mektupları)
1931 Yirmisekizinci Mektup (Birinci parçası)
1933 Yirmisekizinci Mektup (İkinci parçası)
1934 Yirmidokuzuncu Mektup (Birinci Kısım)
1914-16 Otuzuncu Mektup (İşarat-ül İcaz)
Otuzbirinci Mektup
1921 Otuzikinci Mektup (Lemaat)
1929 Otuzüçüncü Mektup

1932-1936 LEMALAR

1932 Birinci Lem'a
1932 İkinci Lem'a
1932 Üçüncü Lem'a
1932 Dördüncü Lem'a
Beşinci Lem'a (Telif edilmedi)
Altıncı Lem'a (Telif edilmedi)

1932 Yedinci Lem'a
1933 Sekizinci Lem'a
1932 Dokuzuncu Lem'a
1934 Onuncu Lem'a
1933 Onbirinci Lem'a
1934 Onikinci Lem'a
Onüçüncü Lem'a
1934 Ondördüncü Lem'a
Onbeşinci Lem'a
1934 Onaltıncı Lem'a
1933 Onyedinci Lem'a
1934 Onsekizinci Lem'a
1935 Ondokuzuncu Lem'a
1934 Yirminci Lem'a
1934 Yirimibirinci Lem'a
Yirmiikinci Lem'a
Yirmiüçüncü Lem'a
1934 Yirmidördüncü Lem'a
1934 Yirmibeşinci Lem'a
1934 Yirmialtıncı Lem'a
1935-36 Yirmiyedinci Lem'a
1935 Yirmisekizinci Lem'a
1935 Yirmidokuzuncu Lem'a
1935-36 Otuzuncu Lem'a
Otuzbirinci Lem'a
Otuzikinci Lem'a
1921-23 Otuzüçüncü Lem'a (Mesnevi-i Arabi)

1936-1949 ŞUALAR

1936 Birinci Şua
1936 İkinci Şua
1937 Üçüncü Şua

1938 Dördüncü Şua
1938 Beşinci Şua
Altıncı Şua
1938 Yedinci Şua (Ayetü'l Kübra)
1942 Sekizinci Şua
Dokuzuncu Şua
1940 Onuncu Şua
1943-1944 Onbirinci Şua
1944 Onikinci Şua (Meyve Risalesi)
1943-1944 Onüçüncü Şua
1948-49 Ondördüncü Şua
1949 Onbeşinci Şua

DEUTSCH
33 Fenster
6 Große Namen Gottes
Abhandlung über die Natur
Ärztliches Rezept
Beweise erhabener Glaubenswahrheiten
Blitze
Briefe aus Barla
Briefe aus Emirdağ
Briefe aus Kastamonu
Bruderschaft und Wahrhaftigkeit im Islam
Das große Zeichen
Das Ich
Das Oberste Zeichen
Das Siegel der Bestätigung aus dem Verborgenen
Der Quran – Ein Zeichen des Wunders
Die Auferstehung
Die Auferstehung und das Jenseits
Die Briefe
Die erste Tür des Nur

Die Ewigkeit
Die Fliegen
Die Früchte des Glaubens
Die Harmonie des Lichtes
Die Lichtblitze
Die Lichtstrahlen
Die Worte
Diskussionen
Ein Schlüssel zum Glauben
Gott und das Jenseits
Heilmittel für Kranke
Im Aufscheinen des Morgensterns
Islamische Glaubenswahrheiten
Kleine Worte
Kurze Wörter
Leuchtende Rechtleitung
Mensch und Universum
Ramadan
Sein Leben und Werk
Stab Mosis
Tröstung für die Alten
Wegweiser für die Jugend
Wunder Muhammeds

AFGANISCH
Uhuvvet Risalesi

ARABISCH
El- Tabiat
El-Ayet'l Kübra
El-Haşr (Haşir Risalesi)
El-İhlas Ve'l Uhuvvet (İhlas ve Uhuvvet Risaleleri)
El-İman Tekamülü'l İnsan (Yirmiüçüncü Söz)

El-Kelimat (Sözler)
El-Lemeat (Lem'alar)
El-Mektubat (Mektubat)
El-Melahik (Lahikalar)
El-Melaike (Yirmidokuzuncu Söz)
El-Mucizat-ı Ahmediye (On Dokuzuncu Söz)
El-Mucizat-ı Kur'aniyye
El-Şuaat (Şualar)
En- Nevafiz (Otuz Üçüncü Pencere)
Ene (Otuzuncu Söz)
Envaru'l Hakikat
Eş-Şükr (Şükür Risalesi)
Hakaikü'l İman (İman Hakikatleri)
Hakikatü't- Tevhid (Tevhid Bahisleri),
Hücumat-ı Sitte
Hutbe-i Şamiye
İşaratü'l İ'caz (Orijinal Tahkikli)
Kelimat-ı Sağire (Küçük Sözler)
Mesnevi -i Nuriye (Orijinal Tahkikli)
Miftahü'l Alemi'n Nur
Muhakemat
Mürşidu Ehavati'l Ahire (Hanımlar Rehberi)
Mürşidu Ehli'l Kur'an (Hizmet Rehberi)
Raidü'ş Şebab (Gençlik Rehberi)
Risale İla Külli Meridın Mubtela (Hastalar Risalesi)
Sayqal al-İslam
Siretü'l- Müceddid (Küçük Tarihçe-i Hayat)
Siretü'l Müceddid (Tarihçe-i Hayat)
Ta'likat (Orijinal)
Tefekkürname (Orijinal)

ALBANISCH
Küçük Sözler

BOSNISCH
Hastalar Risalesi
Küçük Sözler
Uhuvvet Risalesi

CHINESISCH
Gençlik Rehberi

ENGLISCH
A Guide for Youth (Gençlik Rehberi)
Bediuzzaman Said Nursi (Tarihçe-i Hayat)
Belief and Man (Yirmi Üçüncü Söz)
Divine Density & Maris Free will (Kader Risalesi)
Fruits of Belief (Meyve Risalesi)
Man & Universe (Otuzuncu Söz)
Message of Sick (Hastalar Risalesi)
Nature Cause or Effect (Tabiat Risalesi)
On Ramadan Thanks & Frugality (Ramazan- İktisat-
Şükür Risaleleri)
Resurrection & Hereafter (Haşir Risalesi)
Said Nursi of Turkey (Tarihçe-i Hayat)
Sincerity & Brotherhood (Ihlas ve Uhuvvet Risalesi)
The Damascus Şermon (Hutbe-i Şamiye)
The Flashes (Lem'alar)
The Immortality of Man's Spirit (Yirmi Dokuzuncu
Söz-Melaike ve Ruhaniyat)
The Key of Belief (Miftahül İman)
The Letters (Mektubat)
The Miracles of Muhammed (On Dokuzuncu Mektup)
The Short Word (Küçük Sözler)
The Spirit & Angels (Ruh ve Melaike)
The Supreme Sign (Ayet-ül Kübra)

The Tongues of Reality (Otuzuncu Söz)
The words (Sözler)
Thirty Three Windows (Otuz Üçüncü Söz)

<u>FINNISCH</u>
Hastalar Risalesi

<u>FRANZÖSISCH</u>
Les deux voies pour l'homme: 23.ème (23. Söz)
Traite de la Nature (Tabiat Risalesi)

<u>KIRGISISCH</u>
Küçük Sözler

<u>KASACHISCH</u>
Küçük Sözler
Hastalar Risalesi
İhlas Risalesi
Küçük Sözler
Yirmi Üçüncü Söz
Ramazan- İktisat- Şükür Risaleleri
Haşir Risalesi
Tabiat Risalesi

<u>KURDISCH</u>
Bery Drehti Eyman (Meyve Risalesi)
Çareseri Weswese (Vesveselerin İlacı-21.Söz)
Hikmeti Hopenadan Le Şeytan (Hikmet-ül İstiaze- 13.
Lem'a)
İctihad Lem Serdemeda (İçtihat Risalesi)
Le Melaekat w Liyani Dwarojewe (Melaike ve
Ruhaniyat-29. Söz)

Mn Hüdiy Mrov w Bzutni Gerdilekan le Niwan
Felsefe w Aiynda (Ene ve Zerre Risalesi)
Mrov w Eiman (İnsan ve İman- 23.Söz)
Müa'cizati Ahmadi (Mu'cizat-ı Ahmedi)
Pencerekan (Otuz Üç Pencere)
Peviya Pist u Seyemin (23. Söz)
Peyami Biyman (Hastalar Risalesi)
Peyami Heşr (Haşir Risalesi)
Peyami İhlas w Brayeti (İhlas ve Uhuvvet Risaleleri)
Peyami Piyran (İhtiyarlar Risalesi)
Peyami Remezen (Ramazan Risalesi)
Peyiven Piçuk (Küçük Sözler)
Raberi Hizmetgüzarani Qüran (Hizmet Rehberi)
Raberi Hüşkan (Hanımlar Rehberi)
Raberi Lawan (Gençlik Rehberi)
Rastiy Tewhid Yan Tewhidi Rasteqine (Tevhidin
Hakikatleri)
Rastiyekani İyman (İman Hakikatleri)
Risale Biratiye (Uhuvvet Risalesi)
Sruşt Hünera yan Hünermend (Tabiat Risalesi)
Şükranebjyri (Şükür ve İktisad Risaleleri)
Wte Bıçukekan (Küçük Sözler)
Zlley Mihrebani (Şefkat Tokatları-10. Lem'a)

<u>NIEDERLÄNDISCH</u>
Tabiat Risalesi

<u>SPANISCH</u>
Acerca del mes de Ramadan (Ramazan Risalesi)
El septimo Rayo (Ayet-ül Kübra)
Naturaleza: Causa o Efecto? (Tabiat Risalesi)

<u>PERSISCH</u>

Ayetü'l – Kübra
Gençlik Rehberi
İhlas ve Uhuvvet Risaleleri
Mucizat-ı Ahmediye

POLNISCH
23.Söz
Tarihçe-i Hayat

TSCHEHISCH
Tabiat Risalesi

Islamische Seelsorge
bei Said Nursi

Dr. Cemil Şahinöz, Avni Altıner
(Hrsg.)

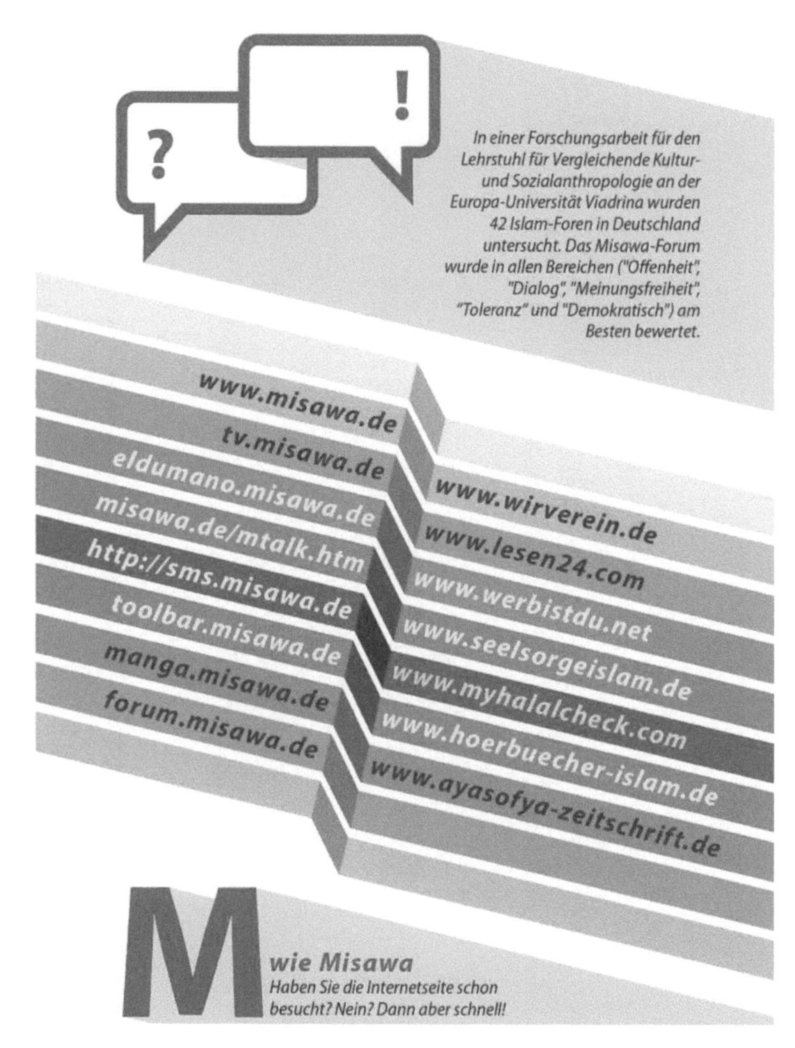

In einer Forschungsarbeit für den Lehrstuhl für Vergleichende Kultur- und Sozialanthropologie an der Europa-Universität Viadrina wurden 42 Islam-Foren in Deutschland untersucht. Das Misawa-Forum wurde in allen Bereichen ("Offenheit", "Dialog", "Meinungsfreiheit", "Toleranz" und "Demokratisch") am Besten bewertet.
www.misawa.de
tv.misawa.de
eldumano.misawa.de
misawa.de/mtalk.htm
http://sms.misawa.de
toolbar.misawa.de
manga.misawa.de
forum.misawa.de
www.wirverein.de
www.lesen24.com
www.werbistdu.net
www.seelsorgeislam.de
www.myhalalcheck.com
www.hoerbuecher-islam.de
www.ayasofya-zeitschrift.de
M wie Misawa
Haben Sie die Internetseite schon besucht? Nein? Dann aber schnell!

Bücher von
Dr. Cemil Şahinöz
*gibt es jetzt
in jedem
Buchhandel*

346

Zum Autor:
Der Autor Dr. Cemil Şahinöz (Soziologe, Religionspsychologe, Familienberater, Integrationsbeauftragter, geboren 1981) ist Gründer und Chefredakteur der Zeitschrift "Ayasofya". Er hat verschiedene Bücher übersetzt und verfasst. Sein erstes Buch schrieb er mit 15 Jahren und mit 16 Jahren brachte er seine erste monatliche Zeitschrift heraus. Sein Aufsatz "Situation der türkischen Familien in Europa" wurde 2006 von Diyanet (DİTİB) zum "Besten Aufsatz des Jahres" gewählt. Zu verschiedensten Themen macht er Vorträge, Seminare, Fortbildungen, Konferenzen und Workshops. Er ist in verschiedenen Zeitungen und Zeitschriften als Journalist und Kolumnist tätig. Als Journalist begleitete er den deutschen Bundespräsident Christian Wulff und den türkischen Staatspräsidenten Abdullah Gül bei ihrem Osnabrück-Besuch. Şahinöz moderierte den Podcast "Misawa Talk". Hauptberuflich ist er in der Integrationsagentur und Familienberatung tätig. Nebenbei ist er in der türkischen Glücksspielsuchthotline tätig. In der Vergangenheit arbeitete er als Lehrer, Projektmanager, Seelsorger für muslimische Häftlinge, Übersetzer, Editor und Leiter von pädagogischen Angeboten. Seine Webseite (www.misawa.de) wurde unter 42 deutschen Islamseiten in den Bereichen "Offenheit", "Dialog", "Meinungsfreiheit", "Toleranz" und "Demokratisch" in einer Forschungsarbeit an einer Universität am besten bewertet. Als Dank und Auszeichnung für sein Engagement im Bereich Integration wurde er von Bundeskanzlerin Dr. Angela Merkel empfangen und seine Arbeit auf diesem Gebiet gelobt. Şahinöz traf sich u.a. auch mit dem muslimischen Berater von Barack Obama, Rashad Hussain, und gab ihm Informationen über die Muslime und ihren Organisationen in Deutschland. Der AIB (Europäischer Arbeitgeber und Akademiker Verbandes NRW) verlieh ihm im Juni 2011 den "Akademiker- und Integrationspreis." In der Focus Ausgabe Nr. 39 (19.09.2015) wurde er als einer der intellektuellen, muslimischen Jugendlichen in Deutschland vorgestellt und als "Seelsorger" betitelt. Şahinöz ist zu dem Vorsitzender des Bündnis Islamischer Gemeinden (Dachverband der muslimischen Einrichtungen in Bielefeld) und Gründungsmitglied, Generalsekretär und ehemaliger Vorsitzender der European Risale-i Nur Association (Dachverband der Nurculuk Bewegung in Europa).
Kontakt: www.misawa.de
Cemil.sahinoez@gmx.de
twitter.com/Cemil_Sahinoez
facebook.com/CemilSa
youtube.com/user/Cemil4000
instagram.com/cemilshnz